日本《にほん》

yuji

光文社

日本《にほん》

もくじ

01
02
03
06
04
05
07
08
27
09
22
23
26
12
10
24
21
13
11
25
18
14
28
17
15
20
16
19

近畿

中国地方

四国

九州

沖縄

はじめに

この本は日本を「知る」本ではなくもっと「感じる」ための本である。

「日本」と謳っていながら書中には地図はほぼ皆無、名産や特産品の写真も解説もないので、なんだか不思議な本だといえるかもしれない。

令和3年現在、日本は47の都道府県に分かれているが、この本ではそういった区分けも踏襲していない。行政区分や地質学的な区分けを飛び越えて日本全土を「その土地の感じ方」で分けるという視点で各土地について綴っているためである。

「目に見えないけれど感じるもの」つまり、気やバイブスというものの視点を基軸にしたならば日本列島はどのように分けられ、どのように捉えられるのか。

またバイブスはその土地にどのような影響を与えるのか。

そういった不可視なものの輪郭を抽出するために名産・特産・偉人・出来事等過去

のデータを徹底的に洗い出し、その土地が生み出したものから遡っていくことで源流とも言えるその土地独自の気に辿り着き、キーファクターと言えるものを抽出。その鍵と言えるもの、その土地の色を定義づけるものについて書き記したのがこの本である。

そうした観察を繰り返し、論述した結果、この本は新しい視点で日本列島を見直していく、日本再発見の書であり、まだ知らぬ日本を感じ、日本はもとより土地や場所についての新しい視点を己の中にインストールするためのガイドになったと自負している。

この本を最後までお読みいただければ、きっと読者諸君の日本観は覆るであろうと思っているし、また、日本という国・風土をもっともっと愛せるようになることを、保証する旨をここに宣言したい。

まえがき

この本は「日本観」を覆し、新しい日本像を作るものである

西暦2000年代になる以前、外国から見た日本のイメージは「富士山・芸者・天ぷら」という紋切り型のものではなかったか。

時代が進み、情報はインターネットで容易に得られるようになった。また、リアルに交流することも増えた結果、外国における日本のイメージもだいぶ変わった。

そしてそれは日本という国に対する「解像度」が向上したからこそ起きた変化だと思っている。

それと同じことと言えるかどうかはわからないが、日本全国の各エリアが持つ特徴・特色を分析して抽出されたそれぞれの場所のエッセンスともいえるものを伝えていくことで、諸外国の方はもとより、日本に住まう私たち自身も持っている、それぞれのエリアのイメージやステレオタイプを書き換えたり、各地がもつイメージを刷新していくことも可能かと思う。

例えば、私の出身県、香川県であれば、「さぬきうどんの本場」うどん県として有名だが、香川

県＝うどん県ではなく、本文中では香川を「感性のアンテナと彩りを司《つかさど》るエリア」と再定義している。そのように各エリアを名所・名産・名刹《めいさつ》等ではなく、その地を流れる波動をベースに捉え直していくと、いったいどうなるのかといった考察を各地を訪ねながらまとめていくということを繰り返して、出来上がったものがこの本『日本』である。

よく言われるように人の体の大部分は水分である。だからなのかどうかはわからないが、「水が合う」なんていう表現があるが、あれこそまさに「その土地のエッセンスとか色のようなものと自分自身の個体特性が合っていること」を示す表現そのものではないだろうか。

このように古《いにしえ》の時代から、日本には合う・合わないという感性はあったし、それが今でもこうして綿々と感覚的に受け継がれてきているのである。

また、スピリチュアルな世界観を少しでも見知った人ならおわかりいただけると思うが、人の出す波動・エネルギー領域とはその物理的な輪郭の中に閉じ込められているわけではなく、輪郭の外へと飛び出して外界と常に触れ合い、影響を与え合っている。そのため人同士でもあの人とは気が合うとか気が合わないとか言われるし、あそこに行くのは気が乗らないとか、あの場所に行くと元気になるなど、普段から「気」なるものの影響を知らず知らずの間に受けていたり、感じていて、その感覚をもとに判断を下したりしているのである。

だいぶ説明が遠回りになった気がするが、気が合う・水が合うという感覚は私たちには既知のこと、なんなら生まれたときから使っているものなのである。

全てのものは共振、共鳴、影響し合ってこの地球上に存在している

全ての物事は共振・共鳴しながらこの世界に存在している。

その証拠というわけではないが、「なんかここは気持ちがいい」とか「この場所はなんだか薄気味悪い」とか「気持ちが落ちる」なんていう感覚は、きっと誰もが経験したことがあると思う。

そういった「なんか」という何故だかわからないけれど気持ちがいいとか気持ち悪い感覚というのは、今のテクノロジーでは数値化や明文化できたりはしないかもしれないが、人類に備わっている独自のセンサーはとても優秀で、五感や六感を通じて、私たちに吉兆やアラートを感じさせる。

また、人によって食べ物の好き嫌いがあったり、高いところが好きとか苦手とかがあるように、ある人にとっては気持ちがいい場所が別のある人にとっては心地よくない場所となる可能性もある。

そのため、この本では心地がいいとか心地が悪いというジャッジ・評価は——当たり前だが——一切していない。

そのかわり、その土地にどんな風な気が流れているのか、どんなテンションになったり、どんな風に体・チャクラの部位に作用するのかなどは書き記しているので、それらの情報が、読者が自分と合う土地や自分い合う水がある場所を見つける一助となったり、旅や移動の際の一つの指針のようなものになるなら、著者として、またひとりの日本という豊かな土地を愛する者として望外の喜びであることをここに申し上げたい。

この本に思うこと

この本を手に取ってくださった方はきっと、日本のそれぞれの土地についてどんなことが書かれているのかと興味を持たれたことだろう。または私のことを知ってくださっている方であればどんなパワースポットが載っているのかとワクワク、期待されているかもしれない。

ところが巻頭にも記した通り、この本は日本をもっと「感じる」ための本である。

そのため、土地の豊かさの源泉となっているもの、その土地のカラーを定義づけるものを導き出すために名産とか名物の中からいくつかをピックアップして紹介することはあっても、名産物について細かく解説することも、どこで買えるのかといったリストを掲載するなどはあえてしていない。

この本に書かれていること、それを端的に言い表すなら、エンパス体質（体感を含む共感覚者）である著者がその土地に流れるバイブスを感じにフィールドワークに赴《おもむ》き、その際に体全体または霊的に感じたことを左脳的なデータと結びつけながら、各土地について右・左脳的にまとめたものというのがおそらく最も適切であろう。

そういった理由から、数字で表されることが多い左脳的なデータほどはっきりした結果が明示されないため、右脳的な、「～だろうか」といった表現が用いられていたりもするが、それはあえてこの本に書かれていることがゴールであるわけではなく、むしろ一つのトリガー、言うなれば「新しい見方で日本を楽しむための入り口」として捉えていただきたいがゆえの措置であることを了承されたい。

常々思うことに、「余白」というものの大事さがある。

余白や暇があるからそこに考える余地が生まれたり、対話が発生したり、探究する心が生まれると思っているが、この本においても決めつけを好まず、時に問いを投げかけることで、「みんなはどう思う?」といったインターネットの世界ではよくある双方向性のコミュニケーションのようなことができるのではと思っている。

例えば、この本に書かれてある60強のスポットの分類もあくまで「私的な分類」である。

日本全土を波動で分けた場合、その人の尺度によっては30かもしれないし、１００かもしれない。

多様性が謳われる時代においてはそれで良いと思っているし、また、この本の目的は「物質的なところのみでなく見えないものにフォーカスした見方を養う」というもののため、データ集積・収集を主とする脳の使い方ではなく、新しい場所、こと、もの、人に触れた時に体がどのように反応するのかといった「体感」のスイッチを入れるための本であると捉えていただければ幸いだ。

最後に、私が普段従事している分野である占星術のセオリーでは、時代は２０２０年から「風の時代」に変わったと言われている。

２０２０年にはＳＮＳ等でもトレンドワード入りもしたことからご存じの方も多いのではと思うが、これからは左脳も右脳も使って、体感もフル動員し、頭のみならず文字通り全身全霊で地球というフィールドを楽しむ時代になったと感じている。

ただ、人の世界は、特に先進国と言われているところでは「情報過多で左脳中心主義」に陥《おちい》りがちだと感じている。体と地球はつながっていて、土地や場所からも人は影響を受けることを体験できれば、もっと進化した地球と一体である感覚を得られ、今の時代の風にさらに乗りやすくなるのではとも思う。

「個にして全。全にして個」などとよく耳にするが、全身という感覚器官を通じ外界からのインプットを体がどのように感じているかを知ることで、これからの新しい地球に適応したバランスの良い自分たちに変容していくことができるのではないだろうか。

そしてこの本は、日本というおそらく読者の誰もが関係があるはずの舞台（日本国）とその波動について語った本である。住まいが、地元が、職場が、はたまた今後の移住・赴任先がどのような波動を持っているか、気にならない人はいないのでは？と思うが、ぜひこの本に書かれているそれと自分が体感するそれを比べてみてほしい。自分なりの「風土」というものについての思考・感覚のスイッチが入り、己の内にきっと新しい回線が開かれていくはずだ。

北海道

東北

01

北海道―道東／道北

北の大地・北海道の東側

北海道は四国と九州に中国地方の一部を足したぐらいの大きさで、数値にすると総面積は８万３，４５０㎢となる。日本の国土は37万８，０００㎢なので、北海道が４つ半あると日本の総面積になる！といえばその広大さ加減がリアルに伝わるだろうか。

よく「北海道はでっかいどう」なんて言われるが、実際、本当にでかいのである。

47都道府県中、最大の面積を誇る北の大地・北海道はその広さゆえにエリアごとに色々な顔を持っているので、１都道府県として収めるには少々「もてあます」感じがしないでもないが、ここでは波動の違いをもって道央・道南エリア、そして道東・道北エリアと北海道を東西に二つに分けることにした。

ちなみに、北海道をよくある「道央・道南・道東・道北」と４つに分けるのではなく、道央・道南エリアと道東・道北エリアとに分けた理由・基準に「人の手の介入度合い」がある。

人の手が積極的に入ることで「人の作りし世界」になっている西側。そして、「人の手が入ってはいるけれど、人ならざるものの影響・波動を色濃く残す東側」という「人の世界と自然の世界のバランス」といったものを基準とすると、実は北海道はこうして東と西にパキッと色分けすることができるなとフィールドワークをする中で感じたからである。

ちなみに東西に分ける境界線は日高・十勝の山脈ラインで。南はえりも、そこから北上し富良野、旭川ときて稚内に至る南北のラインを分水嶺として、そこから東側がこの項でご紹介するエリア、道東・道北エリアである。

道東・道北に感じるもの

今回取り上げる北海道の東側は西側に比べるといわゆる観光地は少なめかもしれない。サミットも開かれていなければ歴史的な大事件が起きて、それを起点に歴史が動いた！なんていうこともあまり聞かない土地である。

だから「何もないのか」と言われれば決してそうではない。古き日本ならどこでもみられたはずの八百万《やおよろず》の精神。そういうものが現存しており、また、生活の中にしっかりと根付いているという（精霊信仰や見えないものを大事にするマインド）、現代日本においてはなんとも稀有《けう》な場所なのである。

これは北海道ならどこでもそうかもしれないが少し郊外に行くと、圧倒的な大自然が広がっている。この道東・道北エリアは特に顕著で、この界隈で一番の都市・旭川であっても少し走ればすぐに森・平原・湖など、国内の他所では体験できないほどの大自然にふれることも可能だ。

北海道にいるとしばしば、「ここは日本ではないのでは？」と感じることがあるが、ここ道東・

道北に関してはサイン計画が欧州のそれに似ていたりすることもあって「しばしば」どころか街中ですら、「日本らしさ」をあまり感じないから不思議である。

古くから北方ロシアとも交流があったとされることから街中にも外国的な要素がみてとれるのかと思うが、いずれにしても空気が日本、特に本州中心部のそれよりはドイツ・オランダ・オーストリア・北欧あたりのそれに近いと感じるのは私がそのあたりをよく訪ねていたからだろうか。

ここは車窓からの景色、高速道路の周囲に広がるパノラマ、丘の上からの眺めなど、多くの絶景に出くわす。そこには高層ビルも電線も電波塔ももちろん看板すらない、ただシンプルに「自然のまま」の名もなき風景の集まりなのだが、都市部に暮らしていると前述のような人工物に出くわすことが常となっている私たちにとっては、逆に限りなくシンプルな風景こそがご馳走のように思え、そのむきだしの「ありのまま」の美しさに息を呑むのである。

厳しさを乗り越えることで得られる〝美しさ〟

ここは自然環境が厳しい場所だ。

旭川などは冬場はマイナス10～マイナス20度という極寒だが、夏場には30度を超える日もあるという。そうなると夏場の最高気温と冬場の最低気温の差は50度にもなり、これは人間にも堪えるが植物・動物たちにとってもそれなりの「厳しい」環境となることは明らかである。

また、それに加えて冬場の北風はただでさえ寒いのにさらに気温を低く感じさせる。

欧州の偏西風と違い暖かみのない風は、無に帰そうとするかの如くに容赦なく人・動物から〝体温〟を奪っていく。また植物に関しても同様で、この地に生息・育つ植物はその厳しい環境から本州に比べると種も限られ、例えば、白樺《しらかば》、トドマツ、エゾマツ、ミズナラ、などがこの地で育つ代表的な樹種らしい。

繰り返すが、ここは生き物が生きていくには厳しい場所だ。日本をベースとするなら、九州や近畿圏、または信州等の方が水源、気温、災害リスク等を考えても圧倒的に生きやすいと思う。

ただ、よくいわれることに〝何事も甘やかさない方がいい〟というものがある。

皮膚も甘やかすとよくない。そのために乾布摩擦をしたりもするし、また神経系統を調整する、サウナ＋水風呂という「ととのえる」ことを主目的としたサウナが近年流行っていたりもするように、「スパルタであること、鍛えること、律すること」は万物の成長にはやはり必要なエッセンスではないかと思う。つまり、極論を言うならば、全てが整えられた、出来すぎとも言える状況・環境では環境適応能力や自力といったものが育ちにくく、種としては弱くなってしまうのではないかとも感じる。

苦しかったり、厳しい環境で育ったもの。それこそが「本物のサヴァイブ力」を持つものではないだろうか。

比べるのは申し訳ないが、例えばどこかの田舎の宿で「ジビエ」を食べたときのあの「生き物のパワー、生の波動の塊《かたまり》」のようなものを喰らっているかのような感覚はなかなか他では得られないものであろう。

だからなのか、この土地の山々はとても力強い。

前述の通り種類は少ないとはいえ、マツの森や白樺の林などが北国独特の美しい表情を見せており、その印象的な森や自然の綺麗さ、そしてなによりその力強さに心を奪われる人も多いのではと思う。

生

厳しい自然環境は人を「人間様」から人へと回帰させる。
おかえり、人間。

この地は厳しい場所である。

気候的に農耕に適しているとは言い難く、また漁業においても冬場は寒さや荒れる海との戦いで瀬戸内海などの内海での漁業とはやり方も全く異なるはずだ。

冬は暖を取れないと凍死し、夏場にはヒグマのアタックにも気をつけながら生活をしなければならない。

でも、だからこそといえるかもしれないが、ここは厳しい環境が日本社会における日本人としてではなく、この地球に生きる地球人としての自分を思い出させる、いうなれば、地球人としての自己を磨く場所であるように思う。

前述の通り、ここはその自然環境から死が近い場所でもある。

ただ、死を近くに感じるということは「生きる」ということを感じるということでもある。

筋肉を鍛えるときにも筋肉に語りかけるとか、筋肉を意識するといいといわれるように、「生きること」を能動的に感じさせ・考えさせられる場所であるこのエリアは実は「真に生命力」のあるひと・こと・ものが生まれるところであるので、「生命力を高めるヴァイタルパワーの増幅炉《ぞうふくろ》」なんていうこともできそうだ。

こうして解説をしていくと、「派手さはない」このエリアが俄然、唯一無二のエネルギーを持つ、「生の波動の泉」のように見えてきたりもするから、人の意識とは本当に面白い。

人間様からの解脱を促す、自然の一部でしかない自分に戻れる場所

現代社会を生きていると人は気づかぬうちに「人間様」になっていることがある。物質中心主義である現代社会を生き抜いていくということは、得てしてそういうものかもしれないが、人が力をつけてその力を過信したがゆえに神々に雷を落とされ塔を壊されたという神話「バベルの塔」の時代から人の本質とは実は変わっていないのかもしれない。

人が管理する。
人が統治する。
人が快適に過ごすために〇〇をする。

そういった行動は人間を中心に見た場合は最適解となることも多いが、地球を中心に見たならば、必ずしも最適解とはいえないことも多い。
そして、そういった行動の蓄積はいつか地球からの「お叱り」を受けるなんていうことにもなりかねないと思うのだが、最初から調和を意識して生きていればそんなしっぺがえし的なことが起きる余地もきっとないのだろうとも思う。

この地の波動は、調和の波動。

01

過剰に何かがあることもなければ、生きていく上で必要な何かがないということはない。

だからなのか、この地のバイブスを観察していて思ったのは、ここは「人が人間様ではなくて自然界という大きな循環システムの中にいるただの人」でいられる場所なのだなぁ、ということ。

ヒグマの領域に入れば、人はやられる。

荒れ狂う海に入れば、人なんてあっという間に流されていく。

迂闊《うかつ》に山に入れば、なんなら方向感覚を失って遭難するなんていうこともあるかもしれない。

ここはそういう怖さというものをリアルに教えて、感じさせてくれる場所なのだ。

「人＞自然」ではなく、「人＜自然」という、本来あるべき姿を思い出させてくれるだけではなく、「自然共感力」「自然共生力」を高め、人間様という檻から出してくれる原点回帰チャンバー。

それがこの土地の役割であり、人がこの地から享受できる恩恵なのだと思う。

人が本来持っている野生を取り戻す場所

厳しさが人を育てると言ったが、この地で強く感じるもの、それは、畏怖ではないだろうか。前述の通り、この地では人は簡単に「危機」を感じられる。

実際、車で走っていても道端にガソリンスタンドはまばらで、コンビニも少ない。（道北、東側の都市・町の周辺以外）そのためガス欠・食料にありつけない・悪天候に見舞われるなど、本州、特に都市部で暮らしている人には想像もつかないようなことがここでは起きる。

そのとき人の「内側」で、怖いとか死ぬかもとかどうしようとか、なんらかの「アラート」が鳴り始める。

人は、社会的に抹殺されることを恐れるものだ。

だからSNSで顔出しもしないし、社会での決まり事を守るし、本心はどうあれ、良いとされることを取り入れたがる。

ただ、社会的にどうこうよりも、寒冷地の山で遭難するとか、大平原でガス欠するとか、いきなり明日まで命がもたないかもしれない状況に陥ったときには、人はそういった「社会性」を脱ぎ捨てることができる。文字通り、「なりふり構っていられない」となり、普段は入らないスイッチが入ったりするのだろう。

あるドクターが言っていたが、人は飢餓状態を意識的に作ることによってサーチュイン遺伝子という若返り遺伝子が活性化させられるそうだ。であれば、その例に便乗するようで恐縮だが、人は「死とか極限状態」を体験すればするほど、その逆を意識し、生命体として強く輝くようになっていくとはいえないだろうか。

そしてそういう「スパルタ活性剤」のような作用が、この地にはきっとある。

人としての心がチューニングされ、人という動物の野生を取り戻すことができる場所。

そして、大地と空と海、それらと垣根を越えてつながり、全てのカムイと一つになっていく。それがこの道東・道北エリアの本質ではないかと思っている。

０２

北海道―道央／道南

魅力多きニューフロンティア

北海道は近年の研究により、昔から人が住んでいたことがわかっているが、当時は政府から蝦夷《えぞ》地《ち》と称され日本の行政には関わりがなかったエリアである。
そんな北海道が「日本の一部」として本格的に行政的につながったのは、屯田兵《とんでんへい》制度が設けられ、国が本格的に北海道の開拓に着手した１８７４年のこと。

京都や奈良という１０００年も前から都市化が進んでいたところと比べると、２０２２年現在から遡《さかのぼ》って約１５０年の歴史を持つ場所というのは「まだまだルーキーである」感が否めないが、フレッシュであるがゆえに素晴らしい成長スピードを見せていることもまた事実である。

北海道が日本（政府）の管轄として史上に登場するのは、皆さんも歴史で習った通り、約１５０年前に屯田兵が開拓にやってきた頃から。そしてそこから開拓やインフラ整備、各種開発が猛スピードで進んだというのは史実に見る通りであるが、調べてみると実は屯田兵以外にも、各地から武士階級がやってきたり、新天地を求めて村落ごと移住してきた開拓民がいたり、また会社ごとまるっと移ってきたということもあったというから驚きである。

そうして、1世紀半の時が流れて、今では北海道は516万という人口を持つ都道府県・行政区画の一つであり、札幌などは当時7人しかいなかった住民が、今では約200万の住民を抱えるまでになっていることは衝撃の事実でしかない。

また、このエリアには札幌以外にも小樽、函館、江別《えべつ》、といった人口10万以上の都市・街が点在し、それぞれが独自の魅力を持つ街として発展しているが、それら以外にもニセコや洞爺《とうや》や登別《のぼりべつ》や余市のように、スキーリゾート（ラグジュアリーリゾート）、レイクリゾート（別荘地）、温泉、ワイナリー等、それぞれの分野で突出したヴァリューを生み出している地域も目立つ。

このように、道央・道南エリアは国内外の人々の耳目を集める、なんとも魅力値が高い場所であり、実際、「国内旅行の行ってみたいところランキング（国内大手旅行会社調べ）」を見てみると、北海道は長らく1～2位をキープしていて、移住してみたいところランキングでも近年は高順位を獲得していることからも、「その魅力」が多くの人を惹きつけ続けていることがわかる。

「なにをもってお城というか」という線引きの難しさはあるとはいえ、実は、ある一部を除いて北海道にはお城がない。（戦で使う砦的なものはアイヌ民族が多く暮らしていた場所にも点在しているが、いわゆるお殿様がいた居城というのは松前藩の松前城ぐらいのもので、戦場としてのお城を加えるなら函館の五稜郭ぐらいだといえそうだ）

明治時代から開拓がなされたところなので、本州にはよくある「お殿様文化」がここには醸成されていないということがこの地の独自点であり、北海道と他の46都道府県を大きく分かつ文化的土

人の知恵と自然の織りなす調和。
過不足のない美しさに不思議と心も澄んでいく。

澄

壌・歴史的背景である。屯田兵や開拓民と一緒に土地の改良・開拓に励んだ武士階級や商人・町人はいたが、何百年・何世代にもわたりその土地に君臨した強者・支配者・統率者がいなかった。

その結果、人々の間にもそういったいわゆる「縦式のヒエラルキー」やそれに紐づく価値観が醸成されておらず、それがこの地の空気をユニークなものにしているように思う。

そのせいなのか、本州の「お殿様文化」が強めの県・地域に比べると、こちらにルーツを持つ人々はとてもフラットで気さく。そしてどこかバリアの少ない人が多いように思う。

——おおらか、——新しもの好きで合理的——偏見がなく分け隔てなく接する——人好き——細かいことは気にしない——古いしきたりとか風習に縛られることがない——、北海道民がこのような気質を持つといわれることがあるのも、前述のような「上位支配層」がいなかったことを考えると納得できる。また、封建主義的な波動をほとんど感じないのはここが、ニューフロンティア的な土地であるからだろう。

フロンティアスピリットが醸成される場所

ニューフロンティアというと、やはり、欧州の強力なアリストクラシー・ヒエラルキーから逃れた人々が作った国、アメリカや、起源は違うが同じく移民が作った国、オーストラリアやニュージーランドを思い浮かべるが、やはりその国々に共通しているのは「血とかかつての風習」等に縛られない自由な気風であり（だからこそ学歴偏重とか競争が厳しいとかもあるのだが）、フラットさが目立つコミュニケーションや進取の気性を持っているということであろうか。

そしてそれらの国では血族的アリストクラシーに対する方法としてデモクラシーが発達することや、映画やエンターテイメント等が発達するということも共通項として挙げられる。人口がそもそも多いということも無関係ではないと思うけれど、北海道出身の芸能人、アーティストも相当数に上る。そして、モーニング娘。の何人かのメンバー、GLAY、元JUDY AND MARYのYUKIなど、どこか既存の枠を壊すようなことをしたり、突き抜けた記録を打ち立てる属性の人たちが多く生まれるのはやはりここがニューフロンティアのバイブスを持つ土地だからであろうか。

また、北海道は龍列島・日本の双極（北海道と沖縄）であり、「アンテナ力」の非常に高いところでもある。洞爺湖はスピリチュアルな人たちに人気がある場所であるし、アイヌの人々にもカムイ（＝神様。人とは異なる上位の霊格を持つ存在）という概念があり、全てのものは魂を持つとされるなど、人と人ならざるものたちの共生・共存の伝統・概念が古くから存在していたことから、この土地自体が歴史的にも非常に「人外のものたち」とのご縁が深い土地であることがわかる。

これからの時代は「目に見えないものが大事にされる時代」であり、枠を飛び越え、個性で勝負できる時代になっていくというのはもう皆さんも知るところだと思うが、今後の日本を占う何かが起こるのはこういった「フロンティア」的な波動を帯びたところなのかもしれないし、さらに言うと、時代を作り上げる、新時代のリーダーとも言える人たちはこの土地の波動をたっぷり浴びた、このエリア出身の人だったりするのかもなどとも思っている。

このように、「大胆に冒険に打って出る」波動、「開拓のバイブス」がしっかりと蓄えられているのがここ、北海道なので、生まれ変わるかの如くに自らを変容させる覚悟がある人はこの地を訪ねてみるとよいだろう。人ならざるもののパワーがチャージされ、モヤモヤが解消されたり、開き直る覚悟を持てたりするなど、新しい人生の扉が開けていくに違いない。

03

青森県

三方を海に囲まれた、風の大地、青森

本州最北端の地、青森県。

香川＝うどんだとしたら、青森＝りんごといえるほど圧倒的な生産量を誇る、名実ともに誰もが認めるりんご王国、それが青森である。

ところが、そういった「りんごを中心としたPR手法」によって、他の良いところや特徴が薄まり、青森の魅力が十分に知られていない！なんていうことも多々あるように思う。

そのためここでは、「りんご以外」の青森が持つ素晴らしい特徴やここだけにあるバイブスについて触れていこうと思う。

まず、青森は本州最北端に位置しており三方を海に囲まれている少々特殊な地理特性をもつ県である。南のみ陸に面し、鎌倉の逆ともいえる地形をしているわけだが、（鎌倉は三方を山に囲まれ、南が海）ちなみにこの三方を海に囲まれているというのは実はだいぶ珍しい。日本地図を見るなりネットで地図を見るなりしてほしいのだが、海に面しているのは多くてせいぜい二方向なので、沖縄とか離島を除けば他にどこか思いうかぶだろうか？

三方向に海を持つということは、もうおわかりかと思うけれど、海風が三方向からやってくるということでもある。加えて、もともと寒冷な気温・気候条件を持っているので、特に冬場の体感温度はさらに低くなり、極寒みが増していく。私も冬にこの地に行ってみたが、風があるときとないときではまるで別物といっていいほど違いがあり、軽く10度は超える体感温度の差があった。

さて、そんな「厳しい冬」を持つ青森の波動は一体どんなものだろうか？

青森の波動

青森の波動の源泉は、実は山にあると思っている。

青森県の面積は、９６４６㎢で日本の都道府県の中では第8位となかなかの高ランク。

その面積の65％は森林というからなかなかの森率である。

さらにその中には、奥羽山脈、岩木山、八甲田山、奥入瀬《おいらせ》等があり、また、世界遺産にもなっている白神山地など、「タダの森ではない森林・山地」が多いことから、森海山の緑や青色のパワーが幅を利かせている場所といえそうだ。

森の色である緑とはスピリチュアルとか代替医療に詳しい人ならご存じかと思うが、言わずと知れた「ハートチャクラ」の色である。また、この地が海で囲まれていることや、海は季節によってはブルーグレーからスカイブルーそして時には緑っぽい色味に染まることも考えると、この地は空や海の青と緑の波動を強く持つ土地であるといえるようにも思う。

また、この地のことを語る上で忘れてはならないのは日本三大霊場の一つ、恐山《おそれざん》の存在ではないだろうか。

恐山は青森の東側・下北半島に座す、超僻《へき》地にある霊山で、他の2つの霊場（比叡山と高野山）とは異なり、地面から硫黄の成分がふつふつと湧き出るといった荒々しい要素を多分に残しに、どこか極楽と地獄が共存したような波動を感じる場所である。

訪れればわかるが、景色がまるで「超大がかりな映画のセット」のような感じで、完全に下界の様相・雰囲気とは異なっているのが印象的だ。

そして、この地は沖縄のユタと双璧をなす、霊能のプロフェッショナル、イタコの存在でも有名である。（＊イタコは呼び名こそ違うけれど、東北各地に存在しているが、ここ恐山のそれが一番有名かと思うので、こういった表記をしている）イタコは死者や見えざるものと交信するといった特殊技術を持った人たちであり、当時は先天的・後天的に盲目であったりした人たちが就いた職などとされている。

さらに青森には他にもキリストの墓と称されるものがあったり、日本中央の碑があるなど、何かと不思議なこと・スポットも多い土地である。

また、縄文時代からの遺跡・古墳等もあり、古代人によくある傾向として、「霊場」的なところに彼らは住まい・集落を作ってきたことから、この地もやはり霊的なバイブスもしくは土地自体の波動が高いところであるといえそうである。

縄文的な波動が高いところに共通しているのは、これは私の勝手な想像だが、「近代都市国家」

的なシステム、例えば貨幣経済や金融資本主義に対して波動的に親和性が高くないので、いわゆるお金儲けがあまり上手ではない人が多いように感じる。

実際、直近の厚労省の統計によると、青森の県民平均年収は２４０万円ということで、都市部や近畿圏や工業化が進んでいるエリアに比べると高いとは言えない値であることから、――金銭的なものばかりが豊かさを示す指標ではないことを知った上でお伝えするが――やはり金融資産形成・市場経済の中で上手にビジネスを展開していくということは、あまり得意ではないのかもしれない。

ただ、現代の資本主義的なレールに乗ることは苦手だとしても、本来の人類＝霊長目ヒト科のあり方でいうと、この地の波動とは大田区田園調布であり渋谷区松濤・広尾であり、港区南麻布＝超一等地であろうと思う。

また青森に住まう人々も、競争というものが「最初からインストールされていない」ので、今の競争原理が強い社会では生きづらさを感じることもあるかもしれない。

ただ、これからは時代の主軸は変わり、見えないものが大事になる風の時代となっていく。そうなれば、三方を海に囲まれて「風が豊か」で余計なものを飛ばし、浄化を進めてくれるこの土地自体や、さらに、競争から共創・協奏になっていくとされる新時代においては、この土地のスピリットエリートたち（この地生まれ・波動を帯びている人々）はさらに注目を集めたり、この土地自体が己を鍛えるところ・己と向き合うところとして耳目を集めたりするなんていうこともあるのではないだろうか。

非常に稀有な波動を持つ霊場があり、海・空・山が美しく、県内全体に青と緑が広がっている、霊格修行の土地。また、霊的なバイブスを高めたり・鍛え直したり、霊主体従へとＯＳを書き換え

真

〝余計なものがない〟という美学。

たりする場所。それがここ青森の波動であり、役割であると思っている。

04

岩手県―県北

岩手の波動のコアエッセンス

日本には47の都道府県があるが、北海道の次に広い面積を誇る県、それが今回ご紹介する東北の雄・岩手県である。

ちなみに岩手の前に「雄」とつけたのは、この県ほど雄という言葉がバシッとはまる場所は他にないと思われるから。それほどにこの土地には雄大で雄壮な気が流れていると感じられるし、またその猛々しさこそがこの土地の色のようなものだと感じたからだ。

本州最大の県・岩手だが、県の東側には北上高地、西側と秋田との県境には奥羽山脈が連なっており、県の面積の中のかなりの部分を山が占めていることと日本一を誇る厳寒地域を県内に持つほど冬が厳しいエリアのためか、主要居住地域は県内の主に盆地エリア、海岸線のあたりに点在している。（＊岩手県盛岡市藪川《やぶかわ》エリアはマイナス27度になったこともあるとか！）

前述のように冬がとても厳しくはあるが、このエリアは遥か昔、縄文の時代から人々が生活をしていた痕跡がある。（宮古市崎山貝塚、一関《いちのせき》市貝鳥貝塚《かいとりかいづか》など）

便利な機械文明に慣れ親しんでいる我々現代人からすると、「過去にこの地で生きた縄文人や平安の世を生きた先祖たちはマイナス20度の世界を一体どのようにして耐え忍んできたのだろうか！　また、どうやって食料を保存、確保して命をつないできたのか！」などと驚くばかりだが、その保存方法や寒冷地で暮らす知恵というものに関してはここでは割愛するとして、以下、この本の本題であるこの地特有のバイブスに焦点を当て書き進めてみたい。

神社の点と山脈の線

岩手を旅してまわっているとここは面積はとても広いのだけれど、寺社仏閣の数が他の東北の５県よりも少ないのでは⁉と感じた。ちなみに全国で一番神社の数が多いのは新潟県で、その数なんと４９３３社！　最も多い人口を誇る東京は意外にも１８６６社で、千年以上も都として栄えた街・京都は２０４８社である。

そして、ここ岩手はというと９４２社があるらしい。

１㎢あたりの人口の数を算出したものを人口密度というが、もし神社密度なるものがあったらその面積の広さと神社の数からして岩手が一番なのでは？　と思うほどに神社数が少ない場所、それが岩手なのだ。

だが、気になるのは、この神社の少なさは一体なにが原因なのだろう。

それとも神社よりもお寺のほうが多い土地柄なのだろうか？

この地に暮らす人々は信仰心が薄いのだろうか？　など、無礼な仮説も含め色々考えてみた。そうしたら、ふと脳裏に浮かんだのが、最初に述べているこの土地の雄大さ・雄壮さの波動というものである。

この土地は奥羽山脈、北上山地という二つの背骨に守られている、がっしりとしたアンカー的な強いものが大地にねじ込まれていることで太いパワーを感じられるエリアである。つまり、すでに「地盤が出来上がっている土地」だといえるので、神社という杭《くい》の波動をあえて打ち込むとか、土地を整備するような社を増設するような必要がそもそもないのかもしれない。

岩手＝「自然の作った砦」であるから、後天的な施策は無用だった！という、ある意味、地盤においては岩手最強説のようなものが降ってきたのだが、さて皆様はどう感じられただろうか。

ただ、逆にこの土地の海岸線には神社は多く存在しているが、それはやはり「守り」のためであろうと思う。また、街中にも神社はあるが、それはどちらかというと土地を鎮めるといった類の波動ではなくて、里の行を滞りなく進めるために設定されたものであるように思う。

このエリアはもともと土地のパワーが最高レベルに高い場所であるから、神社という社を建て、サポート的な杭打ちをする必要がない。最高のバイブスを誇る背骨＝山脈が線や面となりこのエリアをがっしりと支えているのだから、神社という点に頼らずともよい。このようにとらえるとこのエリアからは雄々しい波動を感じるのも納得である。

他では感じ得ない不動心を感じる場所

　前項ではこのエリアは二つの背骨に支えられているということをお伝えしたが、ではこのエリアにある街を流れる波動はどうだろうか。ここからはその辺りをもう少し踏み込んで見ていくことにしよう。

　北岩手、その中心地はやはり県庁所在地である盛岡とするのが妥当であろう。

　ここは前述の通り、坂上田村麻呂の時代から当時の朝廷の支配・統治が及ぶ最北端で大きな砦が築かれていた場所であるから、東北の6県の中では比較的長い歴史を持つ場所だといえる。

　また、当時から朝廷・中央とのつながりがあったせいか神社仏閣も多く、当然、町も整備されている。神社が少ない!と述べた割には街中には神社仏閣は多くあり、なかでも盛岡八幡宮と櫻山神社等はその筆頭格だと思うが、実際訪れてみると、盛岡八幡宮のパワーが盛岡を中心に、だいぶ広い範囲までこのエリアの空気を作っていることがわかる。

　盛岡ヴォルテックスのコアとなっている盛岡八幡宮は、１０６２年に源頼義によって京都の石清水八幡宮から神様を勧請し創建されたとのことなので、実に千年近い歴史を持っている古刹である。八幡山の表側に拝殿を持ち、歴代藩主・城主等の崇敬を盛岡総鎮守として集め続けてきたことによる「想いのレイヤー」のようなものは複雑な重なりを見せ、社内のみならず、盛岡市街を越えて広い範囲にパワーを届けている、とてもパワフルな神社であると感じる。

　また、この地から二戸《にのへ》にかけて北側のエリアにも神社が点在しているが、葛巻八幡宮、似鳥八幡神社、大法神社（八幡宮）軽米《かるまい》八幡宮、若宮八幡宮など、多くの八幡神社があることから、盛岡だけではなく、このエリアから北は「八幡様」バイブスが特に強い、八幡エリアであることがわかる。
（ここから北西にある山も八幡平である）

　これら八幡神社連合はそれぞれのエリアを流れる気を清浄なものにすることはもちろん、人の世界、つまり「里」で起こるあれこれを鎮めていたりもする。

　また、人心を「律する」波動を持つのが八幡様であるから、それぞれの地に座しながら、人のエゴの暴走を抑え、克己心と魂の修行を応援するパワーをずっと静かに伝道・伝播し続けているのだと思われる。そのせいか、このエリアには整える・清める・まとめる・自律するという波動がビシビシ流れていると感じる。

　このエリアを流れている空気は「主要なエッセンス」を抽出し、余計なものをばっさりと削り取っていくような、非常に大胆な禊《みそぎ》や修行の要素が強く感じられるのを特徴としている。

　雪国で豪雪エリア（＋冬場は凍結がすごい）であるから、厳しい自然環境に対応しながら生きていくため、雪かきや水道管の破裂対策等、南国で暮らすようにはいかないことも多々あると思う。
（これは他の雪国も同じだけれど）

　ただ、この場所で感じるものは、そんな雪国あるあるとか寒冷地あるあるをものともしないような、まるで武士のような鉄の意志であり、また、不動心であるように思う。

　日本中どこを探しても他では感じ得ない圧倒的といえるほどに凛とした空気、それをこのエリアは色濃く持っているし、また、この地に住まう人、この地から生まれるものも須《すべから》くそういう凛とした波動を宿しているように思うがどうだろうか。

この土地のバイブスとは

盛岡やこのエリアの他の街に行ってみると感じるのは、いい意味で「余計なもの」がないことだ。もちろんコンビニやスーパーは全国チェーンだったりもするので全国どこでも同じものが買えたりするが、それ以外のこのエリアだけのお店やチェーンショップなどでは余計なものが入っていない食品、ご当地系の商品・お土産だけれど媚びておらず、過剰に商業主義になってもおらず、いい意味で本質的なものが多いように思う。

一言で言うなら質実剛健。色気も過剰な装飾もないかもしれないが（失礼！）、ただ、圧倒的な機能性や用の美、本物の美意識に貫かれた、まさに100年もつといえるような超本物、それが、普通に駅のお土産物屋さんで売られていたりするから驚きである。

また、一地方都市での相場感からするとちょっとお高いかな？というパンやサラダやおにぎり等も売られていたりするが、蓋を開けてみれば中身に質の良いものが使われているなど、日常消費のもののクオリティが高いことが、本質にこだわる県民性というか土地柄を表していると言えるだろう。

そして、この土地のことをよく表しているのは、本当に他の著名人には申し訳ないが、やはり、宮沢賢治以外にはいないのではないだろうか。（岩手が生んだ作家は多いが、中でも有名なのはやはり宮沢賢治、新渡戸稲造、石川啄木、金田一京助あたりが筆頭格かと思われる）

中でも代表作の一つ「アメニモマケズ」は、本当にこの土地のバイブスが作品全体から滲み出て

剛

絶対に揺らがない芯のようなもの。
大地に打たれた杭のようにしっかりとした軸があれば
何がきてもびくともしない。

いると思うので、一部引用しご紹介したい。

雨ニモマケズ
風ニモマケズ
雪ニモ夏ノ暑サニモマケヌ
丈夫ナカラダヲモチ
慾ハナク
決シテ瞋《イカ》ラズ
イツモシヅカニワラッテヰル
一日ニ玄米四合ト
味噌ト少シノ野菜ヲタベ
アラユルコトヲ
ジブンヲカンジョウニ入レズニ
ヨクミキキシワカリ
ソシテワスレズ

――中略――

ホメラレモセズ
クニモサレズ

サウイフモノニ
ワタシハナリタイ　雨ニモマケズ
宮沢賢治（岩崎書店）

絶対的な強さ。

でもそこには「どうだすごいだろう！」というエゴはない。むしろ、無我の境地に立っているからこそ生じるすごみと無双・無敵感が漂う。

そして、これこそが岩手のバイブス、その本質なのだろう。


また、このエリアを語る上で欠かせないものに岩手山があると思う。

この山には、富士山のようなわかりやすいアイコン力はないかもしれない。

富士山は日本一の山だけあって、アイコン力、道開きの波動、日本という土地にエネルギーをまわす力というのはトップクラスに備わっている。そんな特Ａクラスの山、富士山にはとって変われないかもしれないが、ただ、燻し銀の、渋いというべきか雄大なというべきか……、ある種、鍛え抜かれた日本刀が持っているような強さを、岩手山とその一帯からは感じとることができる。


圧倒的なクリアリング力。それがこの地に流れるバイブスなのだろうと思う。

だから世の中の虚飾と虚構というものは、この地に来るだけで綺麗さっぱり洗い流されていく。

また、この地でとれる野菜、果物、穀物も同様にその波動を持っているから、この地で過ごすと心身がクリアになっていくのではないかとも思う。

そして、この地で生まれ育ったり、過ごしていると、クリアな状態に己を保つ（保ちやすい）ことができるからこそ、余計なものを求めなくなり（中には刺激が足りないという人もいるかもしれないが）、そのため、清浄な波動のままで創作とか想像の世界に翼を広げることができるのかもしれない。

ここに生きると、外部の刺激はたしかに少ないだろう。でもその分、思いきり内的世界の豊かさに浸ることができる。そしてそういった内側の世界で冒険する土壌こそが、この岩手の地から私たちが受け取ることができる最大のギフトなのかもしれない。

本物を育てる土壌

岩手の波動の特徴とは、禊、浄化、豊かさ、厳しさ、そして、なんといっても本物を育てることにある。余計なものを削ぎ落とし、本物の幹のみを育てていくような、凛とした不動のパワー。宮澤賢治の作品にもあるように、この土地こそが、やはり、ひとりの修羅なのだろう。

また、この土地は実は多くの政治家を生み出した土地でもある。それ以外にも多くの著名人・文化人を生み出してもいるが、人口比率からしても政治家の輩出率が高く、なかでも原敬《たかし》、鈴木善《ぜん》幸《こう》など、なんと4名も総理大臣を生んでいることは岩手の特徴の一つであるといえよう。（＊総理大臣輩出数は全国で3位。1位は東京都）

そういった背景やこの土地の人々の性格、また、南部鉄器というまさに用の美を地でいくような地場産業があったり、花巻温泉、つなぎ温泉、大沢温泉など全国屈指の温泉が湧いているなど、〝癒し・治癒〟の波動も高く、整備・メンテナンス・治療といったバイブスが感じられるところからも、この土地が「人を育てたり動かすための両輪・飴と鞭」の両方を備えていることがわかる。

人はこうした本質を感じる場所に土地にいくことで、特に都会での生活で溜まりがちな垢や澱《おり》を浄化でき、人が人らしくあるための原点に立ち返れるように思う。

そういえば、八幡平を見た坂上田村麻呂はここは浄土なのではと漏らしたらしいが、このエリア一帯は自然環境が厳しいこともあってか、手付かずの自然が多く残る場所でもある。

その存在自体が浄土であり、上《ジョウ》土《ド》。

自然の愛が豊かで、且つ、自然の高波動に常に洗い清められているところ、それがここ、岩手なのだろう。

05

奥州

奥州平泉と沿岸部

岩手県は東西だけでなく南北にも長い県だ。そうなると当然、その土地を流れるバイブスもエリアごとにだいぶ異なってくる。盛岡あたりの中央エリア（＋県北）と県南、つまり一関、陸前高田、奥州あたりはだいぶバイブスに差があるように見受けられるので、この項では前述の岩手県北部に続き、岩手県南部について綴ってみたい。

岩手県南部といえば、やはり目玉というかスポットライトを当てるべきは世界遺産登録もされている平泉を中心とするエリアではないだろうか。

平安時代後期〜鎌倉時代に奥州藤原氏が3代にわたり築き上げた地上の楽園、奥州平泉。訪れたことがある人なら、「俗世とは完全に切り離された、まるで仙人が住まうところであるかのような空間」がここ、東北の地にあることをご存じかと思う。800年以上も昔、奥州藤原氏が作り上げた庭園や寺社は令和の今訪れても美しく、まるで時が止まったかのように維持されている。田舎の山中ならいざ知らず、駅から徒歩数分程度の市中で「このレベルの別世界感・タイムレスさ」を感じられるところという場所は他にあまりないのではと思うが、その一つである毛越寺《もうつうじ》界隈や、そこから少し動いて中尊寺界隈を流れる空気はとりわけ「静寂の浄土」であろうと思う。

派手さもなく地味さもない空間。とはいえ一歩一景の美がそこかしこにあり、おもわず頬が緩んでしまう。破顔するほどの笑いも当然悲しみもなく、そこをいくもの全てがアルカイックスマイルを浮かべるような場所というとなんとなく想像がつくだろうか。

圧倒的な世俗からの乖離感、そして、極端なプラスもマイナスも感じない、無為な感じ。

全てが浄化されきった、仙人郷。

それがこの土地の魅力だろうと思う。

もちろんこの土地のことを千年も前から観察しているわけではないから、本当に過去においても「そんな仏的な波動」が漂う場所であったかはわからない。とはいえ、過去においてもきっとこの空気を纏っていたのだろうなと感じさせる、そんな不思議ななにかがやはりこの土地にはあるような気がする。

それは藤原氏をはじめとした信心が深かった領主たちが「浄土仕様」にこの土地を作り替えたからなのか、もともとこの土地がそういった波動を備えていたのか、その答えは前述の通りタイムスリップすることができない以上わからないのだが、いずれにしても、この土地の明鏡止水感はこれからも変わらずにこの地にあり続けるのだろう。

このように、「浄土」の波動は至る所に広がり、不思議なことにそれは山を越えて、三陸の方にも飛び火しているようにも思う。

通常、海辺の町、特に漁師町となると剛毅なパワーであるとか、エネルギッシュなパワーを感じることが多いのだけれど、世界三大漁場「三陸金華山沖」に面した町々を見ていると、やはり、どこかに不思議な「静」のエネルギーが横たわっているのを感じる。

釜石、大船渡、陸前高田……北まで行けば宮古あたりも入るかもしれないが、このあたりのリアス式海岸は相当に深く、日本地図を見ていただくとわかるけれど、他のエリアには例がないほどのギザギザの海岸線となっている。

他にも長崎の海岸線（大村湾）とか、三重の英虞湾《あごわん》（志摩半島）、福井の若狭湾とか、リアス式が有名なところはいくつかあるのだけれど、そのどれよりもギザギザが深く、その距離（沿岸の）も長い。そのため、湾内は養殖に向くほど波が穏やかであるから、上述の「静」のエネルギーをここ、三陸エリアでも感じることができるのかもしれない。

自然と共生・共存する哲学。手を加えすぎない美学

この地を生きる人々や土地全体から感じるのは、争いとかとは波動的にも無縁で、ただただ自然との共生・共栄・共存を深めてきた、その長い歴史が培った「自然というものに対してとても哲学的な思考・感性」、そして「自然の美とか豊かさを抽出する」波動がとても強めであるということである。

自然との一体感・共生感、そういうものを探究する波動がとても強く感じられる場所、そしてもっとシンプルにいうなら、「宇宙感」といえるような、いい意味で人が手を加えすぎないような美学、哲学がこの地からは染み出しているように思えるし、それを最もわかりやすい形で体現してい

るのがやはり平泉なのだと感じている。

このエリアの北の方に行くと花巻温泉、台温泉、志戸平温泉、渡り温泉、大沢温泉、山の神温泉、鉛温泉など数多くの温泉があり、食べてよし・泊まってよし・観てよしのウェルビーイングエリアとなっている。このあたりには文豪が愛した宿をはじめ、宿の種類も多いので、好みに応じて使いわけるなど、しばらくこのエリアで湯治してみたり、今風に言うとワーケーションでもすると、沢山のインスピレーションが降りてくるのではないだろうか。

実際、過去にこの地を訪れた俳聖・芭蕉はこのように綴っている。

「五月雨《さみだれ》の降り残してや光堂」

金色堂を眺めて、「ひかりどう」とはよく言ったものだと思うが、この句を読んだ俳聖もまた、奥州街道をいくなかで、豊かさの波動と共振し、「色々なものを降ろして」いくこととなったのだろうか。

実際、今、私たちが芭蕉を思うとぱっと思い出せる句の中にはこの奥の細道の道中のものが多くある。

——夏草や　兵《つわもの》どもが夢の跡：　岩手県平泉町

——閑《しずか》さや岩にしみ入る蟬の声：　山形県・立石寺《りつしゃくじ》

——五月雨をあつめて早し最上川：　山形県大石田町

また、一説ではもともと名声が高かった芭蕉ではあるが、この旅でさらに多くの門徒を得たと言

静

浄土。
この言葉が"mottainai"みたいな
世界で通用する言葉になればいいのに。

われている。

このエリアに漂う宇宙意識が芭蕉にタイムレスに親しまれ続ける詩句を詠ませたのか、それともこの奥の細道をいくなかで何かのスイッチが彼の中で押されたのか。

観光とは光を観ると書くが、天下の俳聖はこの浄土の光をどう感じて、何を思って、そして何が彼に降ってきたのか。

そういうことを考えながら奥の細道を辿ったり、平泉の浄土巡りをしてみるのも面白いかもしれない。

06

秋田県

東北エリアの独特の波動

秋田県は、日本が誇る豪雪・温泉地帯の一つである。

誰しも東北の冬の風景として、絶景の雪見風呂やかまくらといった写真を見たことがあるかと思うが、東北6県の中でもそういった雪国風情が最も強く感じられるのがここ秋田県である。

秋田は南北に長い県だ。そのため県北・県央・県南と3つのエリアに分けられることがあるが、この項ではエリアのバイブスにそこまでの差異が認められなかったことから、エリアを分けずに、秋田県全体を一つのエリアとして表現していくこととする。


いきなり少々脱線するが、日本の土地の波動のリサーチを進めていくと、東北や沖縄、北海道などかつての朝廷から離れたエリアに行けば行くほど、あるバイブスが強くなることに気づいた。それは、人の手、特に中央集権的な政治との関与が薄ければ薄いほど、関与していた期間が短ければ短いほどに、その土地からは「自然そのままの波動・空気」がより濃厚に感じられるというものである。

ある意味ではこれは、とても理にかなっているようにも思える。西日本や九州は大和朝廷があり、また、かつては邪馬台国があったともされる場所である。また史実的には半島から人が渡ってきたのは日本海側の九州エリアないし本州の山陰サイドであるとされていることから（もっと古くは徳島あたりに上陸した説もあり）、西日本に「朝廷的な」バイブスを強く感じさせるところが多いのは当然だと言える。

さらに近年（といってもここ数百年）になると、江戸・東京が政《まつりごと》の中心であるため、関東や北関東はいち早く近代化が進み都市化が進んだし、江戸時代以前より東西の日本を結ぶ要所であった東海・中部地方もまた、街道の町特有の活気を感じるところが多い。

このように総じて本州・九州は、比較的「人の作りし世界」的なパワーを帯びやすい場所と言えるが、ここ東北は例外とも言えるところで、仙台など大規模に開発されたところを除けば、ほぼ全

主

純白の世界は人の輪郭をくっきりと浮かび上がらせる。
まるであなたがこの世界の主人公で、
スポットライトを浴びているみたいに。

域がぼんやりとではあるけれど「人以外の存在の気配」を感じる土地だと言える。

ちなみに縄文時代以前より九州南部、東北、北海道には人が住んでいたらしいので、ヒエラルキーや社会規範というものもあったのではと推察がつくのだが、ただ、日本史に残るほどの政治統制が敷かれたという記録はないので、色々な面で関東以西とは「波動」が異なるのはある意味、当然とも言えるだろう。ちなみにちょうど福島県の会津あたりが「北関東と東北エリアの境目」と言えるところで、車や電車で移動するとちょうど会津あたりを境目として、感じられる空気が変わっていくのを体感できる。

会津から南は人間社会的な統治制度のバイブスが強く、逆に以北はそういった人の作った社会制度の持つ波動の浸潤が浅いがゆえに、精霊信仰ともいえる目に見えないものたちがきちんとこのエリアの秩序を保つ一助をしているように思える。そんな「見えざるもの」の気配をどこよりもヴィヴィッドに感じられることが、東北地方の特徴のひとつなのだと思っている。

秋田は「いまここ」を生きる波動が感じられる場所

旅をして回る中で気づいたのだが、秋田県は東北6県のなかでも他の5県とはどこか毛色が違う。東北のイメージというと、質実剛健で、人々は相互扶助の精神に富み、蓄財に熱心で、男女共に働き者で……という印象を抱く人が多いかと思うが、秋田は——批判しているわけではなく——いい意味でノリの良さと緩さがある気がする。

もちろんこの地に生きる人も「堅実で確実性を好み、手堅い！」というところは備えているが、県民性を調べてみると秋田だけ「食い倒れ・着倒れ」とか、「陽気で快活、日本トップレベルのお酒の消費量を誇る」という、なんともフェスピープル（パリピ）的な要素を強く持っているように感じる。実際、私の周りにいる秋田出身の友人・知人たちは皆底抜けに明るく、元気で、色味で表現するなら活気を表す赤！と言えるほどであり、実際、この地生まれには、バイタリティに富み、突撃力高めで思い切りがいい人たちが多いように思う。

この地の民は「明日は明日の風が吹く」とばかりに、「いまここ」を楽しみながら生きているように見える。少なくともそういう人たちが私の周辺には多く、湿っぽい人など皆無、皆人生を謳歌している人たちばかりである。また、秋田を訪れた時に感じた波動も「全力でこの地球を楽しもう」というものであったし、自己実現に全力投球をする！というようなものであった。社会や他人ファーストになりがちな現代社会において、そういった波に呑まれることなく、ちゃんと自分軸ですごす、ME―ファーストとも言える波動、そういう、人生を主体的に送るということを思い出させてくれるのが、ここ秋田のバイブスなのかと感じている。

また、日本には古代・縄文時代の遺跡や古の儀式・風習が残るところがいくつかあるが、ここ秋田も例に漏れずそういう「古代の波動を感じる何かを色濃く残しているところ」である。

なまはげを筆頭に、各地に多く残る祭りに古代・縄文時代等の遺跡や古墳群。

例えば大仙市にある唐松神社などに行っていただいてもよくわかるが、社殿こそ神社のような形をしているが、境内にある円形の神殿のようなものは明らかに古代縄文の何かを踏襲しているとしか思えないものである。

こういった精神性が高かった、霊主の生活を送っていたとされる古代のあれこれが多く残るのがここ秋田なので、この地にすまう人も現世の物質主義に偏りがちなマインド・風潮に左右されることなく、常に物質・精神のバランスが良く、何が大事なことなのか、魂レベルでわかっている人が多いように思うし、そういった霊と体のバランス感覚を保つ作用というのが、ここ秋田の波動ではないかと思うのだがどうだろうか。

　また、秋田市から東へ70キロメートルほど離れた湖、田沢湖は４００ｍを超える日本一の水深を誇り、その湖のほとりには「たつこ姫」のブロンズ像が立っている。

　たつこ姫とは、永遠の若さと美貌を願い、湖神となったとされる伝説の美少女であるが、秋田美人などという言葉からもわかる通り、秋田が「美人の産地」という風評を持っているのは県内にこのような「美人バイブス」を生み出し続けるヴォルテックスがあることも少なからず関係があるのではと思っている。

07

山形県

山形県の波動

山形は彩り豊かでコンテンツが豊富な県だ。そのため、フルーツ？　きのこ？　米沢牛？　おしゃれなホテル？　優れた木工技術？　蔵王温泉をはじめとする秘湯の数々？など、切り口によって、それぞれの人の立場や趣味に応じた山形のイメージがあるのではないだろうか。

くいしんぼうさんには全国６割のシェアを誇る洋梨のラ・フランスとか佐藤錦《さとうにしき》なるブランドさくらんぼがパッと思い浮かぶかもしれないし、また、インテリア好きはバタフライスツールの天童木工や鋳物製品を思い出すかもだし、もっとマニアックなところを突くなら、将棋のコマの一大産地ということや、フェラーリのボディをデザインしたデザイナーが工房を有する場所というのをご存じの方もいるかもしれない。

また、これら以外にもブランド牛・米沢牛やご当地食・芋煮に、つや姫などの全国でもトップランクの生産量を誇るお米を思い出すという人もいるだろう。

さらに加えていうなら、スピリチュアル・神社好きには出羽三山（とそこに鎮座する神社）を知っている・聞いたことがある・訪ねたことがある人も多いのではないだろうか。

出羽三山（羽黒山《はぐろさん》・月山《がっさん》・湯殿山《ゆどのさん》）の一角、湯殿山神社はかなり特殊で、山岳信仰の流れを汲むからなのか本宮は撮影禁止、参拝は土足厳禁という厳しさ。

さらに参拝者には、ここで経験したことを「語るなかれ」「聞くなかれ」という禁がつくというおまけつき。（私は縁あって経験したことがある）いわば秘境中の秘境なのだが、ここでは禁に従い何も語らないので、ぜひご自身の足で一度訪ねてもらいたい。「この世とは少し違う次元」の体験ができること請け合いだ。

ちなみにこちらの出羽三山だが、江戸時代には「西の伊勢参り、東の奥参り」と言われ、西（伊勢神宮）をお参りしたら、東の奥（出羽三山）も参拝せよという習いがあったとか。伊勢神宮は太陽神・天照大神《あまてらすおおみかみ》が座る社で「陽」、出羽三山は天照大神の弟の月の神・月読命《つくよみのみこと》が祀られ、「陰」と考えられており、二つを巡ることで陰陽が和合されるため、「西を巡ったら東もどうぞ！」と言われるようになったらしいが、なるほどこれはたしかに波動的にも整合の取れる話であるように思う。

伊勢は波動的には、10を１００にするような大きな飛躍を目指す正攻法での出世・躍進、まさに岩戸を開いて大きく広く育っていくような波動を持つ場所であるが、ここ山形（特に出羽三山）はその逆で、一旦閉じることで繭籠《まゆごも》りし、別の新しい何かとして生まれ変わるような、リセットする波動が強いように思うからだ。

イメージでいうと、幼虫からさなぎになり、さなぎから成虫になるという蝶々の成長の過程を思いうかべるとわかりやすいかもしれない。

その大胆に「変態」をする様は同じ生き物とは思えないほどで、姿形を変えて、生きながらにして生まれ変わっているのであるが、ここ山形にはそのように「変容」を促す大きな力が渦巻いているように感じられる。

転生・変容の土地

「転生・変容」を促す波動を持つとされる県・山形だが、この地の名産にも転生・変容が感じられるものがあるので紹介したい。

山形を代表する果実・さくらんぼ。私も知らなかったのだが、実はこの果実は数ある果物の中でも最高ランクに栽培が難しいものらしい。

さくらんぼは原木のままだと病気でやられてしまうので、耐病性が強い木に接木《つぎき》をすることで初めて実をつけるようになるのだそうだ。つまり、「オリジナルな状態」から他樹にパラサイトすることで新しいステータスに変容をし、それによって成功している＝実をつける果樹なのだともいえ、これこそまさに山形の波動、転生させること・変容を促すことを体現している果実であるといえるのではないだろうか。

また、ラ・フランスも同様に大胆な剪定を必要とする果樹であるし、この地で盛んな木材加工製品の一つ、プライウッドも熱を加えることで無垢材には出せないような曲面や形を作るというもので、その製法は一枚の板・木を別物に転生・変容させるものだといえるだろう。そんな山形の波動が生まれる源泉といえるところは一体どこか、山形県内を散策し、探ってみたが、結論から言うとやはりこの地の波動のコアといえるものは、出羽三山に他ならないと思えた。

御山は行を修める場。
肉体・精神・知恵、
それら全てを高める聖地である。

山

出羽三山信仰では、現世を表す羽黒山、前世を表す月山、来世を表す湯殿山の3つの山を巡ることで、前世〜現世〜来世を巡ったこととなり、「生きながらにして生まれ変わることができる」と言われている。

そして星の羅針盤（占星術）でもやはり人は一生で二回生まれ変わる（肩書き・ステータス・性格など）とされているので、やはりどこかで「大いなるもの同士」はつながっているのだろう。

「生きながらにして生まれ変わる」といっても、人の場合は蝶々と違って、手が6本になるとか羽が生えるということはないのだが、中身がガラリと変わることがままある。

そのため、生まれ変わりの波動を強く受けるこの地に生きる人たちはそういう人間に与えられた魂の成長のための課題に向き合っていくことを他の場所を生きる誰よりも色濃く受け取ったり、また人生にそういった事象が多く起きるなんていうことも多いのではないだろうか？

実際に何でこんなに苦しいリセットを体験しなければならないの？　などというようなことを経験している人もいらっしゃると思う。痛み・苦しみ・傷……そこだけ聞くと「なんだかかわいそうな県とかしんどい役回りを持っている県」なんて思うかもしれないが、そうではない。

一つのことを続けていると見える景色がたしかに人生にはある。

続けることは尊いことである……が、一つのことを続けていると逃してしまう・見ることのない景色も人生にはあるのだ。一つのことをひたすらに続けていくと星付きシェフになるとか人間国宝になるなど何かを極めることはできるかもしれないが、それだと人の世が持つ色々な面を見たり体験するということができないのだ。

前世・現世・来世、この3つを現世という一つのタイムラインにいながらにして追体験（おかわり体験）を含め、全て体験しようとして生まれ、そして同時に、人生のステージが変わるごとに色々なものが大胆に変わるという過酷ともいえる修行に「いざ、立ち向かおうぞ！」と気合を入れて生まれてきた人々、また、剛毅勇敢で、魂修行の観点から言うととってもよくばりな人々、それがここに生まれ、住まう、山形の人々なのだろう。

また加えて言うなら、痛み・苦しみを体験していて、それを乗り越えているからこそ得られる知恵・優しさ・言葉・愛というもののもあると思う。植物・果樹も摘果や剪定をすることで、実にエネルギーを集中させることができるように、人は色々な体験をすることで強く賢くなり、また、内面が豊かになっていくものだ。

冒頭にも記したが、ここ山形は豊かな県だ。そしてそれは、植物や果実が豊かに育っているという意味だけではない、人の中身が豊かで、彩りに溢れ、思いやりに富むという意味においても「豊か」な土地なのである。

修行に励んだ暁には？

県名に山という字が使われていることからここは、一見、山の如く安定した要素を持っている土地柄かと思いきや、山は山でも「安定の方」ではなく「修行の場・霊山」のような意味を多分に持っている土地であるように思う。

単純に言ってしまうなら、山形＝山行をする場・修行の地と言えなくもない。

おそらくこの地出身の方々がこれを読まれたなら、たしかに波乱万丈のステージがあったなぁとか、短期的にトラブルが相次いだり、ミラクル大逆転が起きたなぁなどと思われるのではないかと思うが、どうだろうか？

この地にある波動は修行の波動であり、心身を精錬させていく作用を持つものである。

役割を果たすために刃物は研ぐ必要があるし、コーヒーは焙煎する必要があり、また私たちの体も鍛えないと鈍ってしまう。

鈍《なまくら》を名刀にする、二等級を一等級にする。

そういう昇進・昇格・精錬には苦労も伴うが達成できたときには喜びも大きい。

山登りも同様だろう。

道中の90%は、水がない、足が痛い、蛇や熊が怖いなど、しんどい場面の連続だ。

だが、山頂に辿り着き、眼下に広がる景色を見たとき、また、太陽に近づき神々しい波動を全身で感じたときの感動・感激はひとしおで、疲れなんて吹き飛んでしまったりはしないか。

そういった達成経験こそが人に真の力をつけるのだとしたら、ここ、山形の波動以上に人を澄ます土地を私は知らない。

月読《つくよみ》命を祀る月山から倉稲魂命《うかのみたまのみこと》と伊氏波神《いではのかみ》を祀る羽黒山を経て、大国主《おおくにぬし》命と少名彦命《すくなびこなのかみ》、大山祇命《おおやまつみのみこと》を祀る湯殿山へ。人の魂の「成長の最短コース」を体験したい人、いち早く課題を克服したい人はこの地を巡ってみるのはどうだろうか。

その際には蘇りを促進させるとされる、日本で２番目に酸性が強い蔵王《ざおう》温泉に入ることも忘れずに！

08

陸前の国

日本有数の「強さを感じる」県

東北を旅したなら宮城を境に、その南北で雰囲気がだいぶ異なることがわかるだろう。東北新幹線が通っていることや関東からのアクセスがいいこともあり、宮城県（特に仙台市）は東北の玄関口とされているが、ただ、それは治安等が安定している現代の話であって、鎌倉時代以前には北方の民との戦・小競り合いが長く続いていたという。

そういった緊張状態が長く続いたという時代背景があるからか、近畿圏が公家・商人文化を育んでいる間にこの地では平安の時代から蝦夷地・北の民との戦に備えるために「武」を中心にした国防軍のような組織が駐在・駐屯していたそうだ。

鎌倉時代になっても室町時代になってもこれら武士勢力のこの地での争いは続き、最終的には戦国時代後期に伊達氏によって統《す》べられるようになるまで数百年にわたり、文字通りこのエリアは「武者修行」を続けてきたのである。

そうして長い年月をかけて、覇権を争ってきたことで「武の気」をミルフィーユのようにこの土地に重ねていくこととなり、結果、この土地は覇気をそこかしこから感じる、筋金入りの武者無双エリアとなっていったのである。

八幡様に愛された土地、陸前

文献等によると、もうすでに平安時代にはこの地に社があったなどとされているが、波動のコアを醸成している場所とは、やはり「陸奥国一之宮・鹽竈《しおがま》神社」ではないかと思う。

鹽竈神社は塩土老翁神《しおつちのおじのかみ》、武甕槌神《たけみかづちのかみ》、経津主神《ふつぬしのかみ》を祀っており、それぞれ、知恵、武運長久をご神徳としている。詳しくはそれぞれの神話や古事記等を参照していただきたいが、とにかく、仙台市にある大崎八幡宮を含め、この土地には八幡神社系の社がダントツに多く、その数なんと１２８社に上る。そして次に導きを暗示する八《や》咫《た》烏《がらす》を眷属《けんぞく》とする熊野神社系が74社と続くことから、やはりこの地には「ガイド・道開き」スピリットと、「武運長久」「立身出世」の波動が強く流れているように思われるがどうだろうか。

外に向かって、道を開いていく人たち

歴史好き以外にはあまり知られていないことかもしれないが、伊達政宗公はスペインと貿易をするために大型帆船サン・ファン・バウティスタ号を建造し、１６１３年には慶長遣欧使節団をスペイン王国やローマ教皇庁へと派遣している。派遣理由は諸説あり定かではないが、貿易のためとも、倒幕に向けた軍事同盟を結ぶためであったともされている。伊達政宗は24歳で奥州を平定するなど

軍事の天才であったが、この時代にまさか欧州に使節団を（しかも今で言うところの1都道府県から）遣わすとは、彼自身に相当先見の明があったといえるし、また、倒幕を考えていたという説があることを考えると相当に冒険心・野心が強かったと推察可能である。

世界を見る視点。越境し、障害をも乗り越えていく波動。この地には人をそのように「外へ外へと意識を向けさせるもの」があるからなのか、この地出身の偉人・著名人を調べてみると、たしかに武運長久の恩恵を受けたのだろうな！という人たちがたくさん出てくるので以下に列記してみたい。

　このリストを見ていただくだけで、宮城の波動の質のようなものがだいぶリアルに摑めるのではないかとも思っている。

　羽生結弦、福原愛、荒川静香、岩隈久志、
　田中将大、佐々木主浩、千葉雄大、本郷奏多《かなた》、
　鈴木京香、森公美子、荒木飛呂彦、大友克洋、
　石ノ森章太郎、岩井俊二、菅野よう子……

いかがだろうか。

この中には海を越えて世界的に有名であったり、外国に住んでいたり、独特の「沼」のようなエネルギーを発生させることから、ファンがただのファンではなく、推しになりやすいような特性を持つ人たちが多いような気がするがどうだろうか？

戦いの美学とは
他者ではなく、己に打ち勝つこと。

克

覇気を高める場所

宮城から感じる波動。それは、冒険心・外交力・頭角を現すキャラ力というものである。

実際、東北随一のビッグタウン仙台が大いに繁栄していることをみても、「頭角を現す」というのはあながち間違いでもない波動特性のように思われるし、また、当代きっての知名度を誇る武将・伊達政宗の影響が今も随所に残る「武家エリア」であることや、個人競技・個人技に秀でる人たち（俳優等含む）が多く輩出されていることからも「エース」を生む波動を持つ、まさに「覇気」を高める場所であるように感じられる。

この波動を帯びると、突貫力に長《た》け、開拓の鬼になれたり、また、皆の方を向くのではなくて、背中で引っ張っていくようなリーダーとなる先人が生まれたりするように思う。

実際、過去・現代の偉人・著名人をみても「不思議な世界観」を持ってそれで勝負しているエースが多いと思うので、そういった「突破力を持つ武士」を生む、それこそが宮城の波動の特性かと思うがどうだろうか。

そのため、この地には少なくとも波動特性的に言えば、時代を牽引する天才たちが生まれてくることが期待される。また、そういった新しい感性を持つ者たちが集まる場所というのはそれほど国内には多くないと感じているが、ここ宮城は「新しい何かが生まれたり、才能が集結したり、思想が着想する」エリアの一つではないかと思うし、また、次はどのような人、こと、もの、ムーヴメントなどがここ陸前から生まれてくるのか。陸前には定期的に通い、突破力の気をチャージするとともに、街の観察も深めていきたいと思っている。

09

会津

日本の歴史にたびたび顔を出す街・会津

　歴史上とても大きな出来事が起きていたり、この地出身の人たちによって歴史が動いたりすることから、ここ会津は歴史好きの人には多分に有名な街である。

　会津は戦国時代末期～明治時代にかけて大きな光を放ち、また、スポットライトが当たった街だ。世間には時代の寵児なんていう表現があるが、その土地版があるなら間違いなく時代の寵場といわれたであろう。

　会津は福島県の一部で、西側に位置する市部であるが、さすが福島県は１万３７８４平方キロメートルを誇る、全国でも３番目に広い県であるから、海側、山側ではまるでその波動も異なってくる。

　福島は浜通り、中通り、会津と３つのセクションに分かれるが、どちらかというと浜通り、中通りが似通っているとするなら会津の波動は東側の波動とは異なり、「士魂」であるとか「忠義」であるとか、そういうものが強く感じられる、なんともクラシックな風情が強い場所である。

実際、歴史を調べると、この地は3代将軍・徳川家光公の異父弟・保科正之《ほしなまさゆき》公が治めた土地であり（子孫はのちに松平に改姓）幕府からも親藩大名扱いだったことから、武家は武家でもヒエラルキーの高いお家柄であったことがわかる。また保科公が名君であり、のちの会津藩の規範となるものを多く残したりしていることから、この地の人々の先祖・領主・藩主や地元に対する思いがとても強いというのもなるほど納得である。

会津といえば、大河ドラマ『八重の桜』序盤でも頻出していた「ならぬことはならぬものです・什《じゅう》の掟」が有名だが、これは10歳になったら入学する日新館（会津藩の作った公的な学問所）に入る前、今で言うと小学校中学年ぐらいまでの幼児・児童がわきまえるものだという。

これが、日新館に入ると、士魂がモリモリに込められた「日新館の心得」にグレードアップする。今読んでもその教えがとても興味深いので、その一部を以下に転載する。

一、毎朝、早く起きて顔や手を洗い、歯を磨き、髪の毛を整え、衣服を正しく着て、父母に朝のご挨拶をしなさい。そして、年齢に応じて部屋の掃除をし、いつお客様がお出でになってもよいようにしなさい。

二、父母や目上の方へ食事の世話、それからお茶や煙草の準備をしてあげなさい。父母が揃って食事をする時は、両親が箸を取らないうちは子供が先に食事をしてはいけません。理由があって、どうしても早く食べなければならない時は、その理由を言って許しを得てから食事をしなさい。

三、父母が家の玄関を出入りなさったり、あるいは目上の方がお客様として玄関にみえられた時、お帰りになる時は、送り迎えをしなければいけません。

四、外出するときは、父母に行き先を告げ、家に帰ったならば只今戻りましたと、挨拶をしなさい。すべて何事もまず父母にお伺いをし、自分勝手なことをすることは許されません。

五、父母、目上の方と話をする場合は、立ちながらものを言ったり、聞いたりしてはなりません。また、いくら寒いからといって自分のふところの中に手を入れたり、暑いからといって扇を使ったり、衣服を脱いだり、衣服の裾をたぐり上げたり、そのほか汚れたものを父母の目につく所に置くようなことをしてはいけません。

六、父母、目上の方々から用事を言いつけられた時は、つつしんでその用件をうけたまわり、そのことを怠らないでやりなさい。自分を呼んでおられる時は、速やかに返事をしてかけつけなさい。どのようなことがあっても、その命令に背いたり、親を親とも思わないような返事をしてはいけません。

七、父母が寒さを心配して、衣服を着るようにおすすめになったら、自分では寒くないと思っても衣服を身につけなさい。なお、新たに衣服を用意してくださった時は、自分では気に入らないと思っても、つつしんでいただきなさい。

八、父母が常におられる畳の上には、ほんのちょっとしたことでも上がってはいけません。また、道の真ん中は偉い人が通るところですから、子供は道の端を歩きなさい。そして、門の敷居は踏んではいけないし、中央を通ってもいけません。ましてや、藩主や家老がお通りになる門はなおさらのことです。

九、先生または父母と付き合いがある人と途中で出会った時は、道の端に控えて礼をしなさい。決して軽々しく行き先などを聞いてはいけません。もし、一緒に歩かなければならない時は、後ろについて歩きなさい。

十、他人の悪口を言ったり、他人を理由もないのに笑ったりしてはいけません。あるいはふざけて高い所に登ったり、川や池の水の深い所で危険なことをして遊んではいけません。

十一、すべて、まず学ぶことから始めなさい。そして、学習に際しては姿勢を正し、素直な気持ちになり、相手を心から尊敬して教わりなさい。

十二、服装や姿かたちというものは、その人となりを示すものであるから、武士であるか、町人であるかがすぐわかるように、武士は武士らしく衣服を正しく整えなさい。決して他人から非難されるようなことのないようにしなさい。もちろん、どのように親しい間柄であっても、言葉づかいを崩してはいけません。また、他の藩の人たちに通じないような、下品な言葉づかいをしてはいけません。

十三、自分が人に贈り物をする時でも、父がよろしく申しておりました、と言いそえ、また、贈り物をいただいた場合は、丁寧にお礼を述べながら父母もさぞかし喜びますと言いそえるようにしなければなりません。すべてに対して父母をまず表に立てて、子が勝手に処理するのではないことを、相手にわかってもらえるようにしなければなりません。

十四、もしも、父母の手伝いをする時は、少しでも力を出すのを惜しんではいけません。まめに働きなさい。

十五、身分の高い人や目上の人が来た場合には、席を立って出迎え、帰る時も見送りをしなければなりません。それにお客様の前では、身分の低い人はもとより、犬猫にいたるまで決してしかり飛ばしてはいけません。また、目上の人の前で、ものを吐いたり、しゃっくりやげっぷ、くしゃみやあくび、わき見、背伸び、物に寄りかかるなど、失礼な態度に見えるような仕草をしてはいけません。

十六、年上の人から何かを聞かれたならば、自分から先に答えないで、その場におられる方を見回して、どなたか適当な方がお出でになっていたら、その方に答えてもらいなさい。自分から先に、知ったかぶりをして答えてはいけません。

十七、みんなで集まってわいわいお酒を飲んだり、仕事もしないで、女の人と遊ぶいかがわしい場所に出かけるのを楽しみにしてはいけません。特に男子は、年が若い頃は女子と二人だけで遊びたい本能をおさえることは、なかなか難しいとされています。だからといってそのような遊びを経験し、癖ともなれば、それこそ一生を誤り、大変不名誉な人生を送ることになりかねません。だから、幼い頃から男と女の区別をしっかりし、女子と遊ぶ話などしないことが大切です。あるいは、下品な言葉を発して回りの人を笑わせたり、軽はずみな行いをしてはいけません。なお、喧嘩は自分で我慢ができないから起こるものであって、何事も辛抱強く我慢して喧嘩をしないように、いつも心掛けなさい。

――出典＝https://nisshinkan.jp/about より

どうだろうか。中学年の頃にはこの心を学ぶ授業があったというから、「三つ子の魂……」ではないが、会津藩の藩士の子供たちの道徳や教育への熱の入れようが尋常ではないことがこの心得から伝わってはこないだろうか。

もちろん時代が違うので全ての掟に対して肯定的な評価を下せるわけではないという前提はあるにしても、ここにある心得を中年期に差し掛かった私ができているかと問われれば、答えは否！である。なんなら半分もできていないかもしれないとも思う。

そうして考えると、色々なものが便利になって、物理的な面は大層豊かになった今こそ、「心・精神」の教育や修練が必要であるのではないだろうか。

何事も陰と陽でできているとされるが、陰極まれば陽に転じ、陽極まれば陰に転ずと言われるように、何事も極端は良くなく、中庸・バランスが大事である。


また、時代は繰り返すなどとも言われる。

今、再び時代は風の時代、つまり文化の時代となり、見えないものにこそ価値がおかれる時代となったわけであるが、今の時代を観察すると、過去１００年の先人の偉業がミルフィーユ的に重なり、そのおかげで今を生きる私たちは圧倒的に便利な時代を生きていると言える。その証拠に飢饉に困ることも、西から東への輸送に1週間かかるなんていうこともなくなった。なんなら手紙（電子メール）は、エンターボタンを押すと1秒で相手のメールボックスに届いたりするのが現代である。このように、圧倒的に利便性は増し、発達したテクノロジーは人々を救ってきた。


だがしかし、精神面はどうだろうか。

「人の器・キャパシティ」に反し無限に成長・増殖を続ける物質至上主義は人が作ったもののはずなのに、時にモンスターのように人を飲み込み、人を人でなくしてしまったり、何かとても大切なことを忘却の彼方に封印してしまうように思えたりすることもある。

そしてそう感じるのは、きっと私だけではないはずだ。

つまり、この社会に精神の光を取り戻し、人が人である理由＝心があることを思い出すことが今の時代における私たちが向き合うべき最重要課題であるとするなら、こうした、厳し目かもしれないが、とても大事な、人が人であるための律というものこそ今の時代において必要な教えだとは言えないだろうか。

これからの時代は精神性を見直していくこと、精神を鍛錬すること、人として仁義礼智信を重んじることが重要であると思っているが、実際、そういうことが習えるところ・場所というのは今の時代にはとても見つけにくいのではないかとも思う。

精神的にも豊かになる＝これからの時代において求められる人・場所・こと、であるなら、まさにこうした「士魂」が土地の隅々まで浸潤している土地・会津はこれから、広く求められる場所になるのではないかと思うがどうだろうか。

そして、こうした会津の教え・掟・心得というものはまた、随所で光を浴びて、もっと今よりもフィーチャーされていくような気もするし、個人的な思いだが、もっと広まってほしいとも思っている。

士魂溢れるところ

ちなみにこちらが、さきほども挙げた「什の掟」である。エリアによってバリエーションはあるようだが、基本的に最後の「ならぬことはならぬものです」というのは共通のようである。

一、年長者（としうえのひと）の言ふことに背いてはなりませぬ
一、年長者にはお辞儀をしなければなりませぬ
一、嘘言（うそ）を言ふことはなりませぬ

理

自然は人を育てる。
そして人は社会や世界を育てる。
循環の始まりは自然との繋がりである。

一、卑怯な振舞をしてはなりませぬ
一、弱い者をいぢめてはなりませぬ
一、戸外で物を食べてはなりませぬ
一、戸外で婦人（おんな）と言葉を交へてはなりませぬ
ならぬことはならぬものです

——出典＝https://nisshinkan.jp/about/juu より

会津の教えがこうして明文化されたのは日新館等ができてからではあるけれど、そこから遡ること２００年ほど前、実は日本の歴史がひっくり返ったといえるかもしれない事件がここ会津から起きていた説があるのをご存じだろうか。

時代は１６００年。皆が知っている天下分け目の大合戦、関ケ原の戦い、そのトリガーとなったと言われているのが、徳川家康を激怒させたといわれる直江状である。（諸説あり）

直江状は上杉家執政の直江兼続《かねつぐ》が家康に宛てて天下人・秀吉亡き後に家康から謀反の恐れありと疑念をもたれた主君・上杉景勝《かげかつ》の疑惑を晴らすべく筆をとり、家康に届けさせた書簡のこと。原本は現存していないが、その内容は家康の要望に相反するものであり、家康に上杉成敗を即決させた因子となったと言われている。

直江状、それが家康vs上杉という大大名同士がぶつかり合う要因となったとされているが、実は後日挙兵した石田三成とはすでに密約が交わされており、西から進軍する石田軍と東から進軍する上杉軍で家康を挟撃する手筈であったとも言われていることから、切れ者の直江兼続がわざと家康

を怒らせ、挟撃の間に誘い込むようなことをしたとも言えるのである。

これ以上続けると歴史・戦記ものとなるので会津征伐＋直江状の話はこれぐらいにしておき、詳細は歴史書・サイト等に譲ることにするが、いずれにしても「直江状」がなかったら、関ケ原の戦いは起きていなかった可能性があるので、今の時代を作ったのは、会津から出された一通の文であったということもできるだろう。

また、それ以外も徳川幕藩体制最後の将軍、徳川慶喜公も新政府軍と戦うことがあったが、その際も幕府側に与《くみ》し、新政府軍に対抗したりするなど、極めて強い忠義心を持っていることがここ会津の特徴ではないだろうか。（とはいえ最後には政局の流れから会津藩主・松平容保《かたもり》も慶喜公から江戸城登城を禁止され、新政府にも旧幕府にもどこにも属せなくなる……ということになるのだが……これが白虎隊の悲劇を生んだ会津戦争につながっていく）

人は時代の流れに則し変化を続けながらも、大事なものは忘れずに生きていく生き物である。

人が他の動物たちとは異なり、霊長と言われる理由はそこにある。

各時代を生きる流儀や風俗や空気感というものは、やはり流転するものであろう。ただし、いつの時代になってもかわらない、変わってはいけないものもやはり、ある。

「人を人たらしめるもの」、それは前述した通り、仁義礼智信といった五徳であり、自分を諌《いさ》めることができる自律心であり、また、人とのつながりを大事にする精神ではないかと思うが、ここ会津の地にあるのはそういった「人を人にとどめるアンカー」のような波動であり、また、ここは「人心を授けてくれる道場のような場所」なのではないかとも思う。

「ならぬことはならぬもの」これは理屈ではなく、感情でもなく、何か全く別のところから私たち人間の持つ動物的な欲求やはたまた知性の暴走といったものを戒める、それこそ宇宙から来た金言のようにも思える。

　そして、加えるならば、この表現は端的でありながら、とても日本語らしい、日本語にしかできない表現のようにも思うがいかがだろうか？

北関東

関東

10

常陸国

光、起つところ

茨城県。ここは誰もが知る「納豆」の一大産地であるが、実はピーマン、蓮根、水菜、栗、メロン、小松菜、青梗菜、干し芋も全国1位の出荷量を誇る、関東圏では最強!といえるほどに農業が強い場所である。

　また、全国トップ3までに幅を広げると、レタス、はくさい、らっきょう、みつば、落花生、ねぎ、にら、スイートコーン、もやし、ごぼう、マッシュルーム、みょうが、こんにゃく芋も堂々ランクイン! 加えて、広大な平野を生かして稲作も畜産も盛んであり、それらを含めた農業産出額は堂々の全国第3位というフードジャイアント!

　日本に住む私もあなたも、ここ1週間で茨城産のなにかを口にしているのでは?というぐらい私たちの胃袋……いや、「生命活動=生活」を支えてくれている場所……それが茨城県なのである。

(ちなみに1位は北海道)

　しかし、シンプルに、茨城とはそういった食にまつわるバイブスを持っている、いわゆるグルメ県なのか！　それが茨城のバイブスなのか!?……と問われれば、それは少し違うように思う。

　では、茨城の波動のコア、この地が担当しているものとは何かと問われれば、食材も含め、なにかを育成させ、伸ばしていくものであると感じている。

　育成・育てる波動が強いから「農作物もぐんぐん育つ！」ということで、波動自体が「養分や栄養剤」なんていってしまえば色気も何もないが、生きとし生けるもの全てにとっての豊かさであり、生気のようなものを与える場所なのかと……。極端な言い方をすると、天空から降り注ぐ光のような、万物にとっての生命エネルギー、陽光のような波動を持つ土地なのではと思っている。


自然が与える恵みの中で最も大きな要素は言うまでもなく「陽《ひ》の光」だと思うが、そういったおひさま的な波動を最も強く帯びているのが、ここ、常陸の土地であると思う。ただ、こういう疑問も成り立つ。「他の土地も日光を浴びまくっている……なんなら日照時間がもっと長いところも日本にはあるはずなのに、なぜここは他にはないほど強くお日様の香りを感じる場所であるのか」。

　それに対してはこういう推論が立つ。

　茨城は、東側が太平洋に面した土地である。ということは、ここ常陸エリアは本州では一番最初に「夜明け」を体験でき、また一番フレッシュな状態の日の光を浴びることができる場所であるから、と。

お日様の波動の強いところとは

　お日様のパワーが強いということは、自然の摂理やこの地球の持つバイオリズムのようなものと

光

全ての源、光。
それは、生きとし生けるもの、
全てを育むもの。

シンクロしやすく、また、中心とかヘソのようなエネルギーを担ったりもしやすいように思う。

実際、この土地は生み出す・育てるエネルギーを持っているところであるから、前述の農業だけではなく、重厚長大産業も盛んであり、工場面積としては日本一の広さを誇っていたりもする。例えば、小松製作所や日立建機の工場がこちらにあって、そこで作られた建設機械がドバイをはじめ世界各地に送られているというのはよく知られていることかもしれない。

そういった重機類が彼の地での超高層建築に用いられたりするなどして、私たちが世界各地に旅行に行った際に遭遇する高層ビルやランドマークたちは、蓋を開けてみれば実はフロム茨城のものによって作られた、なんていう可能性も大いにあるだろう。

そうして考えると、「世界の土木・建設業界」の下支えをしているのは他でもない茨城県産のものである！などとも言えそうである。（ちなみに建築でいうとプリツカー賞を受賞した妹島和世《せじまかずよ》氏もサンシャイン60の設計者・武藤清氏もこの地の出身である）

さらに茨城の都心寄りには日本最大の学術・研究都市であるつくば市があり、ここには数多くの著名研究室、大手企業の研究所等が軒を連ねている。海外からの研究者・留学生も多く居住し、日本の理系的な「知」の集合率が群を抜いている場所で、名実ともに日本のイノベーションの中核を担っているエリアであると言えるだろう。

太陽とは受ける波動ではなく、与える波動である。

また、物事を育て、成長させて、伸ばしていくバイブスであるから、ここからは何かが立志するなり成長するなりしていくのを多々みられたりもするというのも何やら合点もいく。

ここは東日本最大のインキュベーションセンターのような土地柄だと捉えると、この地の特色や輪郭のようなものも俄然つかみやすくなると思う。

光の波動が作り上げるもの

茨城の波動は光、それも夜明けの光のようなものであるというのは前述の通りだが、それを象徴するようなエピソードの一つはやはり、江戸幕府の幕を引き、朝廷に政の主権を返上した大政奉還ではないだろうか。

最初で最後の水戸藩出身の征夷大将軍、徳川慶喜公の下した決断によって幕藩体制が終わり、日本は近代化に向かうこととなったわけであるが、これこそまさに新時代の夜明けそのもの。

また、そのジャッジを下せたのは、やはり彼が江戸幕府はもう幕を閉じて、次に行った方がいいだろうと考えるだけの知恵と俯瞰してみられる視座を持ち合わせていたからかと思う。慶喜公に関しては、敵前逃亡をしたとか、その他色々な説が出ていたりもするが、幼少期のエピソードや静岡への隠居後の話を調べていると、非常に聡明で、新しいものが好きであったりして何かに固執するような向きがあったようには思えない。

歴史に「もし」はないのがつきものだが、あのときに政の主権を返上せずに、徳川幕藩体制が続いていたら、近代化は遅れ、今頃日本はどうなっていただろうか……。

もちろんこれは近代化を推しているわけでもなんでもなく、中立的にみて綴っているわけであるが、少なくとも今の日本の「豊かさ・便利さ」がこの歴史上稀に見る１８０度転換劇が大きなトリガーになったのは、紛れもない事実だろう。

日本の近代史の幕開け、それはここ、水戸の地（血）から成ったのである。

また、水戸は水戸光圀《みつくに》公をはじめ、水戸藩第９代藩主・徳川斉昭《なりあき》公などが、代々、学問に力を入れてきた場所でもある。１８４１年に斉昭公により開校され、近世日本の教育遺産群として日本遺産にも登録された弘道館は「教育によって人心を安定させ、教育を基盤として国を興す」という儒学的な精神の下、学問・武芸から医学・薬学・天文学などまで幅広い分野の武士教育を行っていた総合大学ともいえる施設であり、多くの藩士、門弟がこの地で育ち、学びを深めていった。また、この弘道館や日新塾を筆頭に「水戸学」が発展したことからも、水戸藩の教育への意識の高さが窺える。また、その思想は吉田松陰や西郷隆盛など多くの幕末の志士にも大きな影響を与えたとも言われている。

　こうした文武両道を尊ぶ気風は江戸時代が終わってからも消えてはおらず、この地からはたくさんの日本を代表すると言える規模の大企業の創始者・創設者が生まれたり育ったりしている。以下、例を挙げてみよう。

川崎八右衛門（川崎財閥、創始者）木村安兵衛（木村屋總本店、創業者）
藤沢武夫（本田技研工業、共同創業者）黒澤酉蔵《とりぞう》（雪印乳業、創業者）
磯部保次（千代田瓦斯（東京ガス前身）創業者）稲葉清右衛門（ファナック、創業者）
小林孝三郎（コーセー、創業者）宮田栄助（宮田工業、創業者）
鈴木健児（上州屋、創業者）川又克二（元日産自動車社長・会長、日産自動車中興の祖）
鈴木孝之（ウエルシアホールディングス、創業者）……

　興味深いのは、当時の時代背景がそうだったからというのもあるかもしれないが、重工業、パン・乳業等の基幹食品、化粧品・薬等、または生活に必要なインフラ・モビリティなど、現実に毎日使うもの、生活を豊かにするものをメイン事業としている企業が多くみられることであろう。そのあたりからもこの土地に流れる波動のコアのようなもの、その輪郭がより明確に掴めるように思う。

インスパイア・ザ・ネクスト

この地に縁深い企業であり、日本を代表する企業の一つでもある日立製作所、その企業スローガンはインスパイア・ザ・ネクスト。これはもうTVCMなど至る所で見聞きするので皆さんご存じだと思うが、このフレーズこそ実は最もこの地の波動特性を表しているものかと思う。

やってくるインスピレーション。または、ひらめきをおこすこと。

そして、次を想像すること、新しいことに挑戦していくこと。

そういった思想・気風のようなものがこのコピーからは想起されるが、実際、前項でお伝えした慶喜公による大政奉還という新しい日本の夜明け、大手上場企業の創始者を多く輩出したこと、新幹線のような巨大インフラを作った企業等があること、国内外の建設物を作る際に必要な建機を供給したり、研究都市・つくばに優れた叡智が集まり新しい何かが日夜生まれていることなど、この地で起きたことや常陸の地から生まれるサービス・製品群をみていると、まさにコピー自体が見事にそれら気風のようなものを表していると感じるのは私だけではないだろう。

余談だが、今ニューヨークを拠点に活躍している大物芸能人・渡辺直美氏も、生まれは台湾とのことだが育ちは茨城県とのこと。彼女はまさに次を切り開き、芸人の次と言っていいのか、ネクストキャリアを創造している渦中の存在であり、この土地のバイブスの波動を生かして突き進んでいるバイブス体現者のひとりと言ってもいいのではないだろうか。

11 上総・下総・鹿嶋

房総・鹿嶋のエリア特性とは

千葉県は、内房、外房、千葉市エリアと、それぞれに特性の異なる県である。そしてエリアの分け方も実は色々あるようで、下総《しもうさ》（房総半島の付け根）・上総《かずさ》（中部）・安房《あわ》（房総半島先端）と分ける方法や、接する海から外房（太平洋側）、内房（東京湾側）に分ける方法、また、「東葛《とうかつ》・ベイエリア」、「北総」、「内房」、「外房」、「南房総」の5つに分けることもあるという。

また、千葉県自体の輪郭・境界線に関してだが、この記事で取り上げるものに関しては同じ波動を持つという意味で、茨城県の鹿嶋市もこのエリアに組み込み、同列に並べ解説していきたいと思う。

鹿嶋は鹿島アントラーズの本拠地であり、日本神話にも出てくる武甕槌大神《たけみかづちのおおかみ》を祀る鹿島神宮がある場所だ。また、そのエリアには息栖《いきす》神社、県境をまたいで香取神宮があり、前述の鹿島を加えて東国三社とも呼ばれている。

神社の話になったのでこのまま神社の話で進めていくが、千葉市には天御中主神《あめのみなかぬしのかみ》を祀る千葉神社があり、南の房総半島の先には日本の全ての産業創始の神とされる天太玉命《あめのふとだまのみこと》を祀る安房神社が座している。そして――神社ではないけれど――鹿島神宮と千葉神社と安房神社が作るトライアングルのセンター（よりちょっと北ではあるが）に成田山新勝寺《なりたさんしんしょうじ》があり、お不動さまがドーンと鎮座して、この地を鎮めているというわけなのである。

お不動さま、妙見信仰の千葉神社、国取り神話で国津神《くにつかみ》から天津神《あまつかみ》へと主権を移行させた二柱の武神、そして地震を鎮めているとされる要石もそこにある……とくれば、なんだかこの地には杭のようなエナジーがあるのか!?などと言えるようにも思うがどうだろうか。

中心というか、軸というか、ベースというか……そういうような波動を持つのがここ千葉＋鹿嶋なのかと推察ができるが、次項からは実際にこの地で起きた出来事とか人物とか企業等々も交えながら、その波動と波動の影響について検証してみよう。

軸・中心・極みの波動がもたらす作用とは

前述の通り、ここは軸とか要とか、立志のエネルギーとでも言おうか、そういうものを感じる場所である。その影響か、人物、企業、過去の出来事等を調べてみると、やはり、0から何かを作り上げるなど、大きなことを成した人たちが生まれたり、育ったりしている場所であることがわかる。

例を挙げてみよう。

決

運命とは決めた時から動き出すもの。

福原有信（資生堂創業者）松本清（マツモトキヨシ創業者）
前澤友作（スタートトゥデイ創業者）
伊能忠敬（測量者）雨宮慶太（映画監督）伊坂幸太郎（作家）
那須川天心（プロボクサー）魔裟斗（元格闘家）
マツコ・デラックス（タレント）木村拓哉（歌手、俳優）
YOSHIKI, Toshi, PATA, TAIJI（X JAPAN・ロックバンド）
BUMP OF CHICKEN（ロックバンド）……

人口の多さ等も関係し、たくさんの人がいるので全ては載せられないが、一代で世界観を作り上げていたり、各業界のトップランナー、日本の代表的な肩書き・代名詞・冠を持つ人が多いというのが千葉県とこの地の出身者の特徴だと思う。

また、これは波動がわかってのことなのかどうなのかはわからないが、この地の王道を作ることができる波動、中心となれるヴォルテックスを最大限に活かしているのが「東京ディズニーランド®」ではないだろうか。

よく揶揄されたりもしているが、東京ディズニーランドは東京とはいうものの、実際の住所は千葉である。もっというなら、「千葉県浦安市舞浜1-1」であり、東京ではない。

ただ、千葉県の中でも限りなく東京寄りなので、東京のバイブスは受けているであろう千葉県である。バイブスは必ず県境で止まるわけではなく、多くの場合放射状に広がったりするものであるから、浦安のアドレスは東京の上昇気流と千葉の世界観構築バイブスを1カ所で2つどりすることができる、とてもおいしいエリアに存在している……というふうに見ることもできるだろう。

そういう意味ではまさに千葉にある東京ディズニーランドこそ、少々皮肉めいた表現ではあるが、千葉の波動＝ヴォルテックスを形成し、その分野での独自路線を築いたり、王道とも言えるものを作り上げていく力、立志の波動、オリジナリティの確立、を最も有効に使っている場所であるように思う。

また、あえていうなら、ディズニーランドの存在こそが、千葉の波動をよく体現しているなとすら思えてくるから不思議である。

前述の偉人たちの名前をご覧いただきたい。

那須川天心、魔裟斗、マツコ・デラックス、木村拓哉（育ちが千葉）、YOSHIKI、前澤友作。

彼らはいつも「エンターテイナー」の目線を忘れない。自分たちが中心となってその場を盛り上げていくとか、世間・世の中を変えていくとか、お客さん・ユーザーのために……といったような主旨の発言・発信を常にしているように思うがどうだろうか。


千葉の波動のコアはやはり、宇宙である。

また、お不動さんであり北極星であり天津神々の波動である。

そのため、俗世に流れる「トレンド」とか一過性のものではなくて、その向こうにある本質や本物、ひいては宇宙の真理のようなものを商業、芸術、エンターテイメント、創作等を通して伝えたり、表現したりしたならば、宇宙波動を受けて、一気にブレイクしたり、通常では考えられないような活躍をすることができたりもする。

一国一城なんていうが、一城というよりも国であり律であり世界観そのものを作り上げることができたりもする波動。それをこの場所は提供してくれているように思う。

12

那須・日光

東の聖地。神君が眠る聖地の波動を読む

「日光」日の光、光が差すところ的なニュアンスも感じられるなんともおめでたい地名だが、その漢字は実は当て字であり、日光という名を授けたのは弘法大師空海で、語源の由来は実は奥日光にある二荒山《ふたらさん》神社にあると言われている。（諸説あり）

二荒山神社は中禅寺湖に面して聳《そび》える男体山《なんたいさん》（標高２４８６ｍ）をご神体として祀る神社で、古くから山岳信仰が盛んであり、多くの導師たちが登拝したり遠方から訪れたりもしたとされる霊験あらたかな場所である。実際、山頂付近からは古代の祭祀の痕や独鈷杵《とっこしょ》など密教で用いられる道具が出土したりもするらしい。

そして唐から戻った空海が８２０年、日光に来山。

滝尾権現《たきのおごんげん》と寂光《じやっこう》権現をこの地に祀り、このときに「二荒」がふたらではなく、にこうと読んだことから「日光」に改めたというのがこのおめでたい名前の起源であり、そこからこの土地自体が「光を集める」土地となっていくのである。

名は体を表すなんていうが、それはきっと本当なのだろう。

日光になってから、二荒山時代のそれとは異なる感じへと雰囲気・気流（気の流れ）がチェンジ！　のちに平泉の中尊寺や山形の立石寺、松島の瑞巌寺《ずいがんじ》を開いた慈覚大師円仁《えんにん》もこの地を訪れ、お堂を建立。それ以降、弟子たちや修行僧たちが多く訪れ、山岳修験がこの地に根付き、鎌倉時代にはこの地にはなんと５００を超える寺社が存在していたとの説もある。

時は経ち、いつしかここは東の比叡山などとも呼ばれ、仏教文化（天台宗）が色濃い地になると同時に、また領地を寄進した源頼朝を筆頭に、関東武者たちの崇敬の対象となっていった。ただし、その長く続いた栄華も、北条氏に加担したことの責により、のちに日の本を治めた天下人・豊臣秀吉によって領地を没収されたことで日光山は一旦、没落したが、後日、徳川家康公が遺言にて死後１年後に日光の地に自身を勧請せよと残し、霊廟を作ったことをきっかけとして、徐々にその威は復活。

今では世界遺産登録もされ、日々、国内外から観光客の絶えない名所となっている。

ちなみに二荒山神社の境内には、日光三山を含む日光連山８峰（男体山・女峰山・太郎山・奥白根山・前白根山・大真名子山・小真名子山・赤薙山《あかなぎさん》）やいろは坂もその境内に含まれ、総面積は３４００haもあり、日本では伊勢神宮に次いで２番目の広さを誇るというから驚きだ。

その神域の広大さには目を見張るばかりであるが、このエリア一帯は実は日光国立公園にも指定されており、看板等の設置にも許可が必要なので、「広い」だけではなく、管理も徹底されているのが素晴らしいところだし、なんならそのようなところにも江戸を整えた東照大権現の霊威の影響があるのかな?などとすら感じられる。

家康公といえば、日光東照宮に祀られている（家康公自体は奥宮にお祀りされている）が、国宝の唐門や陽明門の装飾は抜きん出て素晴らしく、中でも陽明門は龍や麒麟《きりん》といった霊獣が多く刻まれているのが特徴的だ。

龍は古代から神の使いであり聖獣とされ、善悪問わず、世界各地の神話に出てくるメジャーな存在であるが、ここで注目したいのは実は龍の方ではなく、もう一方の霊獣、「麒麟」である。

麒麟は古代中国では鳳凰《ほうおう》、霊亀《れいき》、応龍《おうりゅう》と共に「四霊」と称され、王が仁のある政《まつりごと》を行っていると現れる瑞獣とされている。

麒麟は国家安泰、平和を司るとされ、前述の龍よりも「仁性」の高い霊獣のようである。

実際、その力にあやかりたかったのか、日光東照宮には全部で49頭の麒麟モチーフの装飾が施されているが、江戸自体も5つの不動が守っていたり（目黒・目赤……等）、神田明神を江戸城の鬼門の方向に配するなど風水都市として江戸の街を作り上げたり、また、日光東照宮も江戸から見て「北辰《ほくしん》の方向」（動かない星・北極星）にある日光に造らせたとされることからもわかる通り、家康は生前から易・風水の類には明るかった、お抱えの導師がいたわけであるから、ある意味、そういった装飾も家康らしいと言えそうである。

滅してなお安泰と平和の波動を放ち続ける、東照大権現&東照宮。

東の比叡山といわれたほどの神奈備《かんなび》・男体山。

日本で2番目に広い神域を持つ、二荒山神社をはじめとする神社仏閣。
そして世界遺産認定に国立公園指定と、なんとも贅沢な要素が盛りだくさんで、正直、こちらに列記してあるところだけ見てもうすでにお腹いっぱいというか、最強感が満ち満ちていると思うのだがどうだろうか。

　生前も武士世界の頂点を極めた家康公。（武道家という意味ではなく、武家システムという社会制度の政治の頂点という意味で）
陽の世界（浮世）でも最強だったのに、死してなお、陰の世界（あの世）でも最強者を目指すのでしょうか!?と直接問うてみたくなるほどに、「丈夫（ますらお）」と「安泰」の波動が満ち満ちているのがここ日光のバイブスであるけれど、実はこの波動は発生源が高地にあるからなのか（日光駅付近は海抜５３０ｍ）、影響範囲が広く、北東は那須塩原から南は群馬の桐生方面まで、また東は鬼怒川や宇都宮あたりまで、そして西は群馬の赤城山の手前ぐらいまでと、他エリアに比べて非常に広範囲に「東照神君」のバイブスは届いているように思われる。
　だからなのかどうかはわからないが、ざっくりと日本の人たちの気性を表現する際に、坂東《ばんどう》（東国）は武家、京都は公家、大阪は商人なんていわれることがあるが、その「武家気質」の由来は頼朝が鎌倉に幕府を作ったということもあるのかもしれないが、実はこの日光からの波動が現在の東京湾の方まで広く扇状に広がっていて、それに依るものなのかもとすら思えてくるがどうだろうか。

栄

古くから霊山であった場所には祈りの波動が宿るもの。
日本に数多ある霊山の中でもここは弥栄、
〝栄える〟波動を讃える場所。

那須と日光で感じるバイブスとは

さて、そんな「最強レベルの強強バイブス」が湧き出ているのが日光で、それが扇状に広がって関東平野に「威」を与えているというのは先ほどお伝えした通りだが、その影響・波動を最も豊かに帯びている土地がどこかといわれれば、やはり、那須・宇都宮・お膝元の日光ではないだろうか。

ちなみに日光が属する日光国立公園内には鬼怒川、塩原、那須、日光湯元、湯西川《ゆにしがわ》、川治《かわじ》、奥鬼怒、女夫渕《めおとぶち》など温泉も多くあり、アルカリ性、酸性、硫黄泉、単純泉、等々、湯質もさまざま、バラエティに富んでいる。

当然このエリアにはそれら温泉をいかした温泉宿、ペンション、ホテルが点在して観光客でにぎわっており、那須方面は新幹線が、日光方面は特急列車があることから都心からのアクセスも良く、週末などは温泉に泊まって東照宮の観光をするとか、純粋に山歩きを楽しむハイキング客がいたりとか、那須の牧場に行って温泉に浸かって帰る別荘所有者もいたりするなど、極めて人の移動が多い場所でもある。

また、日光のある栃木県は里地里山の面積が関東地方で最も広く、全国でみても第8位と、非常に自然の豊かなエリアである。

このエリア内の土地の中には海抜の差や湿度・温度の差が大きいところがあり、それが植生や動植物の多様性を生み、この地を自然観察の聖地として押し上げてもいる。（例：大田原市ふれあいの丘自然観察館）

そのため、この地では一貫してどこかいわゆる「ロハス（LOHAS）」な空気が流れており、街を車で流せばハーブ園やオーガニック食品店やそういった食材を使ったレストランや地産地消を掲げたお店をよく見かけたりする。（＊LOHAS＝Lifestyles of Health and Sustainability）

流行りのチェーン店や一過性のトレンドではなく、それこそ安泰の波動があるためなのか、永続性やずっと変わらないもの、それこそ良き循環を暗示するようなものがいくらでも視界に飛び込んでくるのがここ日光・那須のとても興味深い点であるとも言えよう。

さらに、那須には御用邸もあることからその土地自体の質（地質など）の高さは折り紙付きである。そのせいか、別荘地やペンション、多拠点居住者の施設等も年々拡充しており、前述のように都心へのアクセスが抜群なことから、近年では移住してここに居を構えて新幹線通勤（週1などの）をする人たちも増加している。

それによって移住者たちによるコミュニティができたり、ロハスなことはもちろん、センスの良いお店やレストラン等が増えるなど、那須塩原界隈は、特に近年熱を帯びているエリアの一つだと言えるだろう。

新時代である風の時代とは「数字」よりも知性・精神性が尊ばれる時代であるとされることからも、これからはこういったロハスなイズムや自然共生型のフィロソフィーを打ち出しているところに人が集まってくるのかもしれない。

そういう意味では、未来への期待や可能性を大いに感じるもの・ことがここ、栃木にはもうすでにあって、かつ見るかぎり、年々成熟してきているように感じている。

13

武蔵国

武蔵国

武蔵国《むさしのくに》と聞いたとき、ぱっとその該当エリアを答えられる方はどれだけいるだろうか？

少なくとも私はすぐには答えられず「え、埼玉かな？」などと思ったりもしたが、この本をお読みの皆様はいかがだろうか。

実は武蔵国というのは現・埼玉県と東京都（離島部以外）と神奈川の横浜と川崎を含む、かなり広いエリアのことを指している。ただ、ここではバイブスで読んでいく旨を主としているので完全に別物の波長を持つ東京都（23区・特別区）は除き、埼玉・東京市部・川崎（横浜は除く）を私的武蔵国としてお伝えしていきたい。

武蔵国は歴史にはだいぶ古くから記述がある場所で、7世紀には国造《くにのみやつこ》が置かれるなど、きちんとリーダーによって統治されていた土地だとされている。

政の中心が西であったために光が当たることは少なかったが、良き馬が育つ土地であったこと

（秩父）や交通の要所であったことから、西国と北の国々をつなぐ道路が整備されるなど、古くから人・物の往来によって栄えてきた名バイプレーヤー的な雰囲気を帯びる土地でもある。また、鎌倉時代以前からここには武士集団が生まれており、鎌倉幕府の成立にも大いに貢献したともされている。

　実際、江戸時代以降は武家社会の長がここに鎮座することとなったり（正確には江戸だが、武蔵国は江戸も含むのでここに含めた）、「坂東武者」なる言葉もあったりもすることから、ここは「武の成分」が濃厚なエリアといえそうだ。

武者の国は色々すごかったという話

　さて、そんな坂東武者たちが生まれた理由だが、時代はさらに遡り、平安京遷都の頃の出来事に端を発したとされているのでここではその由来を紹介しよう。

　平安京に都をおく７９４年の少し前に、桓武天皇は「健児《こんでい》制」を発令。これは有事の際に農民を徴兵するかわりに、郡司（主に豪族が命ぜられた地方官のこと）の子弟を常備軍として組織するというもので、蝦夷との戦がたびたび起こっていた関東ではどうしても武力を保つことが必要だという当時のニーズから生まれたもの。今でいうところの、自衛隊のような組織かと思われる。

　また、軍備や警察組織的なものの必要性からもこの組織は拡大拡長を続け、――意思のあるところには渦ができるように――どんどん強者が揃っていき、健児団は武士集団へと変貌を遂げていった――というわけである。

　さらには天皇家ゆかりの人たちが加わったことで、清和源氏、桓武平氏という大集団も生まれ、のちにこの二派が時の朝廷たちを超えるほどの力をつけていくこととなるのは、皆さんもご存じの通りである。

健児団の結成時期から約400年後。

鎌倉幕府が成立。まさかの坂東武者から、最高権力者が生まれるとは……。

そして、政の中心が西から東へシフトしようとは。

坂東武者誕生のきっかけを作った当人・桓武天皇も、そんな展開はきっと想像だにしていなかったのではないだろうか。

時代は室町となり、政の中心は再び西へ。

戦国時代も然り、基本的には静岡あたりから西がメインの舞台となったのがこの時代であり、東国は、有力な武将はいたものの、時代の表舞台に立つことはほとんどなかったのである。

それがなんと、徳川幕府による幕藩体制が江戸で始まってからは一転。

時代の中心は再び東国へと移っていく。

そしてこの江戸を中心とした街づくりは、現在の首都・東京の土台となっていくのであった。

当然そうなると、江戸時代には江戸の守りを強化するためや宿場町の充実を迎えたことで、江戸周辺は一気に賑やかになる。

例えば、「武蔵三藩」と呼ばれる川越藩、忍藩《おしはん》、岩槻藩が置かれ江戸の防衛のために重臣が配されたり、利根川の治水や玉川上水が完成するなど、武蔵野エリアはどんどん開拓・開発されていった。

また、この土地は富士山・箱根山・愛鷹山《あしたかやま》、浅間山・榛名山《はるなさん》・赤城山・男体山《なんたいさん》などの火山に囲まれており、南は海に面していることから守りやすかったこと、津波等にも強い内海があることなどある意味、鎌倉を巨大にしたような地形のため幕府を作るには少なくとも風水的な知見や、防衛面からすると好立地であったといえる。

　また、ロンドンもパリもヴェネツィアもローマも京都も大阪も水の都であり、これは古くから発展している都市に、共通している要素である。

　つまり都市形成には水利が欠かせないというわけであるが、武蔵野台地は水を通さない海成の粘土層の上に水を通しやすい礫層《れきそう》が互層していて、この層面から地下水が湧き、中小河川の源流となっていることが多いので、海や大河川の近くまで行かなくとも、そういったところどころの源泉から水を得ることができるという、最初から利水に長ずる場所であったのだ。

　さらにいうと、関東・特に首都圏で海抜が低いのは都内23区と一部の都市部、そして海沿いのエリアぐらいで、あとは台地が多いため、水害を避けることができるというメリットもある。そのため、古来この地が抱える人口は多かったとされており、実際、多摩川の崖線には古墳や遺跡が多数見られたりもする。

　これら全てをまとめると、武蔵国は人が住むのに、特に水利が肝心であった当時からすれば多くの人口を抱えることができる天然の大規模都市形成エリアであり、また各種災害（地震以外・地震は日本列島にいる限り避けて通れない）のリスクも低めであり、さらに――ミサイルが飛んでくる現代では意味はないかもしれないが――当時は防衛もしやすいという、住んでよし、守ってよし！という土地であったのである。

朝

「人生は戦いだ！」なんて
血気盛んな時期も人生にはあっていい。

これからの武蔵国

源氏・平氏含む、坂東武者誕生の地であり、ある意味では今の日本のオリジンに深く関係する、いや、そのものといってもいいほどの土地であるのがここ、武蔵国である。

たしかに名前にも「武」とついており、東京を含む、首都圏には「プライド」のようなもの、立身出世！の気概がいまでも他県よりも強めに感じられることから（実際そういう方々が上京してくる、その土壌がここにはある）表現はあれだが、「誉《ほま》れ」的な何かを求めるマインド・気風がここにはあるように感じられる。

「命を懸ける」なんていうと時代錯誤と言われるかもしれないが、実際、名を揚げている中には命を懸けている人も多い。（だからといって無茶を推奨しているわけではない）

そして、やはりそういう人はそういう人どうし、共鳴し合って、いわゆる「高め合っていく」関係を作っていくものだとも思う。

武蔵国はそういう意味では、真面目に、プライドを持って生きていく武士のような魂を生むところであり、またそういったバイブスを育むところでもあると思われるがどうだろうか。

ここは、今も昔も「武者を輩出」するところなのである。

時代の周期的にもそろそろ何かが起きるかも!?

武蔵国の波動はやはり、「覇気」である。覇道を目指す、てっぺん波動。

最後に、ふと思ったのだが、健児団の結成時期から約４００年後に鎌倉幕府が成立したというのは前述した通りだが、今の時代も実は徳川幕府が成立してからほぼ４００年後にあたる。

歴史は繰り返すなどと言われ、また、今の時代は風の時代へのシフトを含め新しい世界線への移行期とも言われていることからも、「なにかがまたここ武蔵国あたりで」起きてもおかしくはないと思ったりもしている。

ここを起点に傑物が登場するのか、それともさらに都は拡大するのか。

東京という街は江戸の時代を含めても、比較的若い都である。

他のパリもロンドンもミラノもローマもそうだが、千年以上、都市として機能しているところは世界中に多く現存し、東京よりも若いと言えるのは、主要なところではニューヨークを主とするアメリカとかオーストラリア（シドニー）ぐらいではないだろうか。

そう考えると、東京を含む武蔵国はまだ若いエリアであるから、「センスの時代」と言われる新時代・風の時代に、一体どうなっていくのか、また、どのような変容を遂げていくのか。

私もこの地に居住するものの一人であるから、この地に起きるビッグシフト、それをこの目で見たり、体験できるのを本当に楽しみにしている。

14

東京

TOKYO IS……

正直に白状すると、東京の波動はずっと太陽のように輝く「派手なもの」だと思っていた。首都であり政治経済芸能の中心であり、証券取引所があり最高裁判所があり霞が関がありキー局が全て揃い、天皇陛下が住んでいて首相官邸がある。これらラインナップからみても、「力」の集約具合のすごさがわかる。

どこの首都も同じじゃないのか？と思われるかもしれないが、例えば私が長く住んだ国、イタリアなどは政治の中心はローマであるが、経済・文化の中心はミラノであるという認識を多くのイタリア人は持っているであろうし、また米国などは、首都はワシントンD.C.だが、経済の中心はニューヨークで、芸能の中心はハリウッド・カリフォルニアというのはよく知られた話であるように、実は他国の場合は、必ずしも首都＝全ての中心というわけではない。

東京に話を戻すが、「東京の魅力」を前述したように「力というものが生まれ出づるところで常に成長進化の波動が出ているヴォルテックス」などという華やかなものととらえる見方もたしかにあるだろう。そしてそういう見方の方が東京というものに対して素直だろうし、捉え方としては正統派な気もする。

ただ、それらキラキラしたもの自体は東京という土地が持つ波動が生み出したもの、つまり、産物であって本来のパワーの質ではないように思うのだがどうだろうか。

例えば「熱帯魚」というとそれに付随するイメージはなんかトロピカルでちょっとおしゃれな雰囲気のもの、または「癒し」なんていうキーワードもあるかも知れないが、ただ、熱帯魚の持つイメージを超えて実態を観察したならば、意外と共食いしたり、けっこう獰猛な子もいたりするといったような……。そういった実態とイメージの差にフォーカスするならば、東京の本質、この地から出ているパワーは実は「太陽」的な頂点！と言えるようなものではなく、実はもっと異質な、なんならもっと多色でグジャッとしたものなのではないかというのが私の考える東京である。

もったいつけてもしょうがないのでいきなり暴露してしまうが、東京のパワーとは実は「カオスであり沼のようなものである」と捉えている。

東京とは器だ。

どんな国籍も職業も、それこそどんな毛色だろうが構わずに、全てを受け入れる器、それが東京であろう。

もちろん他の国の首都・大都市は大なり小なりこういった器《うつわ》感を持っている。

都市として機能させるために、マンパワーが必要だからである。

ただ、東京のそれは他都市のそれとはなにかが違うと思う。

他都市の場合はたしかに多様な人々に溢れているが、日本、東京の場合は、え!? そんな職業あるの!?というような業種・職種の人たちまでも受け入れて、彼らのあり方を肯定というか、なんなら新しいあり方自体を確立させていくような不思議なパワーがあるように思うのだ。

他都市の場合、例えばアジアの金融の中心シンガポール、世界経済の中心ニューヨーク・ウォール街、芸術文化の中心都市パリ、ファッションの中心ミラノ、欧州金融の中枢ロンドンにアカデミックシティのオックスフォード・ケンブリッジそしてボストン、などなど、それぞれに強みというのを持っている。

だが、東京の場合は金融も文化・芸術もファッションも音楽もＩＴも漫画・アニメも映像も文学も観光名所もグルメもそれぞれ、どれだけ低く見積もっても80点は取れる！のではないかと思うがどうだろうか？

東京という都市の持つ器《うつわ》力の高さはこういった「多様性に溢れる」ところにも如実に表れているし、またこれが直接——一言では言い表すことはできないかもしれないが——東京の魅力そのものとなっているのだ。

また、東京が持つ成長力・発展のバイブスは、おそらく天下一かと思う。

実は東京は、空襲や地震を経て、大きなダメージを受けた場所である。

今の「首都圏」はここ１００年ほどの時間をかけて出来上がったものであり、高所に登っても見渡す限り建物しか見えない大東京圏自体は実はロンドンやパリなどに比べ、ずっと若い新参メトロポリスなのである。

世界をリードする欧米の大都市たちに追いつけ追い越せとばかりに都市を成長させてきたかどう

かはわからないが、少なくともその規模においては東京圏はニューヨーク等を抑えて、世界一の都市圏であり、リニアが開通するともっと経済圏が広がることから（愛知等から通勤することができるようになるため）、その規模はもっと拡大していくことだろう。

このように東京という街が持つ「蟻地獄でありブラックホール」であるような波動は先ほども申し上げたが、「頂点」というものもあるが、どちらかというと全てを包み込む沼といった方がより的確なのではと思っている。

東京副都心郡や合羽橋《かっぱばし》、秋葉原に新大久保、そして豊洲の魚市場に恵比寿と一駅一駅まるで違う表情を持つのが東京の、特に都心部の面白いところだが、それはさながら「学園祭のようだ」と思うことがある。

学園祭では1―1はお化け屋敷をやって、1―2はフランクフルトを売っていて、2―1はカフェを営業して、3―1は体育館で舞台を披露している……というようにクラスごとに出し物が異なるように、新宿クラスには日本一の歓楽街があって、秋葉原クラスは電気街で、上野クラスにはパンダがいて美術館・博物館があって、六本木クラスや銀座はナイトライフが充実していて、渋谷クラスはとにかく若者が元気！というように、言語化こそされてはいないが、実は、街ごとに異なる出し物をしているようにも思えてくるのである。

東京は学園祭、つまり、都市全体がお祭りをしているような、ハイパーフェスシティなわけだが、では、あなたの住んでいる街（都内在住者の場合）は一体どんな出し物を担当しているだろうか？

一度考えてみても面白いかもしれない。

夢

貘という生き物は夢を食らうらしいが、
tokyoという名の幻獣はその逆で、
夢を生み出し、夢を見させるものらしい。

TOKYO IS FES!

お祭りとは人の気持ちを高揚させるものだ。

ドンチャンドンチャン。祭囃子《まつりばやし》が聞こえてくれば、人の脳波は変化を示すという。射的にたこやきにフランクフルト、盆踊りに花火に浴衣に、時にロマンス。

そしてみんなでわっしょい神輿を担ぎ、肩書きや生きる世界が違う人たちもそこでは雑多に混ざり合う。

東京はよく「眠らない街」とか言われるが、本当はそうではなく、非日常の連続という夢の中にいつづけられる街というほうが正しいように思う。そのため、常に白昼夢を見られる街・東京とするか、常に祭りでハイになっている街・東京という方がこの街に対する表現としてはより的確な気すらしている。

　類は友を呼ぶというように、同質のものが引き寄せ合うとするならば、ここは日本や世界中からやってきた祭り好き、面白おかしい人たちが跋扈《ばっこ》するワンダーランドと言えるはず。

　このエネルギーに触れることで、老若男女の差など関係なくクリエイティビティが爆発し、面白おかしい物語や作品やファンタジー色を多く含んだ逸品、珍奇なアートの数々が今日もこの街のどこかで産声を上げていることだろう。

TOKYO ADDICTION

東京、特に都心部の中毒性はすごい。

一旦ここに棲息してしまうと、他のところに住めなくなるほど中毒性と常習性があるのだ。

多くの地方出身者、異国からやってきた人たちをその内に抱える街、東京。その色は決してモノトーンではなく、他の追随を許さないほどに多色極まり、多くのカラーがこの地には溢れている。だからこそ、自分が極彩色だろうが、圧倒的な黒だろうが、純白だろうが、ここでは「one of them」となり、悪目立ちすることもなく、景色に同化することができる。無名も有名も派手も地味も関係がない、それが理由で異端裁判にかけられることもない、いや、なんなら「カオスのパワー」を持つ東京は、異端であることが「良きこと」となることだってある。勇気を持ってカオスの海に飛び込んだ者には称賛が与えられることもあるのがこの東京の波動の特性で、前述の成長力・発展力を持っている土地ということも相まって、一発逆転の力、人生にミラクルの魔法をかける力がこの地にはきっとある。


また、ここはボーダーを越えていける不思議な力がある。普段なら出会えない人、偶像的な人たちとの出会い、交流、またはそこから広がるチャンス。もちろんこれは大都会にはつきものの「特性」ではあるが、階級制度や貴族制度が近年まで存在していた欧州等の都市に比べると、東京の「越境・ミックス力」は突出しているように思う。それゆえ多くのコラボーレーション・ミックス・折衷主義・時に少々刹那的なものも含め、独自のファッションやスタイルがこの地から多数生まれていたりもする。国内外の有名な建築家やアーティストにも東京好きを公言している人は多い

14

が、それはきっとこの地にだけ感じられる圧倒的な成長の波動や越境ミックスの波動がもたらす不思議なカルチャーフュージョンを、その嗅覚で感じ取ったからなのかもしれない。

TOKYO VISION

東京という街は「上京」という言葉がどこかにその淡いニュアンスを含むように、夢を叶えてくれる街でもあり、また夢を見させてくれる街でもあると思う。夢……それは必ずしも成功のみに紐づけられたものではない。ロマンスやドラマ、はたまた、血を見るような壮絶なストーリーも夢には含まれる。すべてのタイプの人間ドラマがここでは起こり得るので、「まさか!?」的な出来事を体験する人だっていることだろう。

まるで寝ている間に見る夢のような出来事。それがここでは普通・当たり前の光景として起きている。この街では色々な「人生における山も谷も丘も渓谷」も日々たくさん生まれ、そういった経路を経て、人を成長スパイラルの渦に放り込む。人生には目標とかゴールとか夢とかターゲットとか、そういうものを設定することや据え置くことが大事だと言われるが、ここに来ればそういうものが見つかるのかもしれない。強烈な成功者、圧倒的に努力している達成者、強権を振るう強者。そういうエネルギーがいい悪いというのは別にして、そういった生の実例に触れることが多々経験できるのがこの街・東京であり、そういったお裾分けならぬ、〝波動分け〟を受けることで誰かの夢に便乗させてもらえたり、同じ夢を見させてもらえたり、夢のようなものがはっきりと見つかったりもするのだと思う。

夢とフェスの都・東京。ここの波動に身を委ねれば、自分本来の願望が見えたり、または叶えたいもの・ヴィジョンと言えるようなものすらも、この地に吹く魔法の風やお祭り騒ぎに便乗する形で魔法にかかったように叶えてもらえたりもするのかもしれない。

15

神奈川県

都内に次ぐオールマイティエリアさを誇る場所

神奈川と聞いて想像するものはなんだろうか？

鎌倉？　箱根？

しらす？　サーフィン？

江の島？　蒲鉾《かまぼこ》？

それとも、みなとみらいの観覧車？

連想されるものがなんなのかその結果はさておき、都内からのアクセスも良好で、温泉あり、ビジネス街あり、繁華街あり、観光地あり、グルメありと、３６０度全レンジにわたってネタにことかかず、オールマイティなパワーと魅力を持っているのが今回とりあげる場所、神奈川県である。
（箱根などは別項があるため、ここでは横浜・小田原エリアを指す）

首都圏の雄、神奈川県。

東京に次ぐ第2位の人口を抱える県であり、横浜エリアを主エリアとし都内へのアクセスも良好。東西に広く、先ほども記した通り、各種アクティビティ、仕事、観光地、自然と、バラエティの豊富さは他県の追随を許さないほど！　いや、なんなら東京ですらここ神奈川の「幅の広さ」や「見せる顔の多さ」には敵わないのではと思わせるほどに、オールラウンドに「強い」のが神奈川の特徴ではないだろうか。

そのせいか、神奈川の、特に浜っ子といわれるような横浜にゆかりがある人たちは地元愛が強い人が多い。都内に通勤に出たとしても、時間をかけてでも往復し、都内に住んだりはしない……という人も多い気がする。もちろんそれは特急列車などで容易に通える通勤圏だからというのも一因かとは思うけれど、実はその背後には強烈な地元愛があると思っているがどうだろうか。

また横浜を中心に神奈川はフォトジェニックさでも群を抜いている。都内も夜景が綺麗とかいわゆる「映《ば》える」ところは多数あるが、大桟橋《おおさんばし》から眺めるみなとみらいの風景や小田原あたりから見える雄大な富士山、また、江ノ電などは乗っているだけで車窓がまるで映画のスクリーンになったかのように、江の島・七里ヶ浜界隈の情緒豊かな景色を楽しませてくれる。

さらにＺｅｐｐやパシフィコ横浜、横浜アリーナといったコンサート・ライブ施設があり、週末など多くのファンたちで賑わっており、また、みなとみらい等のホールでは国際会議や各種展示会が行われるなど、横浜周辺は常に国内外から多くの人が集まる場所でもある。

さらにこの地には横浜DeNAベイスターズ、横浜F・マリノス、川崎フロンターレ、湘南ベルマーレなどプロ野球やサッカーJリーグのクラブも複数あるなど、スポーツ好きにはたまらない土地であると言えよう。

多様性と理性に富む街

バラエティという意味で言うと、ここは街も多種多様である。

みなとみらい、中華街、鎌倉、葉山、逗子《ずし》、箱根、茅ヶ崎、小田原、川崎、相模原《さがみはら》、横須賀、三浦、湯河原《ゆがわら》と、おそらく首都圏在住者以外にも認知度が高いエリア・街が多く、それぞれブランド化しているなどしており、同じ神奈川県でもまるで別の県のように感じられるほどである。

23区に分かれ、同じく多様性を持っている首都・東京都の違いとは、都内のそれよりも、こちらの方が土地が広いため、より自然が身近にあったり、住居などが広かったり、学校などの施設も広いなど、比較的ゆったりと作られているところではないだろうか。

例えば、横浜やみなとみらいや中華街の近くを歩いてみるとわかるが、もう開発の余地があまりないであろうと思われる東京都心部よりも後発で開発がなされたせいか、都市計画に余裕があり、広い歩道に軒先の長いビル群にと、色々なところに「余裕と余白」があるのが感じられる。

神奈川は多くの人口を抱える場所でありながら窮屈さを感じさせない。

人がきちんと人として生きられるスペースが感じられる、ゆとりと余裕があるエリア、そしてスペースがある分綺麗に、整然と街並みも作られているところもここの特徴の一つであろう。東京の

拡

量子力学によると事象とは
観察された瞬間から動き始めるらしい。
空を眺めていると、
引力を発見したニュートンを恨めしく思う。
人はいつまで重力を枷に持ち、
地面に魂を引っ張られているのだろうか。

項でも記したが、都内は比較的カオスで沼なのに対し、こちらはより計画的でシュッとした、理知的な雰囲気・波動を感じる場所だと思う。

そして当然だがそういった余白や整備された街といった成分は、人々の人格形成や性格といったものにも影響を与えていくように思えるがどうだろうか。

神奈川県のバイブスとは「型破り力」にあり

神奈川のバイブスについて話を深めていくが、ここはなんといっても日本でも最高クラスの「拡張のエネルギー」が満ちている場所だと思う。

首都・東京が雛形を作り、システム化するパワー、またはヒエラルキーを上がっていく上昇気流のようなものとするなら、神奈川のそれは逆で、どんどん型から離れ、自由になっていくような波動を持っていると思うのだがどうだろうか。

先ほどの項でもお伝えしたが、ここには「自由」にできるスペースがある。

学校でも道路（広い歩道など）でも公園でも、また当然だが、丹沢エリアや湘南エリアに代表されるような広くて豊かな自然もある。

そういった多くの人口を持ちながらもゆとりがある街で呼吸をしていると、都内、特に都心のようなちょっと「空が見えないな」といった狭さを感じることなどおそらくは皆無で、皆、のびのびと、それこそ型を型とも思わないようなマインドが醸成されていくのではないだろうか。

そういった自由闊達なマインドのおかげか、この地が発祥・この地が日本初！というものは実は相当数に上る。

日本で最初にビールやパンが作られたのは横浜であるし、日刊新聞も電話も鉄道も国内最初はここ神奈川である。それ以外にも日本初！というものがたくさんあるので、大部分は割愛するが、意外とネタとしても面白いと思うのは、読者もよくご存じであろう、ドリアやナポリタンやプリンアラモードというこの３つの名メニューも、生みの祖は「ホテルニューグランド」で実は横浜産なのである。

また、著名人、特に芸能人にはここ神奈川の気風をよく表している人たちが多い。

例えば、『ドクターＸ』で有名な海外にも進出した俳優・米倉涼子、世界的モデル・冨永愛、監督から役者まで幅広くこなす怪優・竹中直人、昭和の歌姫・美空ひばり、『家政婦のミタ』で高視聴率をマークした俳優・松嶋菜々子、もはやオンリーワンのポジションを確立しているタレント・出川哲朗、そして元ＳＭＡＰでＭＣをはじめなんでもこなせるオールラウンダー・中居正広。神奈川を代表するタレント・アーティストを挙げてみたが、彼ら、神奈川アンバサダーとでもいえそうな人々の名前を見るだけで、この地の持つ「型破り波動」がどのようなものか、よりはっきりとわかっていただけるように思うが、どうだろうか。

16 逗子・葉山・鎌倉

この土地が持つ不思議なカルチャー

かつて幕府が開かれ、日本史上初となる武士階級による政権がスタートした場所、神奈川県鎌倉市。そしてその周辺に広がる大船、逗子、葉山町。

この複合エリアがこの項でフォーカスされる場所であるが、この古都・鎌倉を中心としたエリアについて考察を深めたら「場所についてのものとは思えないような、ちょっと面白いキーワード」が浮上してきたのでシェアしてみたい。

それは、このエリアは実は「ある一つのゴール」となっている場所なのではないか、ということ。「ゴール?はて?どういうこと?」と思うかもしれないが、鎌倉時代の武士の掛け声の「いざ鎌倉」もそうだし、皇族が御用邸に静養にやってくることもそうだろうし、富裕層がこの辺りに別宅を構えることも、また、観光地として多くの人々がこのエリアにやってくることも、ある意味、ゴールといえる要素ではないかと思うのだがどうだろうか?

ゴールという文字が「競争」を彷彿とさせるなら、「目的地」としても構わない。

いや、その方がよりニュアンスが伝わりやすいだろうか。


古今東西、歴史を紐解いてみると、例えば物流や、東海道五十三次などの「旅の拠点」として栄えた宿場町というのは数多い。

人が東から西へ、そして西から東へと流れる。東西からの交差点として人やものがたくさん行き交うそのルート上には旅籠《はたご》が乱立し、食事処が繁盛し、物流拠点が生まれたり、早馬の拠点等々で栄えたり。

そして、その立地上の都合から、今でもいくつかの宿は現存し――もちろん時代の変化に合わせてその姿も変わっているけれど――いまだに隆盛を極めているところもある。

そういった宿場町、また、東西や南北の交点となっていたような大きめの宿場町は、周辺エリアを抱き抱えるようにして広がって工業化したり、ＪＲのターミナル駅となったり、工業エリアとなったり、また、都市圏を構成するなどして発展を遂げてきたのである。

ただ、そういう意味では、今回取り上げる鎌倉エリアはそういった「発展条件」を持ち合わせていた場所では全くない。

日本各地のどこからでも「行きやすい」なんていうこともなく、駅もＪＲの大ターミナルというわけでもない。

鎌倉幕府がここにできたのは、南に湾が開けており、三方は山に囲まれている「守りやすい場所」であるという理由があるぐらいであるから、なんなら車でもアクセスがいいということもないのである。

鎌倉よりも南に位置する葉山などは都内から向かってもそれなりの時間がかかる場所である。それなのに、「多くの人」が休みには葉山にぶらりと遊びに出かけたり、鎌倉とセットで観光とグルメを楽しみに出かけたりと、なにかと名前を聞くことが多い場所、それがこの鎌倉・葉山・逗子エリアではないだろうか。

お休みの日には葉山までドライブ。

逗子マリーナでホテルステイしたり、海を眺めながらカフェでお茶したり。

昔から夏は家族で鎌倉とか逗子に行くのが習慣だった……なんていう人たちが、首都圏にお住まいの人であれば、きっと周囲にもいたりすると思うが、どうだろうか⁉

なんというか、このエリアからは、イタリアにおけるカプリ島やイスキア島、フランスにおけるコルシカ島やコート・ダジュールのようなリゾート・避暑文化と同じ香りがする。

もちろんそれは明文化されていないけれど、目に見えないが、長年にわたって醸成されてきた、一種独特のカルチャーが、ここには確実にあるのだと思う。

鎌倉・葉山・逗子は外部の風を取り入れながらも文化が伝承されていく街

そんな独特のカルチャーを持つ鎌倉エリアだが、このエリア全体を貫くものとは、幕府とか政の中心が置かれたところに共通するバイブス、「中心」というものではないだろうか。

念などといってしまうと少々おどろおどろしいが、鎌倉にはやはりそういった時代をこえた「中心地たる波動」があるように感じる。だからなのか、「いざ鎌倉!」と現代を生きる我々にもそう感じさせるほど、不思議なパワーがたしかにここにはあるように思う。
鎌倉幕府の時代において、鎌倉に政の中心が置かれた時代はそう長くはないが、その頃から連綿と続く、いや、その土地にかけられた「エネルギーの循環の仕組み」は今の世になってもいまだに機能し続け現代を生きる私たちを魅了し、ひと・もの・ことを引き寄せ続けているのだとしたら、この土地を整備した者の慧眼と整地の技術には舌を巻かざるを得ない。

今でも東京に行くことを「上京」などというように、多くの人の意識、いや、深層心理では、鎌倉に行くことは「上京」か、それに近いようなニュアンスのはず。
鎌倉に行くことと、どこか他のエリアの都市・地域に行くのとでは、波動の違いを感じるように思うのだが、さてどうだろうか?

仕事・キャリアで成功すると書斎を構える、別宅を持つ、家を買う、リタイア後に移住をするといった人々が一定数いる。その方々が目指すところにはいくつかパターンというか傾向があるように思う。その「上りポイント」のなかでもおそらく最も有名なのが海外を除けば、ここ鎌倉・葉山・逗子エリアではないだろうか。

豊富な海の幸・山の幸があること。
そこまで大変ではない都内へのアクセス。

至

自然と一体となるとき、
人はプラスマイナスゼロの状態となる。

文化的な香りがする街並み。

神社仏閣が大切に管理・整備されていて、景観も手が入っていること。

また、これら以外にもヨットやサーフィン等、マリンアクティビティが好きな人にはもってこいのロケーションと言えるだろうし、落ち着いた環境で子育てしたい・良きワークライフバランスで過ごしたいという向きにも、この地は絶好のロケーションであると言えないだろうか。

このように比較的たくさんの人たちのライフスタイルに器用にフィットするのが古都・鎌倉の良さであり、また、緑多き、葉山・逗子エリアの豊かさではないだろうか。

そして、特にこれは逗子や葉山に顕著だが、どこかアメリカの西海岸のような雰囲気が漂っていて、そのカラッとした気風や風土が外部の人を魅了しつづけている。そのため、いつも一定数の人口の流入があるので、世代を経ても、この文化・バイブスは寂れずに循環し、また、維持され続けていくのだろう。

カントリージェントルマンたちの理想的な住まいとして

鎌倉・葉山・逗子は正統派のリゾートであり、ゆったりとした時間が流れる、独自のカルチャーを感じられる場所でもある。

英国においてはカントリージェントルマン（英国や欧州の多くでは、貴族階級等は本宅は郊外にあり、執務部屋はシティや街中に構えていることが多い）は郊外に住宅を持つように、これからの新時代においては日本も英国のような郊外本宅方式が流行るのではと、時流を鑑《かんが》みてもそう思っているが、これからの日本を牽引するようなエリートやジェントリーたちが本宅を構えるにふさわしい場所があるとしたら、ここ鎌倉・逗子・葉山エリアは最適所の一つだと言えるのではないだろうか。

17 富士山周辺

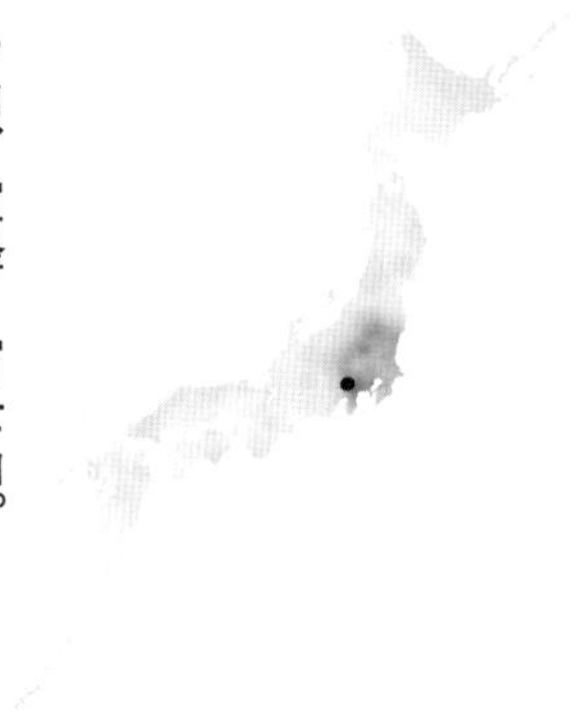

日本一の山、霊峰・富士山。

数年前に見たとあるパワースポット専門のムック本では、パワースポットランキングなるものがあり、富士山はそのランキング上では堂々の1位であった。

そのランキング自体は主観的なものだと思うのでここではその真意は横に置くが、富士山はなんとも「1」という数字が似合う山だと思う。

オンリーワンの形、ナンバーワンの高さ（日本では）、そして世界遺産にも登録されたことも相まって、海外からの観光客も多く、ある意味、日本を代表するアイコンの一つと言える山だろう。

さて、今回の波動読みのテーマは富士山そのものではなく、富士山を含んだ周辺エリアである。

そのため、富士山はもちろん、その周辺に流れるバイブスも読み解いて伝えていくが、該当エリ

極

霊峰富士の波動はてっぺんを司る波動。
天高くを目指し、
伸びやかに、どこまでも広がっていく。

アは静岡・山梨の富士山周辺（一部神奈川も含まれる）となるので「富士バイブス」をチャージしたい向きは富士山に登らずとも、そのエリアを訪ねることで同等の行為が可能となると捉えていただければと思う。

富士山とは天照大神の孫・天津彦彦火瓊瓊杵尊《あまつひこひこほのににぎのみこと》の妻、「木花咲耶姫命《このはなさくやひめのみこと》」という神様を祀っている霊山である。

木花咲耶姫命は神様界では最も美しいとされる神様であることから、御姫を主祭神とする浅間神社の多くはそのご神徳を安産・縁結びとする。また、これは私が勝手に感じるものであるが、これら浅間神社はもちろん、このエリアには「頂点」であるとか「カリスマ力・キャラクター力」といった波動があるのではと思っている。

誰が言ったか、こんな問いがある。

富士山はやはり誰もが知っている日本一の山。

「日本一の山を知っている人？」――はい、富士山ですね。

「では、日本２位の山は？」――シーン。

と言った風に、やはり、２位以下は記憶されづらく、話題にも上りづらいもの。

富士山はそういう意味では１の波動を強く持つため、１番になる、道を切り開く、目立つ、頭角を現す！　というエネルギーをこの地に行くとまとわせることができるように思う。

実際、富士山周辺、特に富士五湖のほとりに別荘を持つ著名人は少なくないし、また、休暇でホテル・ペンション・旅館等に訪れる人も多い。

ちなみにプリンスホテルグループの宿はこの富士山を中心にいくつも展開されており、名前といい、ある意味、とてもこの地の波動に合った宿のように思えるし、さらにそれらの宿に泊まったなら、効果も倍増！……なんて、そこまでいくと言霊的バイアスをかけすぎといえるだろうか。

また、この地出身の著名人には、「風林火山」の武田信玄はもとより、日本のサッカー選手が海外で活躍する、その道を切り拓いた中田英寿、CHANELのアンバサダーとなりハリウッドデビューも果たした小松菜奈《こまつなな》、誰もが知るアニメ『美少女戦士セーラームーン』の原作者・武内直子、Mujiのデザインや±0のデザイン（の一部）を手掛けるプロダクトデザイナー・深澤直人、そして、名曲を多く生み出したレミオロメンや歌だけでなくヴィジュアルもキャッチーなサンプラザ中野くん、カリスマプロレスラー・武藤敬司、フリーカメラマン・渡部陽一、元光GENJI・諸星和己らがいて、とにかくアイコン力が高かったり、作り出すもの自体がアイコンとなっているなど、抜きん出たキャラパワーを持っている人が多いことがわかるだろう。

この場所には「1にまつわるすべて」を補塡・補完してくれる「気」があるとも思っている。

個人攻撃を受けたり、自分を必要以上に卑下してしまったり、自信喪失したり、鬱っぽくなったり、または激しい自己嫌悪に陥ったり……。

そういうシチュエーション、時期はきっと誰しも一度や二度はあると思うけれど、そんなときこそこの「1の聖地」を訪れてもらいたい。

誰にも折られることのない鉄の意志を授かる……とまではいかないかもしれないが、自信や自己愛がチャージされ、ちょっとだけ生きやすいものへと認識を書き換えてくれたりするはずだ。

18

小淵沢・八ヶ岳——富士山北側

古代縄文とのつながり

この項で扱うのは、山梨県と長野県の県境あたりである。

富士山から北、木曽山脈から木曽駒ヶ岳や北岳を挟み、南アルプス市までのエリアで、北端はだいたい塩尻あたり、南は飯田や高森、南アルプス市南端ぐらいまでというとイメージがしやすいだろうか。

街でいうと、諏訪《すわ》、小淵沢、北杜《ほくと》、伊那《いな》、茅野あたりが主たる市町村となるが、このあたりはここ数年、移住者が増加している場所で、特にスピリチュアル、ナチュラリスト、オーガニック・自然農系の方々を多く惹きつけており、実際、友人や知人がここに引っ越したという話をよく耳にする。

今回の該当エリア「諏訪・伊那・北杜（八ヶ岳エリア）」、実はかつて縄文時代中期に最も人が集まっていたエリア（の一つ）であることが調査によって判明している。

古代縄文人がどどどっとこのエリアに集まっていたそのわけは、このあたりが自然の恵みが豊かで過ごしやすかったことや、黒曜石《こくようせき》という当時は貴重品であった石が採れていたことに由来するといわれている。

ただし、私個人としては、「霊的な感覚に優れていた」（とされる）縄文人のことだから、この土地の特殊な地場を感じてそのエネルギーに惹かれてきたのではと思っている。

南アルプス国立公園、秩父多摩甲斐国立公園、南には富士山といった日本を代表する霊山・山々に囲まれていることから、ここには山々からのエネルギーが流れ込んできており、なにか特殊な霊力等が備わっている場所であったりしてもなんらおかしくはない。

実際このエリアは糸魚川静岡構造線、中央構造線が交わるところであり、日本のほぼ中央に位置するところでもあることから「日本のヘソ」のような場所だともいえる。

また、このように色々なプレートがぶつかるところであることから、エネルギーがひしめき合ったり、干渉し合ったりして、結果、広域にわたり、一種のヴォルテックスが形成されているところがこの土地の持つ強みであり、また、独自のカルチャーを生み出した源泉なのでは？と思っている。

それぞれのプレートが運んでくる多種多様なエネルギー。

それらがクロスするエネルギーの交差点がこの地であるから、人もエネルギーも同様に交わっていく。

年月が進み、交易・交流・交わり全般が深まり、積み重なっていくことで、面白い流れやムーヴメントが生まれたりして、この土地にさらに新しい地層の色が加わっていくこととなるのだ。

「Ａが集まるところにはどんどんＡが増えていく」、つまり類は友を呼んでいくというのが、この世のエネルギーの特徴であるが、このエリアは「ユニークな原点回帰思考」の人たちをどんどん惹

楔

伝統や習慣やしきたりのなかには
決して忘れてはいけないものがある。
過去と現在をきちんと繋いでおくためにも。

きつけているけれど、それはやはりこの地の持つ「交わる」エネルギーやプレートがぶつかり合って0ポイント（0磁場を形成している分杭峠もこの辺り）を形成していることに起因していたりもするのだろうか。

このエリアのバイブス、それは「0＝ニュートラル」というもので、それがこのエリアの特異性やユニークさにつながっているのだろうと思う。

だから、というと変かもしれないが、そういったエネルギーに敏感な人であればあるほど、この地の持つマッシュアップ波動に呼ばれて、新しいムーヴメントの担い手になったり、新しい生き方を提唱する役割をまっとうしたりするのかもしれないとも思う。

同じエネルギーは惹かれ合うもの。

だとしたら、この地に呼ばれる人というのは、敏感なアンテナを生かして、新しい何かを伝えていくものなので、時代によっては「異端」と呼ばれるような人たちかもしれない。

ただ、時代はいつも異端児たちによって新時代へと導かれてきたことからもわかるように、この土地をベースに活動する異端児が提唱すること・もの・概念が世界にひろがり、大拡散し、「新時代におけるニュースタンダード」となっていく可能性も大いにあると思うがどうだろうか。

いや、実はサイレントレヴォリューションはもうすでに始まっているような気もする。

ただ、まだ世界の大部分の人たちが知らないとか、気づいていないだけで……。

実際、長野県伊那市には0磁場といわれる特殊・強力な場所があったりすることからも、ここのエリアには、なんらかの特異性があるのだろうということが推察される。

古代縄文人が住んでいたところを観察すると、霊山の近くや強力な磁場を持つところに遺跡が出土していることが多いことから、彼らは霊的な感覚が鋭敏であったのではと推察できる。海産資源を獲得しやすく、外との交易がしやすい海辺ではなく、陸産資源が豊かとはいえ他方との交流がしづらい山々の間に集落をつくり住んでいたのは、やはり山間の場が持つ特異性・霊性といったものに惹かれていたのではということが考えられるからである。

昨今、自然回帰を志向する人々や都会との距離を取りたい人々がこのあたりに集まってきていたりするが、それは決して「東京に出やすいから」という地理的優位性のみで起きている現象ではないと思っている。

「バイブス至上主義になる」のが新時代である風の時代の特徴だというのは至る所で説かれているが、不思議と多くの人々がこのエリアに吸い寄せられてくる現象を目《ま》の当たりにすると、この土地のバイブスである「中庸」の波動がその要素を求める多くの人たちを惹きつけているのもなんだかわかるような気がする。

土地から感じられるもの

このエリアが縄文時代からずっと日本のヘソとして栄えている土地であることはお伝えした通りだが、それ以外にも「この土地ならではの役目」というものがあると思っている。

そのお役目とは、「日本という複雑なバイブスが混ざる列島、そのプレートの交点」にくさびを打つというものだ。

日本分裂を防ぐ・または日本列島の地盤が荒れるのを防ぐという、なんとも重要な役目がそれである。

その超重要なミッションとは、——勘のいい方はお気づきかと思うけれど——実は7年ごとに行われている諏訪の「式年造営御柱《おんばしら》大祭」である。

山中から切り出したモミの大木16本を10㎞以上にわたって人力のみで運び、上社前宮、上社本宮、下社春宮、下社秋宮という4つの諏訪大社の境内にあるそれぞれ4本と挿《す》げ替えるという非常に大がかりな祭であり、平安の昔、1200年以上も前から続く由緒正しき神事でもある。

繰り返しになるが、この諏訪の地は「日本列島のヘソ」の地である。

そしてそこは日本の中で最も色々なエネルギーが混ざってプラスマイナス0のエネルギーを形成している聖地でもある。

そのため、その聖地の守護として、列島のくさびの守神として、出雲から直接「国津神《くにつかみ》最強の武神・建御名方神《たけみなかたのかみ》」が派遣されていることをみても、この地の重要度がいかに高いものであるか、明白ではないだろうか。

19

伊豆・箱根

伊豆・箱根エリアの豊かさ

日本には豊かなエリア（農作物とか海産物とか）がたくさんあるが、このエリアほど異なる豊かさの波動がいい感じで入り混じった、「バイブスの交差点」のような場所は他にないのではと思う。

南には豊かな入り江・港湾エリアがあり、西には平野部があり、豊かな作物がとれることから、古くからこの地を行く旅人の胃袋をも満たしてきたことと思う。

また、北には日本一の山があり、その麓からは温泉が湧き出て、素晴らしいクリアリングパワーをもつ雪解け水・湧き水が豊富で、水と鉱泉、その二つの「水の力」が癒しと浄化をこの地にもたらしている。

このように波動的に豊かなエリアであるということは、そこには色々な色があるということであり、そういった場所には不思議と多種多様なドラマが生まれやすいものである。

最も強く感じるエネルギー「アップデート力」

この土地は色々な豊かさやバイブスが混じるところであるとはお伝えした通りだが、その中でも最もこの地らしいパワーは何かといわれれば、それはアップデートさせるパワー、進化させるパワー、後押しする力なのではないかと思う。

何かを応援する力と言ってもいいが、富士山麓からのパワーは当然だが自然の法則通りに河口へと向かい、熱海や伊豆の方へと流れてくるが、そのエネルギーを最も高い「バイブス」でいただくことができるのが、「箱根」エリアなのだろう。

このあたりは盆地状になっているところも多々あり、別荘・ペンション・ホテル・リゾート施設が建てられているが、それはエネルギー的に言うと非常に理にかなっていて、富士山からの良質な「上気」させるエネルギーが降りてくるので、上昇気流・上に上がっていくパワーをチャージできる湯治場となっているのだ。

古くは湯治場として、今では〝高級路線〟の旅館・ホテルがしのぎを削る、日本有数のパワーチャージゾーン、伊豆・箱根エリア。特に首都圏からであれば2時間もかからないぐらいで宿に着くことから、首都圏に住む人々には特に人気があるのもよくわかる。

パワーといえば、このあたりには伊豆山神社、箱根神社、九頭龍《くずりゅう》神社など「龍」にまつわる神社が数多くあるが、中でも一時期、爆発的な人気を誇った九頭龍神社、その月次祭《つきなみさい》である13日には参拝船が出るので、それで本宮まで行ったことがあるという人も多いかもしれない。

このあたり一帯の土地は「非常に強い龍脈」で、その波動はここを訪れる人に「アップデート、移動、豊穣」それぞれのきっかけをもたらすような気がする。

九頭龍神社の新宮のある箱根神社が古くは武将、今では社長や芸能人といった人たちの崇敬が厚いのはきっと彼らを「昇り龍」のように、天高く舞い上げていく「昇龍波」がここに渦巻いているからなのかもしれない。

日本一という称号がもたらすもの

この地はキャラ立ちし、アイコンとなっていくような、名を成すエネルギーがすごく強いように感じているが、実際に、この地出身の著名人は数多い。

政治家もそうだが、特に芸能系（アイドル・ミュージシャン・モデル等）の輩出率は目を見張るものがある。

この地に生まれたり育ったりすれば、目指す先は「日本一」、前述の頼朝公のように、どこかでトップランクやグランプリに輝いたり、業界における上位にあたる地位を得たりしている芸能人、著名人がやたらと多くいるのだ。


それにはやはり霊峰富士が関係しているのではと思う。

富士は誰もが知っている、日本一の山。

当たり前だが、山の世界での頂点で、日本ではここより高いところはない。

ここに住まう人は、最高のものを常にその目にしながら生活しているのだが、それが人の深層心理において与える影響はおそらくは想像以上に大きなものなのだろうと察する。

志あるところに道は生まれる。
道があるところに物語が生まれ、
人はその物語を語り紡いでいく。

志

この地に日本一が多い、キャラが立っている人が多く生まれるのは、日本一のものがすでに、富士山という形で身近に存在しているからではないだろうか。「日本一は頑張れば手が届く」ものということが最初から刷り込まれており、変な距離を感じる対象になっていないことは色々な意味においてアドバンテージであると思うのだ。

それこそこの地にいるからこそ得られ、養われる感覚・感性であり、「地の利」の一つではないかと思う。

東海
上越
北陸

20

三遠南信

三遠南信とは？

三遠南信《さんえんなんしん》。この言葉にピンとくる人はどれほどいるだろうか。

かく言う私も最初はこの言葉を知らなかったのだが、三遠南信、もしくは三遠信とは民俗学で使われる言葉で、日本のど真ん中、「三河・遠州・南信州を合体させたエリア」のことを指すらしい。

この言葉が指すエリアについてもう少し詳しく解説すると、東海地方・甲信地方の一角で、愛知県の東三河地方（豊橋など）、静岡県の遠州地方（浜松、掛川などの西遠、中遠）、長野県の南信州地域（飯田などの信濃の南部）の県境をまたいだ地域、それらがこの「三遠南信」という場所であるとのこと。

ここまでこの言葉の説明を見て、ふむふむと思うかもしれないし、現代では愛知と静岡と長野の3県にまたがるこのエリアに一体何の共通項があり、なにがこの3つのエリアを「まとめている」ものなのかとか、このエリアはだいぶ広いのだが、なぜそんな括り方になるのかと、そのまとめ方の不思議さに疑問が生じたりもするかもしれない。

ここで取り上げる三遠南信エリアを具体的に括ってみよう。

長野の南と静岡（三島エリア以外）と愛知の東。

東は富士川、西は豊川稲荷あたりまで。

北は飯田市あたりを頂点にして、南は太平洋にぶつかる海岸線まで南に広がっていく三角形。

東西に120㎞、南北は140㎞ぐらいあり、だいぶ広いエリアである。

そして、先ほどの話に戻るが、実はこのエリア一帯にはある独特の波動が備わっているのだ。

インスピレーションに優れるところ

このエリアに漂うバイブスとは、実は日本でも随一のエレキ波動である。

エレキ波動とは一体何かというと、簡単に言ってしまうと「インスピレーション」のこと。

電撃の如く上から降りてくるもの、閃《ひらめ》き！というところから、「エレキ波動」などとキャッチーに命名してみたのだがどうだろうか。

エレキ波動はインスピ力が強みだが、他にもその特性は「ロック&アグレッシヴ&インパルシヴ」といった風にも形容できる。

また、この地にはそういった進取の気性・マインドセットを示す「やらまいか」（とりあえずやってみる！）なる言葉があったりもすることから、「新しいことをどんどんやっていくエネルギー」が昔から渦巻いている場所であることがわかる。

また、そのエレキ波動の出どころはどこかというと、東海一の霊山とも言われる秋葉山《あきはさん》、そこに鎮座する「秋葉山本宮秋葉神社」ではないかと思っている。

閃

上の世界に流れる豊かな想像の源泉。
ここは天空の神殿。
空想の泉に繋がれる場所。

この社は全国の秋葉神社の総本宮で、火之迦具土大神《ひのかぐつちおおかみ》という火の神様をご祭神としており、「火除け・火のコントロール」にまつわるご神徳があるとされている。

そのため、製造業、工業系、農業にまつわる人たちの崇敬が厚い神社であるが、この神社は本宮ということでパワーも強力であるのか、このエリアには日本を代表するエンジニアリング・工業系の会社が何社も誕生、現在も存在している。

スズキ・ホンダ・ヤマハ・河合楽器製作所・ローランドあたりは特に有名なブランド・企業なので、おそらく読者もご存じだろうと思うし、バイクや楽器などを実際にお持ちの方もいらっしゃるのではないだろうか。


また、日本最大の企業・トヨタ自動車も「本社」は愛知県豊田市であるけれど、実は（あまり知られていないと思うが）創業の地は静岡県湖西市なので、この三遠南信エリアの生まれなのである。

こういったそうそうたる企業名を並べるだけでもこの秋葉山の恩恵というのがわかろうというものだが、この岐阜・愛知・静岡・長野という場所は秋葉神社本宮だけではなく、実は他の県よりもインスピの波動を高める「秋葉神社」の数も倒的に多いのである。

秋葉の波動＋荼枳尼天の波動がもたらすもの

全国で１２００社を超える秋葉神社だが、特にこのエリアはインスピの神：「秋葉神社」の数が多いことから、「新しいことを始める、新発明、新規事業」を後押しする波動が渦巻いている場所であることがわかる。

また、このエリアの西の端にある豊川稲荷《とよかわいなり》は荼枳尼天《だきにてん》を祀るお寺で、商売繁盛・五穀豊穣のご神徳を持っているとされている。東京別院には芸能関係者が多く崇敬しており、「芸能人御用達」と言われたりもしていて、実際にそのようなご神徳もあるようだが、こちらの豊川稲荷（本社）の方は実り、豊穣、基盤を作っていくという波動が強いように見受けられる。また、そのせいか「開拓者」的なことをする人たちもこのエリアからは多く生まれている。

　上述の通り、トヨタの創業者、豊田佐吉氏をはじめ、格闘家・YouTuberという新しい道を切り開いた朝倉兄弟、生まれは静岡ではないが静岡大学に入学したことから「波動チャージ」したのかカリスマ街道を驀進中のYouTuber・はじめしゃちょー、新しい占術の術式を生み出したゲッターズ飯田氏、ミニ四駆の生みの親、田宮模型の田宮俊作氏、ミスユニバース世界大会でグランプリ、世界一の栄冠を戴冠した森理世《もりりよ》氏などなど、国内もだが、外国志向、外交主義の企業・人も多く、「一気に世界」とか、大きなスケールで成功、何かを達成する人を多く輩出する、それがこの土地の波動特性なのかと思うのだ。

天邪鬼であるがゆえに叶うこと

　この土地は独特で「長いものに巻かれよう」とはしないし、どこか独自路線を貫きたいような、何にも拠らないような、少々アウトローな波動を感じる。

　よく言えばマイペースで個性的、ネガティブに捉えると「天邪鬼《あまのじゃく》」なところが少々あるような、そんな波動を感じる場所でもあるが、でも、だからこそ「新しいものが生まれてきたり、面白いものが発想・展開」されていったりもするのだろう。

この土地に生まれると、新しい路線・もの・ことを生み出すような波動を帯びるので「今の状況に不満を感じたり、なにか圧を感じる」など、その状況から抜け出したいとか現状打破したいといった状況・環境に追い込まれることが人生のなかで一、二回ぐらいは訪れることがあるかもしれない。

でもそういう圧は得てして高く跳び上がるための屈伸ともいえるものであり、バネであることがほとんどであろうと思う。

発想の転換と工夫力を持つ神様と豊かさをもたらす神様の二柱がこの土地をしっかりと支えている。それがこの土地の波動のコアのようなものであるので、この土地に暮らす者は如何なくその才を発揮するのが良いだろう。

21

上信越内陸部

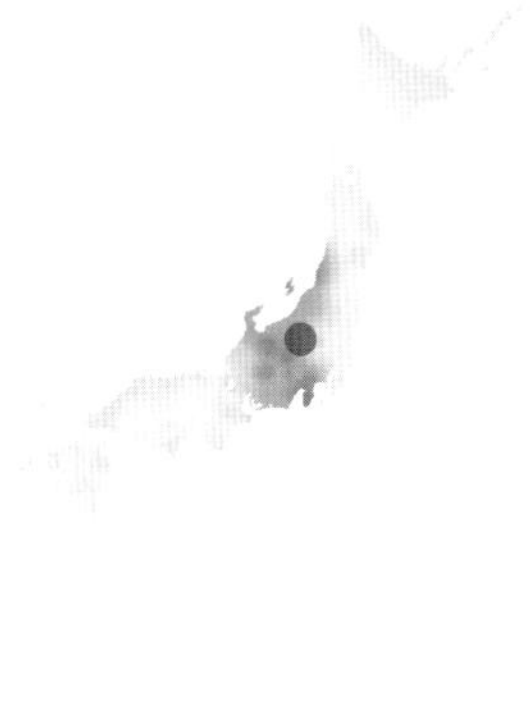

山に囲まれた場所に生まれる波動とは!?

このエリアについて書こうとしたとき、最初、松本周辺編、妙高・長野市を含む妙高戸隠連山《みょうこうとがくしれんざん》国立公園編、上田・軽井沢編といった風に、実はいくつかのエリアに分けようとしていた。

細かくエネルギーを見ていくとそのように分けられなくもないのだが、このエリアにはどこか共通しているものを感じたので、このように上信越内陸部として、——だいぶ広範囲ではあるけれど——一つにまとめてみることとした。

ちなみにこの項の内容が該当するエリアは、新潟の妙高あたりから東の魚沼あたりまで。そして、そこから南下し、群馬の西側、長野県の軽井沢エリアを含む北部・中部全域（諏訪ぐらいまで）と比較的広い領域となるがその旨、了承されたい。

昔から「上信越」と言われていたこの一帯は——しかも距離に直したならば、端から端は遠いのだけれど——やはり「一括り」にされるだけあって、どこか似たような波動や共通する何かを感じる場所である。

ここではそのこのエリアに等しく流れるものは何なのか、何がこの地を一つにまとめている因子なのか、そのあたりを詳しく見ていきたい。

「上信越」、この地に共通しているものを抽出するために、まずは地元の名産、逸品、名所、著名人等を出してみよう。

こんにゃく、そば、水質、温泉（草津など）、野沢菜、七味唐辛子、わさび、味噌、
久石譲、新海誠《しんかいまこと》、たかの友梨、HIKAKIN、渡辺謙、白石麻衣、櫻井翔、氷室京介、
小渕恵三、中曽根康弘、福田赳夫、福田康夫、
星野佳路《よしはる》、熊谷正寿茅野 亮、NIGO®、糸井重里、
あだち充、草間彌生《やよい》、草津温泉、赤倉観光ホテル、里山十帖、
戸《と》隠《がくし》神社《じんじゃ》、善光寺、軽井沢、上高地、国宝・松本城、大地の芸術祭……

紙面の都合からこのあたりで留めるが、場所・こと・人等をこうしてリスト化してみると、うっすらと見えてくる共通するバイブス的なものがあるのだがお気づきだろうか？

これらに通じるもの、これらを結びつける一本の導線とは、「道開き」というキーワード。

また、もっと突っ込んでいうならば、その世界観を世間に広めたとか、開拓したという業績を持つ物・人・ことが多いように思う。

更にこの地のバイブスの理解を深めるには、この地出身の人物を見るのがわかりやすいかもしれ

ない。

例えば、もはやこの本をお読みの誰もが知っている存在だと思うが、カリスマYouTuber・HIKAKINはこの地の出身で、彼はYouTuberを一配信者から「なりたい職業ランキング上位の常連」へと昇格させ、YouTuberのイメージを書き換えたアップデーターだと言えるだろう。また、渡辺謙は日本の俳優が世界で・ハリウッドで通用することを証明した一人であろうし、たかの友梨は美容・アンチエイジングのカリスマで、新海誠は『君の名は。』をはじめ、独特の世界観「新海ワールド」を作り上げ、また、久石譲はジブリアニメには欠かせないコンポーザーで、音楽で心を震わせる人物である。

さらにNIGOはブランド「A BATHING APE®」の創始者で、ストリートファッションのカリスマかつプロデューサーであり、草間彌生は世界的アーティスト、糸井重里は爆売れし続ける「ほぼ日手帳」を手がけるカリスマコピーライターであり、星野佳路は軽井沢を本拠地とする星野リゾートの現社長で、熊谷正寿はGMOインターネットグループのトップである。

そして前述のリストの中には、総理経験者が4名も入っていることにも注目されたい。

日本を代表する健康促進エリア

またこの地の波動には解毒というものもあると思っている。その証拠に、この地の名産には「薬味」と言われるものが多かったりもする。

代表的解毒食品・わさび。また、血流をよくする薬味・七味唐辛子。日本食を代表する発酵健康食品・味噌、そして砂払いを促すこんにゃく。

養

肉体を回復させるにはいろいろな方法があるが、
「養生」の波動に触れるのが実は一番手っ取り早く、
最短最善の方法かもしれない。

これらお薬フードを名産とするというだけでも、この地がどれだけ人の健康や生命に寄り添う波動を持った、いや、中和・改善させていく波動を持った場所であるかがわかるだろう。

さらにこの地にはたくさんの名水があるなど水質にも優れ、空気も澄んでいるということから、「人が健康で暮らすため」に大切なほぼ全ての要素が揃っている場所であるといえる。

また、感染症にも効果があるとされる（2021年の新聞に掲載済み）名湯・草津温泉があり、その強酸性の湯は圧倒的な解毒・浄化を人体にもたらすので、この地は日本屈指のウェルビーイングエリアといっても過言ではないように思う。

さらに、この地に流れる空気・水、そしてそれらを通じて栄養供給された牧草を食べて育った家畜や作物。それらをいただくということはウェルビーイング（特に波動のクリアリング）のバイブスを吸収するということにも通ずる。

そうして考えると、この地には常にクリアなエネルギーが循環しているように思う。

実際、このエリア出身の友人・知人に会うと、私自身も余計なものが祓われていくように感じるから、「祓戸《はらえど》の神様」的な波長がこの地には備わっているのではないかと思っている。

出版や旅にもゆかりがある場所

前述の通り、この地は海外で大成功している人、ワールドクラスなアーティスト・研究者・教授等を多く輩出しているが、また、「出版社の創業者・経営者」が多いのもこの地の特徴の一つである。

例を挙げてみよう。

岩波茂雄（岩波書店　創業者）大和岩雄（大和書房・青春出版社　創業者）
岡本陸人（あかね書房　創業者）小尾俊人（みすず書房　創業者）
小松敏郎（元学習研究社　社長）五味敏雄（元三省堂　社長）
小宮山量平（理論社　創業者）

もともと人口が多い東京ならいざ知らず、上信越でこの数はやはり「多い」というしかない。

ここは研究・探究・好奇心の賢者のバイブスが高まる場所だからこそ、ピッチャーとキャッチャーでバッテリーを形成するように、発信・出版・配信という着想したものを外に出していくための仕組みやプラットフォームも同様に進化・拡充していくのかもしれない。


また、話は変わるが、この地は旅のデスティネーションとして有名な場所をいくつも持っている。例えば、リトリートのさきがけ「穂高養生園」や、星野グループのオリジンとも言える軽井沢の星のやとその周辺施設、また、ゴルフ場を併設した複数のプリンスホテル、インバウンド誘致に成功し、もはやインターナショナルブランドとなっている白馬や上高地、神社ラバーが大好きな戸隠神社にヘルシーな戸隠そば、雲海が見られることで有名な赤倉観光ホテル、湖畔の風景が美しい野尻湖、真田の庄があり真田家にゆかりのある上田（歴オタの心を摑んで離さない！）デスティネーションホテルとしてのホテルクアビオ（ファスティング・マクロビオティック）や松本十帖、グッドデザイン賞を受賞したホテル・里山十帖など、それぞれの狙いにあった旅の目的地をエンドレスに挙げ続けることができるほどである。

溢れ出るウェルビーイング波動が国内外の人を惹きつけて、豊かな旅体験をもたらす場所、それもまたここ上信越のもう一つの顔なのだと思う。

世界を作っていくマイワールド創造の波動

また、この地を語る上で忘れてはならない重要な指標がもう一つある。

それは、このエリアには極めて「天照大神《あまてらすおおみかみ》」を祀る伊勢系の神社が多いということである。

天照は言わずと知れた伊勢神宮のご祭神であり、日本国に祀られる神様達の筆頭格といえる大神である。

そして天照を祀る神社が多いということは、「天岩戸《あまのいわと》を開いて、光を放ち給え」というサインが全エリアに、メッセージとして、また、波動として広く展開されているということかと思う。

そのため、前述の通り、久石譲にしても新海誠にしても、また、星野リゾートにしても、NIGOにしても、それぞれ独自の世界観を作り上げたことで名を成したし、また、彼らの世界観が海を超えて広く受け入れられていることや、レジェンドのように語られ、一過性のトレンド等で終わっていないことなどをみると、当然ご本人たちの努力や研鑽がベースにあるとはいえ、「天照パワー」が降臨し、光を増しているからこそ起こっている現象ではないかと思うのだ。

実際、長野県は自営業者の数（人口比）で全国3位のランカーであるらしいので、やはりこういうところにも「天照のマイワールド展開パワー」が効いているのだと感じるし、長い年月をかけてそういう気性・精神性が醸成されてきたのだろうと思うのだがどうだろうか。

温泉に湖に川に山に高原に。

各々が好むスタイル・望む場所で過ごし、そして、美味しい空気や水をいただきながら、壮大な自然の風景に酔う。

ここは自動車や電車でもいいけれど、やはりトレッキングやハイキングで木々や草花の香りを感じながら巡るのが楽しいところではと思う。

目と手と足、全身で地球を楽しむ。

一歩行くごとに地球感覚を取り戻し、人の器も健康になっていく。

そういうのがここ、上信越・ウェルビーイングフィールドの豊かな楽しみ方なのかもと思っている。

22

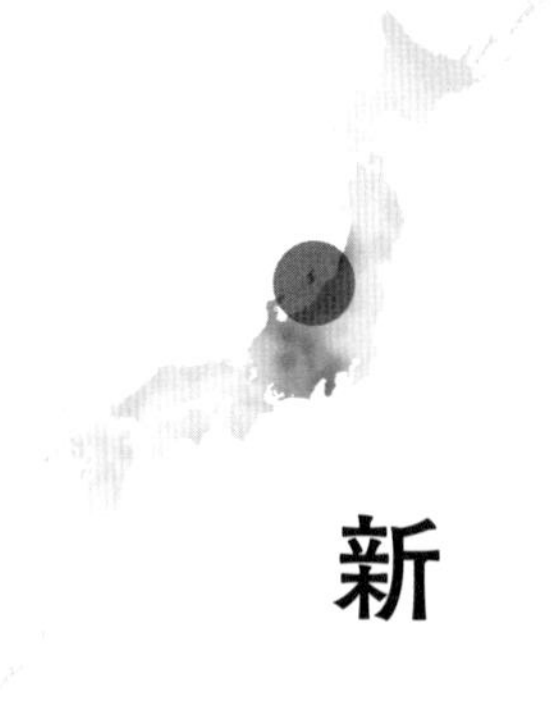

新潟県・富山県・日本海側

「越」の国

いきなり遥か昔の話となるが、福井（敦《つる》賀《が》市）・石川・新潟・富山・山形（庄内エリア）のあたりは、大化の改新以前は「越《こし》」の国と呼ばれていたらしい。

山形も新潟も面積ランキングではトップ10にランクインする県であるから、「越」の国とは相当に広い面積を占めていたのであろう。

その後、越の国は、越後国・越中国・能登国・加賀国・越前国と分かれているが、共通するのはそれぞれ得意領域は違えど、物づくりで世界に打って出ていることや、日本トップの地位を築いていることが挙げられる。

日本には、物づくりが盛んなエリアや土地の恵みを生かして産業につなげているところというのはその規模は大小あれど、多数存在している。

北海道は農作物、海産（加工品）が、名古屋・静岡の東海エリアは工業製品（主に自動車・バイク等）や模型・楽器が、また、瀬戸内沿岸は紡績・石油化学・造船系が栄えているといった風にである。

ただ、このエリアの特徴は「大企業主導」のもの、またはBtoB的なもの（例えば造船とか）ではなくて、一般家庭でも使われているものを作る会社・工房が多いということである。

また、OEMのみならず、それぞれのファクトリー・メーカーがこだわり・オリジナリティ等を発揮し、ここでしか作れない・できないもの・圧倒的精度を誇るものを作り上げていることも、こちらの産地の強みであるといえよう。

有名どころでいうと、鯖江《さばえ》のメガネ、燕三条《つばめさんじょう》の刃物、高岡の鋳物、輪島・越前の漆器等があるが、物づくりとか地域の特産品に興味がない方だとしてもこれらの地域のアイテムについてすでにどこかで見聞きしていたり、また、それぞれのジャンルでトップシェアを誇っていたりもすることから、読者もこれら地方で作られたものを日常生活で使っていたりもすると思う。

先ほど、こちらのエリアはかつては越の国と呼ばれていたとお伝えしたが、越は高志と書かれることもあったという。

こちらから生み出されるものたちを眺めていると、アイテムの在り方の崇高さ、佇まいの美しさから、「高い志」の字が決して嘘偽りではないことがわかる。

さて、これら物づくりについてはまたそれぞれのエリアの項で触れていくとして、ここからは越の五県の中でも比較的、似通った波動を持つところを取り上げていくとしよう。

新潟と富山の日本海側に共通するもの

都道府県制で分けるなら、「新潟」と「富山」は別のエリアとなるのだが、前述の越の国の中では新潟県（特に西側）と富山県は隣接していることもあってかどこか似たようなバイブスを感じる。そのため、ここではその二つをまとめて一つのエリアとして綴っていくこととする。

まず、新潟県についてだが、ここはいうまでもなく日本一の米どころである。

そして米があり水が綺麗ということは、酒どころでもあるということだ。

また、意外と知られていないが、ここは原油・天然ガスの産出量も全国1位で、建設業従事者数も日本1位の県である。

ちなみに実は神社の数も日本一であり、新潟は「多くの日本一を持つ」県なのである。

次に、富山県は特に日本海側を中心に物づくりが盛ん。（製造業従事者率が全国1位）

時に思考を飛び越えて、〃世に生み出されるべきもの〃を
作るなんていうこともあるほど、人の手とは色々なものを
創り出す魔法の道具だと思う。

創

加えて、常に全国トップ3に入る持ち家率を誇るという、なんとも「もの・豊かさ」とご縁深き県なのである。

雪国の特徴として、比較的多くのエリア（雪深きところ）で伝統工芸や家内制手工業的な商品開発・民芸等が突出しやすい傾向があるが（秋田・山形・鯖江・金沢・輪島等々）、その例に漏れず、このエリアも燕三条、高岡、南砺《なんと》、富山、長岡、小千谷《おぢや》と、全国屈指・世界レベルの名品の産地が名を連ねている。

例えば、新潟は金属加工・刃物の製造が有名なのは皆が知るところだが、「爪切り界のロールスロイス」といわれる最高級爪切りも実はここ、新潟、燕三条で作られていたりする。

和と創意工夫の精神

越の国の中でも中心地であった、新潟・富山の地は今でこそ食べ物、特に穀倉地帯として有名だが、実は歴史を紐解けば意外と近年までは、農作物が代名詞であったわけではない。

特に新潟においては、その名の通り、潟地が広がっていたので、農作物の生産には相当の努力を要したようだ。それが近年、特に昭和になり電動ポンプなどの登場とともに水捌《は》けの良い土地の整備等が進んだので、米作りも進しやすくなり、生産量も増加した。

更に、お米の品種改良も進んだことで、新潟＝お米の国といわれるほどに、日本一の米どころとして名声を得るなど発展を遂げてきたわけだが、その裏には潟《かた》の改良など、先人たちの血と汗の滲《にじ》む努力の歴史がある。

そして、産業に至っては江戸時代に伝わり、冬の間の家内工業・副業として栄えた和釘《わくぎ》作りがあるが、それを起点として、富山では高岡で鋳物、新潟の燕三条等では、煙管《きせる》・鎚起《ついき》銅器など、それぞれの地域で独自の進化を遂げていった。

また、海外からのリクエストを受けて、西洋式食器を作るようになったりするなど、臨機応変に時代の変化に対応し、工夫や応用を加えながら発展・発達してきたのがこの地の産業の特徴かと思う。

余談だが、今では世界進出を果たしたSnow Peak社も金物問屋からスタートしている。同社の創業者・山井幸雄氏は市場の既製品に満足できず、燕三条の職人技術を生かしてオリジナル商品を作り始め、創業から50年以上が経った今では、アウトドア商品以外にもグランピング施設・アパレル等も扱うライフスタイルブランドに成長している。

こうした新潟の潟の開発（土壌開発）や富山の薬売り（越中富山の薬売り：使われた分だけを請求する訪問販売）のシステムなど、生きていくための創意工夫、そしてその作り上げたものを継続し、時に臨機応変に変えていきながらもスピリットやコアヴァリューを守り抜いていく姿勢やその精神の強さは、一体どこから生まれてきたのだろうか。

考えが一周して、出てきた答えはやはり、「寒さ・雪・地盤」といった自然の猛威・自然環境のハードさが、この地に生きる人々の精神の根本の中に「いのちをつないでいくこと」「家族を守っていくこと、また、自然とうまく共生し、生かし生かされていくマインド」を養っていったのではないかということだった。

他と比較するのは失礼だが、温暖で雪の脅威もない地域だと、春夏秋冬にはそれぞれの季節に応じた味覚がとれ、山・川・海があるところだと魚や肉、米や穀物もとれたりもするだろう。

厳しく長い冬を越えるための保存食の知恵や土地を改良していくことなど考える必要もなかった県・エリアというのもここ日本には存在していることから、それらと比べてしまうと不遜な気もするが、環境面的な「エリアガチャ」というのがあるならば、このエリアは比較的「ハードさが高めのエリア」と言えるかもしれない。

ただ、このエリアのバイブスは、不退転の忍耐力と人生に光を見出そうとする創意工夫力を人に授ける。厳しい環境でもなんとかしようとする「打開力」、そしてそれを実際に実行する行動力。人の持つ野性、いや、もっとスマートにいうなら、サヴァイバル能力、サヴァイブしていくセンス。そういうものをこの地は高めてくれるように思う。

また、このエリアの中の長岡（新潟市に次ぐ大きさを持つ）に顕著だが、ここには「中和」を促す、温和なバイブスが流れているように感じる。

この地（長岡市山古志《やまこし》）には闘牛のカルチャーがあるが、ここの闘牛は勝敗をつけず、途中で人の手によって止められるのだという。

勝敗をつけないあり方、中和を求める意識はこのように町の至る所に見受けられるが、中でも特筆すべきは、『峠 最後のサムライ』でも知られる河井継之助《つぎのすけ》や連合艦隊司令長官 山本五十六《いそろく》も長岡出身で、共に「中庸・中立」を謳ったことなど、近代の日本史の中でも著名な傑物を二人もこの地が輩出していることはまさに「中庸」のバイブスがあることの証明ではないだろうか。（＊山本は最後まで戦いには反対だったと聞く）

創意工夫と美意識の波動

日本の中でも有数の「ウムトコロ」的バイブスを持つエリア。それがこの越の国の真ん中、新潟と富山である。そして、この地の波動はとにかく創意工夫、改良・開拓の精神に満ちているのが特徴でもある。

また、こだわりや強い美意識も同時に感じられることから、この地は今後も日本の物づくりを牽引し、創意工夫のスピリットを育んでいくところなのではないかと思う。

また、これから、時代は風の時代となり、「物づくり」よりも、情報等が主要なビジネスになっていくと言われていたりもするが、なんてことはない、この地の人々はその天性の創意工夫力と美的感覚を武器に、どんな時代の波がきてもそれに対応し、時代の変化に対応していくに違いないと思っている。

また、上質のものが作れるだけではなく、世界のトレンド等に合わせてそのスタイルを変えていくことができるフレキシビリティはなかなか体得し難いマインドセットであるが、この地にはそれが最初から備わっているように思えるので、この地の産業が廃れるという未来は見えづらいように思う。

このエリアから生まれる人々は、美意識と創造性のエネルギーを持って生まれてきた「アップデーター」たちである。

23 加賀・能登

雅を凝縮したバイブス

加賀と能《の》登《と》。

先人たちが治水や土壌開発によって安全性を確保し、生活を向上させ、土地を整備することで生産性・合理性・産業の発展に貢献してきたように、ネットでつながった現代においては、このエリア生まれの人々は人間社会における「ライフスタイルの基盤づくりの名手たち」となり、新しい美意識を創造したり、生活様式をクリエイトしていく宿命を担うように思う。

エリアの名の由来とも言える、高い志。

この地を流れる高尚なマインドは伊達ではないことはもうよくわかっているので、これから、どんなカルチャー、どんなスピリットがこのエリアから生まれてくるのか。

これから先も「越ウォッチング」はやめられそうにない。

ここは戦国大名・前田家が収めた城下・金沢を中心とした、加賀百万石ともいわれる広大な領地を誇るところである。

金沢は北陸新幹線が開通して（２０１５年３月）一気に都心からのアクセスがよくなり、豊富なコンテンツを持つことも相まって、訪れる人が激増した。

金沢駅前には鼓門があり、その雄大さとオリジナルなヴィジュアルは「金沢」のインパクトを旅人の脳裏にびっしりと刻むものである。

また、駅ナカの売店も飲食店も並んでいるものに「なんちゃって的なもの」は少なく、特徴的なもの・しかもどこかに都会的なセンスも感じるものが多く（さすが北陸の小京都）、つい旅人たちはその「華やかで賑やかな雰囲気」に引き寄せられて、お店に入ったり、お土産を手に取ったりしていくのだろう。（こうしてまた加賀国は潤いスパイラルを加速していく）

観光都市としても有名なのでもう読者も訪れたことがあるかもしれないが、念のために記しておくと、ここは「味覚パラダイス」である。

石川県の沖合は暖流の対馬海流と寒流のリマン海流が混じり合い、暖水性と冷水性の魚類が混在し、多様な魚介が生息する好漁場が形成されていることから日本でもトップランクともいえる「鮮魚フェス」が展開。

「加能ガニ」「甘えび」「ノドグロ」「岩ガキ」「ふぐ」など、いわゆる高級海産物はそれ目当てでそれぞれのシーズン（主に冬）にこの地を訪れる人も後を絶たないほどである。

また、城下ではお茶文化も栄えていたことから、街中には和菓子屋さんもずらりと立ち並ぶなど、お茶菓子・和菓子も有名な場所である。ちなみに城下町は「茶文化」を持つところが多いが、「雅《みやび》」波動を帯びる金沢はその文化の精錬具合も半端ではなく、京都や松江と並ぶ日本三大菓子処の一つ

雅

過去でも現代でも常に
人の心を動かすものに「美しさ」がある。
美しさの波動があるところには
いつもひと、もの、ことが溢れている。

に数えられているほど。

ちなみに日本三大銘菓の一つである長生殿《ちょうせいでん》は、ここ金沢・森八の銘菓である。

（ちなみに後の二つは、越乃雪（新潟）山川（島根））


さらに焼き物・器・工芸品が好きな人には、石川はおなじく「器パラダイス」でもある。輪島塗に山中塗に九谷焼《くたにやき》に金沢漆器。また、技という意味では、加賀友禅に牛首紬《うしくびつむぎ》に和紙に珠洲《すず》焼に和《わ》蠟燭《ろうそく》に水引《みずひき》に……と、県内、どこにいってもなにかしらの「匠の技もの」をみつけることができるだろう。


加えて、温泉・リゾート・旅好きの人にもここは「癒しパラダイス」である。

山中、山代、和倉、片山津などなど県内にはたくさんの温泉が湧き、「プロが選ぶ日本のホテル・旅館１００選」でたびたび1位に選ばれている加賀屋をはじめ、能登のランプの宿や、前田家歴代藩主の湯番頭《ゆばんがしら》・あらや滔々庵《とうとうあん》など、外資系ホテルの持つような派手さはなくとも、質の高い宿を求める旅通や親子二代で通うなどのご贔屓筋から愛される宿が多く存在している。（ちなみに外資系ホテルのハイアットはすでに金沢に進出）

ここまでみると、「食べてよし・寝てよし・買ってよし」なので、「なんだここは？　俗世における全ての楽しみが凝縮されたところなのか!?」などとも思えるが、実は加賀国の実力はまだまだこんなものではない。

金沢のど真ん中に聳える金沢城、そのすぐそばにあるプリツカー賞受賞歴もある建築家設計による金沢21世紀美術館、車を走らせること数時間、珠洲市の先には日本有数のパワースポット・青の洞窟があり、金沢市内には日本三名園の一つ・兼六園があり、著名人も通う輪島のお寿司屋さんや、市民の台所・近江町市場、そしてそのすぐ南には県随一の繁華街・香林坊《こうりんぼう》、さらにいくと観光名所の武家屋敷跡があり、そこから程近くにある仏教哲学者・鈴木大拙館も国内外の旅人に人気である。また、最近では芸能人や著名人御用達の人間ドック専門のクリニックも注目を集めるなど、書き切れないほどの「スポットパラダイス」だらけで、見所と華やぎに満ちている場所、それがここ加賀国・石川県なのだ。

この土地に漂う雅な波動

加賀国がダイアモンドのように多くのファセット（顔）を持っていることは前述の通りだが、この地がこのような「華やぎの地」になった因子はというと、この地を統べていた前田のお殿様にあるとされている。

前田利家やその一族嗣子は、この加賀の地を治めるにあたって教育を推奨。

3代藩主利常は京都から工芸家を招き入れ職人を育成し、美術工芸を奨励したし、5代藩主綱紀はこの加賀に存在していた工房・御細工所を拡充・整備し、それぞれの技術を研鑽させ技術者を優遇したという。

さらに綱紀は工芸の技術の研究のため全国から工芸品を取り寄せ、それを「百工比照《ひやっこうひしょう》」と称して整理分類したという記録も残っている。

ちなみに綱紀のコレクター癖はとどまるところを知らず、ありとあらゆる書籍、資料を集めてもいた。「加賀は天下の書府なり」と言ったのは新井白石《はくせき》であり、ちなみに書符とは今で言うところの図書館のことである。

日本国内には質実剛健！や質素倹約！や信心の深さや忠義の心！といったものが有名なところは多々あれど、このように「拡大・好奇心・文化・芸術・教養」といった要素を多分に持っていて、それらがここまで発展しているエリアは、日本全国をみてもここ以外にはないのではないかと思われる。

このような前田のお殿様一族が数代にわたる治世の中で醸成した「風流」「粋で雅」な空気感。そしてそれらを理解し楽しむ心。

そういったものこそがこの地、石川・加賀国に常にただようエッセンスではないだろうか。

ハイレベルなまとまりの裏にある「律」なるもの

ここ加賀は実は雅なだけでも風流なだけでもなく、学力テストにおいては常に全国トップクラス（近年は全科目で1位になるなどもしている）で、保育園の待機児童率は0％。人口あたりの医者・クリニックの数、有効求人率等もそれぞれ多く、基本的なパブリックサービス、都市インフラが充実していることもまた魅力の一つである。

観光客だけが楽しむ観光業のみが潤う「内弁慶」な感じでなく、ここに住まう人たちも豊かで便利な都市生活を送っているのである。

また、そういった状況・ステータスがあるからなのか、「最新！　住みよさランキング2022・全国トップ20」において、石川県の市町村が3つもランクインしていたりすることから、この地には穴というものはないのだろうか？などと少々拗《す》ねた視点すら浮かんできたりする。

「教育よし・住んでよし・食べてよし・温泉入ってよし・泊まってよし・仕事してよし」、全てにおいてハイスコアを叩き出す国、それがここ、加賀・能登であるが、実は、自然にこの地がそういう「ハイスペックオールラウンダー」になったわけではない。

この地には縁結びの神様としても有名な菊理媛尊《くくりひめのみこと》を祀る白山神社の総本山、白山比咩《ひめ》神社がある。

そして、この神社は実はおみくじが日本一厳しいことでもよく知られている通り、バイブスという意味では実に厳しい波動を帯びている山岳系の神社である。

ここに感じる厳しさの真髄とは「律」というもの。

つまり、律する精神であり、自戒であり自律である。己の敵は外にあらず、常に内にあり。とでも言わんばかりの「克己心」のようなものをこの地は、この神社は厳しく鍛えてくれるのである。

この神社がある地は「鶴来《つるぎ》」という。漢字こそ異なれど音は剣のそれと同じであることからも、この場所が精神の精錬を促すような厳しい波動を持つことが感じ取れる。

「伊達の薄着」なんていったりもするが、自身をよく見せようとするならば、何かに我慢するとか、何かを犠牲にするということはつきものであろう。

そういう意味では、この地の人々は雅で華やかで豊かな生活を送っているけれど、その裏ではしっかりと自分を律し、心中にある怠惰なところに鞭を打つなりして日々を過ごしているのではとも思う。

律という精神。

そういう、厳しいが人生を大きく展開させる波動を得たい人はここ、加賀の地を訪ねてみるのもいいかもしれない。
華やかさと美食と厳しいおみくじ、現代における飴と鞭を体験することができるはずだ。

24

飛騨高山

日本が誇る一大観光都市

飛騨《ひだ》高山《たかやま》。

言わずと知れた高山祭（ユネスコ無形文化遺産）で有名な街であり、また最近では世界遺産・白川《しらかわ》郷《ごう》への入り口として、コロナパンデミック前までは、海外からのトラベルゲストたちで常にごった返していた、日本が誇る一大国際観光都市である。

そんな国際的にも地名度の高い街が高山であるが、ここは「古き良き伝統、そして本物・本質的なものを色濃く現代に残している街」だ。

古くからの町並みが残っていることはもちろん、数百年続く高山祭と12台の屋台と観光リソースが多い割に、店先には昔からの定番であろうお漬物やおかき・お煎餅等、懐かしさを感じるお土産・名産が多く、あえて観光客向け、または、現代風・流行り物風に寄せていないところに好感を覚える。

高山の街を巡るとわかるけれど、旧市街は実にヒューマンスケールにできている。

そぞろ歩きが楽しく、ウィンドウショッピングや食べ歩き等にとても適したサイズ感で、朝は朝市がたち、昼は街をぶらぶらしながら、出来立ての揚げ物や飛騨牛の握り寿司をつまみ、夜は高山ラーメンとかうなぎとか焼肉をいただくという感じで、とにかく一日中ずっと市中を回遊しているだけで味わい深く、目と耳と舌をはじめ五感全部で楽しめるところなのである。

また、忘れてはならないのは、ここは家具の街でもあるということだろう。

インテリア好きの方はご存じかと思うが、飛騨高山エリアは旭川と双璧を成す、我が国きっての「家具の産地」である。

海外デザイナーとのコラボレーションで知られるＨＩＤＡをはじめ、創業70年以上の歴史を持つibata interior、日進木工等、多くの会社がここ飛騨を本拠地としている。

飛騨高山はダイニングチェアの出荷量が日本一というから、読者の家のダイニングチェアも実はこの地からきていたりするかもしれない。

飛騨高山は美食の町でもある。

ラーメン、飛騨牛、味噌、山菜、ハム、そば、山椒、寒干し大根……と、豊かな土地からとれる生産物が山椒や大根等の浄化フードからタンパク源まで幅広いこと、クオリティもとにかく高いこ

素

伝統やしきたりを保全・管理すること。
それはすなわち「原点」を愛でるということであり、
「帰れる場所」を持つということ。

とに驚かされるばかり。

このあたりでリトリートがあってそこで数泊したなら、「土地のものを食べて、土地の空気を吸う」だけで、全身浄化できてしまうのではないかと思われるほどにこの地からとれる食べ物たちからは不浄一掃の波動を感じたりもした。

虚飾のない、「素」になれる波動を持つ場所

飛騨高山は、訪ねるほどに滋味深さが増していくような、オンリーワンの魅力を持つ街だ。とはいえ、若い時に好きなものと多少年齢を重ねてから好きになるものが多くの場合異なるように、人生経験が浅いうちと後年では楽しみ方はだいぶ異なる街なのかもとも思う。


この飛騨高山なる街は、「人生の酸いも甘い」も噛み分けた人、本物を追求したい人、落ち着いて暮らしたい人にとてもフィットする街ではないかと思う。

良くも悪くもここには虚飾がない。

波動が中庸で、同時にとてもクリアなエネルギーを持つ場所である。

だからこそ療養、研究、信仰、製作、執筆等に向いているし、またそれらのプロフェッショナルたちが惹きつけられてくるのは、この地が「クリア」なバイブスを持っていて、そういった唯一無二な特性に彼らの魂が有意識的か無意識的かにかかわらず、無条件で魅せられてしまうからではないかと思っている。

人生における虚飾を排除し、創造的な時間を過ごす。

そういう場所を探している人には、その波動特性からも、きっとここは最適なクリエイティブチャンバーとなると思っている。

25

下呂温泉

下呂温泉の特徴とは

下呂《げろ》は岐阜県が誇る名湯で、日本三名泉の一つとされている。（残る2つは草津と有馬。ただし、諸説あり！）

草津は強酸性、有馬は金泉（鉄分）、銀泉（ラドン泉・炭酸泉）、ここ下呂温泉はアルカリ性（pH9・1）で肌がツルツルになる効果を持つとされ、前述の三名泉が独自の効果効能・特徴を持つというのが面白い。

岐阜県は大きく分けると西濃、岐阜、中濃《ちゅうのう》、東濃《とうのう》、飛騨という5つのエリアに分かれるが、その中の飛騨エリアにここ下呂温泉は属している。

祓

足を丁寧に洗ってみる。
そうすれば、たちどころに「この世の不浄」は清め流され、
本来の無垢な自分へと戻っていくだろう。

飛騨エリアは世界遺産でも有名な白川郷のある白川村、飛騨市、高山市、下呂市の4つの市村からなる場所で、岐阜県の北部すべてがこの飛騨エリアとなる。

そのため、下呂エリアのバイブスは「飛騨高山のソレ」にとても近いのだが、下呂温泉はやはり少し特別感がある波動を持つので、ここではあえて分けて書くこととした。

下呂温泉、この町のバイブスはとにかく浄化力が高いことに尽きると思う。

色々な温泉街へと行ったことがあるが、この街は温泉街特有のちょっと「ハレの日」みたいなバイブスがいい意味で存在していない。

ザ・温泉街みたいな町だと客引きや土産物屋さんが立ち並ぶ！なんていうことがあったりもするが、ここはなんというか、通常通りで、観光客もそこを生きる人も、普通に交わり合って暮らしているのである。

そこにあるのは「普通」「通常通り」、もっというなら「媚びのない」というなんの変哲もない、ただ、プラスマイナス0を感じるような波動。

そのため、観光客をある意味、「財源として見る」ような商売じみた波動も感じないし、そぞろ歩きをしても客引きラッシュに遭うということもない。

川沿いにひっそりと湧く名湯を町全体で守って、淡々と暮らしている、山間の一集落、それがここ、下呂の地の色なのである。

どこか浮き足立ち、喧騒が途切れることのない都会での生活では、全く感じられない「ニュートラル感や自然を生きる」というメッセージ。

または、「地中深くや上空からやってくる共存共生の波動」、そういった都会生活で失われがちなものたちが、この山間の温泉地には（温泉以外にも）こんこんと湧いている気がするのだ。

だいぶ誇張しているように聞こえるかもしれないが、自然や宇宙とリンクした生活・営みがここ下呂の地には、しっかりと共存しているように思える。

足湯の秘密

この町には実に足湯が多い。至る所に足湯が湧いている。

ここで思い出したいのは、昔の人は家に上がるときに足を洗ってから家の中に上がっていたということ。

また、「好ましくない道から更生する」ことを、「足を洗う」と言ったりもするように、「足を洗うこと＝浄化・禊が最も強く発動するアクション」なのではないかと思う。

とすると、この足湯だらけの町は町全体が私たちの中にあるヨコシマな成分を浄化するバイブスに持つ！などとも言えるように思うがどうだろうか。

この町のバイブスの本質は大我を生きることを思い出させてくれる、いわば軌道修正の力。

我欲を滅し、真我《しんが》で生きる。

そんな魂に沿ったあり方へと戻してくれるような力を持つ稀有な場所。

この谷間の町はそれほど大きくはないが、でも、だからこそ、「密度の高い解毒パワー」をチャージすることができる場所だと言えるだろう。

自分の中に二つの自分がいるとき。

Aというプランと Bという考え……どちらにしようか迷ったときに、ここを訪れると自ずと「行くべき方」が見えたりするのかも、いや、それこそ、下呂の温泉で綺麗になった足の方から行くべき方向を教えてくれるのかもしれない。

26

福井県

クリアなエネルギーを持つ場所

福井県と聞いて、すぐに「〇〇の県！」と代表的なものが出てくる人はどれくらいいるだろう。例えば、高知ならカツオ、香川ならうどん、長崎ならちゃんぽん、島根なら出雲大社、などと代名詞みたいなものが各県一つや二つはあるが、福井の場合はどうだろうか？

何も出てこないという方もいるかもしれないが、全然大丈夫。なぜなら福井の最高の「名産」とは実は人や精神そのものであるからだ。

私が感じる福井のバイブスは、おそらく全国でも最強レベルの「達人力」であり「基盤創造力」

というもの。

日本海に面する福井県は雨・雪の多いエリアであり、県の一部は「特別豪雪地帯」となっている。

そのため、エリアによっては雪への備えが道路・家屋・建物等々に必要となる。

そして設備を整えるだけでなく、冬場は雪かきをしたり、凍結対策も必要だ。

コスト・時間・エネルギー等、全てにおいて、「冬を迎える」ということに対し、雪と無縁のエリアの人たちに比べ、段違いの備えが必要なのが、ここ福井なのである。

ただ、そういった厳しい環境は、もちろん人間からすると御しにくいものではあるけれど、人と自然の共生・共存意識や自然への畏怖を生み、それらが自然とのリズムと共に生きる心身をつくり、驕りのない「不動心」を人々に持たせることへとつながるように思う。

また、越冬した大地は雪の白い波動により浄化され、とてもピュアで力強いエネルギーを溜め込んでいる。その土地から生まれた新芽・野菜・花はとてもクリアな香りを放ち、色は鮮やかで透き通り、クリアリング作用の強いものとなっているのである。

要力《カナメリヨク》の高いところ

厳しい自然の洗礼を、毎年のように受け続ける北陸の大地。

歴史を振り返ると実は「縄文遺跡」が発掘されたり、化石がたくさん出土したりと、遥か昔から、ここ福井の地が動物や人が住んでいた土地であったことが証明されている。

当然ながら、今のようにコンクリートのお家や集合住宅等が生まれるもっと前から人が多く住んでいたということは、まさにそこが「豊かな土地」であったという証拠であり、おそらく古代のシャーマンたちや「バイブス」を感じる人たちもきっとなにかここに渦・ヴォルテックスのようなものを感じ取っていたのではないかと思う。

実際に福井に行くとわかるが、海沿いにおいては天気が良い時は遥か遠く湾の先まで見渡すことができ（海からの外敵を見つけやすい）、港湾をつくりやすい海岸線を持ち、海の幸がとにかく豊富（冬の海の味覚たるや！）で、さらに、お米が作れる平野部も多く、川が随所にあって農耕・稲作等にも利用できる。また、背後には山があることから（敵の侵入を防ぐ）、多くの「地の利」に恵まれている場所であることがわかる。

実際に飛行機や鉄道ができるまでは、外国との交易には、一級の港である横浜港、神戸港、博多港、長崎港に加えて、朝鮮半島・大陸との距離が最も近いエリアの一つであるというところから、福井の敦賀港も列されていたという。

歴史を振り返ってもこのエリアは朝鮮半島との交易で栄えており、また、遣唐使の件で空海が祈念した場所があったり、同じく海を渡った導師、最澄《さいちょう》とのご縁があったりと、「貿易の外交の要・要所」であったことが今も市街地に残る史跡等から窺い知ることができる。

この地から感じるバイブスとは、何かを蓄える力、礎となる力、厳しくありながらも「育てていく」力である。

生まれた時からそういった育成バイブスを受けているこの地の民は「社長・組織のトップ向きの性質を持つ」と言えそうだが、実際、データを見ると34年連続「社長輩出数日本一の県」であることから、やはりそういった特性をこの地が持つことは明らかである。

会社のトップになる、起業する、組織を作っていく、ブランドを作る等々、それらは骨が折れる仕事ではあるが、「成し遂げられる」と、多くのエネルギーを生む源にもなる。

まず、雇用、お金、そのエリアの繁栄等々、大きな会社があるだけで栄えた町や市区がどれだけあるだろうか。

実際に福井出身の有名社長、敏腕経営者は多く、私の知人、友人の中でも福井出身の経営者は数名いたりするが、共通しているのは、メンタルがブレずしっかり安定しているだけでなく、シビアに物事を見ることができる眼力に優れる人たちであるということだろうか。

こうやって考えていくと、福井県というのは立志の者を生み出す場所であり、その王国を作る力で、皆を支えていくような人を生み出す波動を持つとも言えそうな気がするが、どうだろうか。

人の世界の営みを思い出させてくれる場所

福井の持つ力。

シビアな眼力や育成力がその根幹にあるものではとお伝えしたが、なにもそれは会社を作るためだけにあるのではない。

この才覚・波動は自分を見つめたり、哲学的な思考やチューニングをするといったことを促すものでもある。

自分に迷う者。自分に自信がない者。

傷ついた体を持つ者。

そういった人たちにはきっとこの地のパワーは強く、深く作用して、自分を発見したり、自分の才能に目覚めるなど、なんらかの化学反応が起こすに違いないと思っている。

最後に、この地からはたしかに京都のような都的な華美さや、東京・大阪・名古屋で感じられる

礎

決して浮き足立たず、現実を見据える。
現実主義的な視点を持ち、
巌のごとくこの世界を支え続ける、
そんな凛とした波動が生まれる場所。

ような流行り・トレンド感といったものはあまり感じられないかもしれない。

ただ、そのかわりにそれらいわゆる「都市部」では感じられないような、圧倒的な地に足がついたような感覚、リアルな人の世界の営み感を体感できる場所のように思う。

幻想に浮ついたきらいがある、どこかゲームやネットの仮想世界に侵食された現代人たちが「人の世界のリアル」を取り戻し、自分たちが肉体という3次元体を持つ存在であることを思い出せる場所、それがこの地、福井なのである。

ここを流れるクリアな空気を体にとりいれ、土地の恵みを味わって、エネルギーに変え、大地からのバイブスをチャージできる場所もここ福井。

北陸・福井とは、「人の世界において大事なことを忘れかけた現代人たち」にぜひとも訪ねてほしい場所の一つであり、人も地球の一部であること、実直に「人の生活を営む大事さ」を思い出させてくれる場所なのではと感じている。

27

佐渡

佐渡島

新潟県佐渡《さど》市。

つまり佐渡島のことだが、ここは「新潟県」の一部といっても本土のそれとはだいぶ異なる空気が流れている。新潟市からは45㎞も離れているのだから当然かもしれないが、ここを一度でも訪れたことがある人にはその空気感の違いをわかっていただけるはずだ。

千年以上昔から、佐渡は都会から文化人、公家等、やんごとなき方々が島流しにされていた場所である。それだけなら隠岐《おき》（隠岐も佐渡も江戸時代においてはともに天領）と近しい島のようにも思えるが、隠岐になくてここにあるのは北前船《きたまえぶね》の寄港地であり、港があったということだ。

北前船とは簡単にいうと、日本海の各地の港を周り、そこで物資の売買を行っていた行商船のようなもの。新潟で米を積み、西日本、北海道で売り、そしてまた関西で鉄を買い、新潟でその鉄を下ろしたりしていた（鉄は燕市に運ばれて製品となる）、当時の日本海側の物流・情報ネットワークを担った存在である。

その港があるということは物資、情報が豊かに行き交い、商人やそれ以外の属性の人たちもこの地に降り立ったり、また、この地から外に出かけたりもしていたはずである。実際、そういった外界との交流があるところは新陳代謝が活発に行われるので、街の機能・役割・存在が廃れていく可能性も減るのだが、佐渡の場合はそれ以外にも隆盛を極める原因があった。

皆様もご存じ、「金山」がそれだ。

佐渡の金山がもたらしたもの&佐渡の特異性

佐渡の金山は、佐渡の存在をとてもユニークなものにしている。400年以上前に金山が開発され、当時の日本では最高となる採掘量を誇ったのがこの新潟の離島、佐渡。

そのため、幕府直轄の天領となり奉行所が作られた。

そして、金山開発に伴う「バブル」によって山師、鉱夫、商人、大工、漁師等々がこの地に集まり、結果、人口も増えて佐渡は大いに賑わっていったという。

また、幕府の天領となったことで佐渡金山のある現・相川地区は武家の色が増し、もともと公家・町人色が濃かった他のエリアとはまた異なる文化圏を醸成していった。そのせいか武家・公家・町人と鎌倉と京都が混ざったような、どこか不思議な融合感を島全体から感じるし、通常の海の町にありがちな港町・漁師の町とシンプルには言い切れない独特の雰囲気を帯びていたりもするのだ。

佐渡は世阿弥《ぜあみ》、日蓮聖人、順徳《じゅんとく》上皇等、貴族や文化人、皇族が流されてきた島である。

そういった経緯から中央の文化が伝わって、島内では独自の都風の文化が育まれてきたという歴史を持っている。

方言や食文化等、色々なところに新潟風というよりも西日本風といった風を感じたりするのもきっとこの流刑地ならではのものであろう。

また、「中央：公家文化」の影響がよくわかるのが能や狂言等を行う舞台がここ佐渡には特に多いこと。なんと最盛期には数百の舞台が佐渡にあったというから実に驚きだ。

繰り返しになるが、この島の豊かさの象徴ともいえるものとして食材・植物の豊富さがある。寒暖の差があったり、潮目の交差点であることも影響するのか、ここでは沖縄から北海道まで、日本全国に存在する植生の実に90%以上が確認されているそうだ。

また、全国的に有名なブリをはじめ、たくさんの魚介・果物・野菜が収穫できる土地特性に加え、近年ではラグジュアリー・リゾート風の宿泊施設が開業したり、都内等で修業し、Uターンしてきた方々によるフレンチレストランがオープンするなどしているので、「地元の豊かさ」を当世風にアレンジしたガストロノミーを堪能することも可能だ。

そういった「豊かさ・本物」があること、また、波動的に色々なもののミックスポイントであること。金山、芸事、豊かな土壌、公家・皇族・貴族が島内にいたということ、直轄地・天領として幕府から大切にされていたという特別感、また、近年では、さどの島銀河芸術祭や、２０２２年にはユネスコの世界遺産に政府により推薦されたこともあり、この土地の持つ光・豊かさ・可能性はこれから、もっと放たれようとしていると感じる。

新時代はよりフラットになっていくとされているが、その世界線ではここのようなすでに混ざる文化を持っていて、さらになんでも受け止める器がある場所は人気を集めたり、もっとフィーチャ

赦

赦すことはとても難しい。
ただ、赦すことや手放すことが出来るなら、
世界はまた違って見えるだろう。

ーされるのではないかと思っているが、さて、どうだろうか。

全てを受け入れる器と許しをもたらすバイブス

最後に、ここを訪れて強く感じられたことは、「ここは許される場所」でもあるなということだ。流罪となった世阿弥も日蓮も数年を過ごした後、こちらを離れ、帰還しているように、なぜか「許される」（そうではない人も当然いた）エネルギーが渦巻いているというのが、この佐渡の特徴の一つかと思っている。

人生には酸いも甘いもあり、また、この世界には色々なタイプの人がいる。

過去で言うと武家も公家も町人もいて、今で言うと色々な属性や性格の人が存在している。気性が荒い人も、繊細な人も、自然好きもお話好きも、ここ佐渡の波動はそれらを、分け隔てなく全て受け入れる。そしてそういった異なる形質を持っているからこそ生まれる人間関係の摩擦や傷、または過去にできてしまったトラウマもコンプレックスも、全てをこの地の波動は癒し、許し、「もう、どうでもいいや！」などと思える境地へと導いてくれたりするのかもしれない。

28

尾張

圧倒的な牽引力を持つ場所、名古屋

日本のほぼ中央に位置する都市、名古屋。

人口の多さや産業の発達具合等から日本三大都市の一つと言われている街であり、このエリア（名古屋経済圏）を代表する企業、トヨタ自動車を筆頭に、一大経済圏を形成している場所である。

日本1位の東京経済圏（首都圏）が3560万人、第2位の大阪経済圏が1990万人、そして、次ぐ名古屋経済圏は1100万人をカウントしているが、首都圏は横浜・千葉・埼玉を含み、大阪県は京都・兵庫・滋賀・奈良を含むのに対し、名古屋圏内の大都市は名古屋のみであるので、逆に名古屋という都市の牽引力・パワーが際立っているというのがなんとも興味深い。

主要経済圏のコア都市として他のサテライト都市群を牽引し、機関車のように先頭車両的に独走できる馬力を持つ名古屋であるが、その力の源泉は一体何なのだろう。

どんな源泉を持っているから名古屋はこんなに一強とも言えるパワーがあるのだろうか。

名古屋の強さの理由、その表現が合っているのかはわからないが、まずはそのあたりを主テーマにして深掘りしてみよう。

名古屋が位置するのは本州中央部の濃尾《のうび》平野。

西には伊吹山、北東には御嶽山《おんたけさん》・乗鞍岳《のりくらだけ》、東には三国山があり、南は海があるという、規模こそ異なるが広島、姫路、岡山、福山、浜松、小田原、東京、鎌倉と同様に、典型的な「城下町」仕様の街である。

名古屋といえば「伊勢は津でもつ、津は伊勢でもつ、尾張名古屋は城でもつ」なる歌のフレーズで有名だが、この「もつ」は保つという意味があるらしいので、やはり名古屋を語ることが尾張エリア全体を語ることにつながっていきそうである。

尾張国とは律令時代の名称だが、その語源は尾張氏が治めていたからとも大治とも小治とも言われるが、はっきりとした由来は不明のようだ。

また、尾張とも尾治とも表記があったらしいが、8世紀には尾張に統一されたとある。いずれにしても、この尾というのはこのエリアのバイブスを表すとても特徴的な文字だと思うので、またこれは追って、後半で書き綴ってみたい。

さて、城で保つ!といわれるぐらいであるから、ここ尾張はお城文化、殿様文化がさぞ強く出ているところなのだろうと推察されるが、実際、このエリアの波動に触れてみると、ここ尾張ほど「格式」とか「お家柄」とか「剛健さ」、つまり、武家的な要素を感じる場所は他にはないのでは?と思われるほど「武家」的な要素が満ち満ちているのである。

ちなみにこの尾張エリアを流れる剛健の波動は、北は岐阜市あたりから南は知多半島の方まで、東は西三河(豊田・岡崎ぐらいまで)、西は揖斐《いび》川あたりまで(ナガシマスパーランドあたりが境目)に流れており、エリア全体に強力な武家波動が発生していることをここに記しておく。

徳川御三家＆神器保有国は伊達じゃない！

歴史好きならすぐに出てくると思うのだが、尾張といえば、江戸時代の名門、徳川御三家の一家！（尾張、水戸、紀州）であり、また、三種の神器の一つ、草薙神剣《くさなぎのみつるぎ》を祀る熱田《あつた》神宮を有する要所でもある。

また、天下人（正確には直前で謀反に倒れた）織田信長を生んだ場所でもあり、また（出生は不詳となっていたりもするが）豊臣秀吉が生まれた場所でもある。そして、あまり知られていないかもしれないが、実は鎌倉幕府を築いた源頼朝もここ尾張（熱田）の生まれである。（しかも正確には熱田神宮の大宮司の娘の由良御前が母君である！）

今の日本の礎を築いた3英傑のうち二人に加えて、武家の棟梁であり武家社会の祖がこちらの出身であり、また、２０２２年現在、日本一の企業トヨタ自動車（売上高30兆円。どこかの国の国家予算レベル）もこちらに根を張る企業であることを考えると、どう考えてもこの地に生まれしものが土台を作るとか基盤を変えていくとかトップになっていくような、何らかのバイブス力学が働いているとしか思えないのだがどうだろうか。

ここまで述べただけでもこの地にはやはり特別なパワーがあるように思うがその力とは、礎を築いていく力ではないかと思う。そしてこの地の波動をみると、まさに龍が天に昇っていくような、昇龍のバイブスを感じるのだが、その中心点となっているのが名古屋から一宮～犬山の一帯である。

一宮には真清田《ますみだ》神社（尾張国一宮）があり、犬山には大縣《おおがた》神社（尾張国二宮）、そして名古屋には熱田神宮（尾張国三宮）が鎮座し、いわゆるレイラインとは異なる、南北に強い龍のような波動が噴出！このあたり一帯に「開拓と拡張と発展」のパワーを振り撒いているのである。

また、この地がそういった龍的な波動を帯びていることを知ってか知らずか名古屋の球団は中日ドラゴンズだし、サッカーチームは名古屋グランパスエイトといって、グランパスは「鯱《しゃち》」のことだし、エイトは名古屋の市章の「八」（末広がり・数秘的にも武将波動）だし、名古屋城には金のシャチホコが乗っているしということで、「武運長久！」の波動がクラブチーム名にも街のシンボルにも、至る所に散見されるのである！

ちなみに、龍的な波動を持つ人（つまり龍に気に入られた人）は波乱万丈、あっちにいったりこっちにいったりと改革者的な人生を送ることが多い。

龍的なバイブスは停滞を嫌う。そのためダイナミックな運勢が連続し、とにかく激しめの人生となることが龍ツキの人の常である。ゆえにドラマやネタにはことかかないのだけれど、それはやはり「土地」にも同じことが言える。

つまり、戦が多いとか変化のトリガーがその地を中心に引かれることが多いとか、革命者・改革者が生まれ落ちるなどが龍エリアの特徴なのだが、ここ尾張はびっくりするぐらいそういった特徴に当てはまっているし、なんなら龍エリアの代表格では!?と言えるほど歴史的エピソードにこの地が関わるケースには枚挙にいとまがない。

また、そういった武系の象徴とも言えるものに剣がある。三種の神器の一つ、邪を切り裂く草薙神剣が熱田にあることもやはりこの地が武系のパワーが強いことをシンボリックに表しているし、熊襲《くまそ》討伐で有名な日本武尊《やまとたけるのみこと》を祀っている神社が名古屋市・尾張エリアには多数あることなどからも（熱田神宮にも天照大神・素戔嗚尊《すさのおのみこと》と日本武尊は祀られていたりもする）、どうしてもこの地と「開拓者・もののふ」要素を切り離して考えることは不可能であると思えるがどうだろうか。（ちなみに残りの二つの神器は勾玉《まがたま》が皇居に、鏡が伊勢神宮内宮にて保管されている）

産業・芸能がとても強いエリア

さて、このエリアがどれだけ猛々しい場所かはおわかりいただけたかと思うが、実はこの地は前述した通り、基盤を整えるとか何かを作っていくような波動を持つエリアでもある。そのため、日本一の企業・トヨタ自動車は超合理的な生産方式や「カイゼン」で有名であるし、また、瀬戸染付焼・常滑焼《とこなめやき》・尾張七宝など焼き物でも著名な窯がたくさん揃ってもいる。

基盤・設計というと、そのものずばりの企業、竹中工務店、大東建託もこの地で創業しているし、英会話のＮＯＶＡやエアウィーヴもこの地を基点とする企業である。

また、この龍神スポットの恩恵を受けてなのかどうかは不明だが、この地の波動の特筆事項の一つにアスリートや芸能関係者（あえて芸能人と言わせていただくが）、中でも「主役級・超脇役」みたいなポジションの人々を多々輩出する、「著名人ヴォルテックス」がある。

参考までにヴォルテックスパワーを受けて昇龍のようになった人たちの例を挙げてみよう。

平野紫耀《しょう》、天野ひろゆき、光浦靖子、玉木宏、松平健、

龍

龍神の飛翔風予報なんていうものがあったなら、
ここにはいつも強風が吹いていると表示されるはずだ。

香里奈、舘ひろし、加藤あい、イチロー、スギちゃん、
武井咲、浅田真央、林修、宇野昌磨、安藤美姫、岩田剛典、
浅田舞、福田彩乃、加藤ミリヤ、キンタロー。、
瀬戸朝香、青木さやか、大橋卓弥、加藤晴彦、
平手友梨奈、中嶋悟、伊藤みどり、
生見愛瑠《ぬくみめる》、藤井聡太、滝藤賢一、佐藤二朗……

どうだろうか？

ある意味、各界を代表する人たちや、主役級のパワーをもつ人々ばかりであったり、その業界・チーム・分野・ジャンルを拡大・認知度を高めるなどした立役者が多いように思うし、またなんとなくだが、「波動的に似ているなぁ」と感じる人たちも多いのではないだろうか。

龍神のエネルギーとうまく付き合っていくために

このエリアの主は龍。それもとぐろを巻く二匹の龍である。

岐阜の郡上の南あたりから南下して長い尾っぽを伊勢湾まで伸ばす黒龍と、豊田・岡崎のあたりから養老・羽島のあたりまで東西にその体を広げる金龍。その二つの龍のボディ・波動が混ざり、独自の「強強」の波動が渦となっている……それが名古屋のバイブスの核である。

そして、龍とは水の化身でもある。

そのため、固まることを知らず、常に広がり、流れ、成長を続けていく。

いわば、「渦であり滝であり川である」流転を促すエンジンのような存在、それが龍である。

龍といえば、日本にはここ以外にあと二つ、龍的な上昇気流が強く渦巻くところがある！ 九州の福岡と首都・東京である。

尾張、福岡、東京、この3つの場所が――個人的にはだが――日本三大龍系波動エリアであると思っており、そして、それぞれ微妙に波動特性は異なるとはいえ、立身出世、社会的な成功という開運ブーストはどこも共通している要素である。

そして、だいぶ前半で出てきた「尾の文字」のくだりだが、このエリアは龍の尻尾も頭も両方が座するエリアであり、また波動的には日本の西からのものと東からのものがちょうど交わるところであるため、二つの波動を混ぜるであるとか、スイッチしていくといった要素を持っていると思う。

つまり、尾張とは「おわり」（終わり）であり、また、大治《だいじ》（治める土地柄）であるとも思っている。

この土地は何かを終わらせていく、つまり、「片付けていく・整理していく」波動を持っているということ。そして、終わりがあるということは始まりもあるということ。

　このエリアの使命は「終わりと始まりを司る」ことなのかもしれないなどとも思う。

　実際、トヨタ自動車は今、富士山麓に「街」をつくっているが、それもある意味、始まりであろう。そういえばかつてこの地を治めていた武将・信長も先代から家督を継いだし、秀吉も信長の後継者となったし、ここは新しいことを始めるパワーを授けられたり、またそういう流れが生じやすい土地なのかもしれないとも思う。

　そして、その変化と破壊の太刀を振るい、古きを改善し、新しきを迎えることは、この地に生まれし人たちの使命といえるものなのかもしれない。

29

伊勢―志摩

天照のお膝元、伊勢！

伊勢志摩は、２０１６年にＧ７の伊勢志摩サミットが開かれたこと、神社のトップ・伊勢神宮があること、賢島《かしこじま》や志摩界隈に有名リゾートやホテルがずらりと立ち並んでいることなどもあり、東海地方随一の知名度を誇る場所ではないだろうか。

実際、この本の読者も神社や名宿を巡る旅等でこのあたりを訪れたことがあるという向きもきっと多いだろうし、三重の県庁所在地は知らずとも（失礼！）、伊勢志摩が三重にあることをご存じの人は相当数に上るはずだ。

今回取り上げる伊勢志摩エリアとは――個人的なバイブス読みで言うと――北は桑名あたりから南は南伊勢町・賢島《かしこじま》、西は伊勢辻山、東は伊勢湾までという非常に広い範囲をカバーする。

また、このエリア分けについてだが、一点興味深かったのは伊勢志摩とそれ以外を分ける境界線上やその付近には「伊勢〇〇」などと伊勢の名前がついている場所・町がほぼ確実にあること。つまり、「どこまでが伊勢エリア」でどこからが異なるのかが地名にも明示されていたというわけである。

　さて、ここからが伊勢志摩についての考察であるが、この伊勢志摩エリアは古より、「御食国《みけつくに》」と称され、やんごとなき方々の食事・食材を献上（正確には朝廷・皇室に貢ぐこと）する役目を持っていた。つまり、それだけ「良き食材がとれる」とか「栄養素に富む食材が育つ場所である」ということである。

　実際、「〇〇牛」とか「〇〇まぐろ」といった感じで1つ2つくらいの高級食材が名産としてあるだけでも「おぉぉ、豪華！」となるのに、ここには伊勢海老、松阪牛、鮑、うなぎ、サザエ、牡蠣……とテーブルの主役になれる食材がズラリと並ぶ！

　また、そういった高級食材のみならず、お茶も生産量では全国3位であるし、お米も西日本では1位の生産量をマーク！　また、なばな、サツキ、ツツジといった花もそれぞれ全国トップの出荷量をカウントしているところも特筆に値するだろう。

　加えて、モータースポーツ界の頂点・フォーミュラワン（F1）も、日本では三重県北部の鈴鹿にあるサーキットで開催されているし、ダイアモンドと並ぶ宝石の王様・真珠、そのトップシェアを誇るMIKIMOTO社の生産拠点、真珠島があるのもここ伊勢志摩である。

　さらに変わり種では、おそらく日本では初めてとなる民間と近隣の6町が協力してできたリゾート・グルメ・リトリートというマルチファンクション性を持つ新しい商業リゾート施設VISONも伊勢志摩の豊かさを表し、これからの伊勢のシンボルとなっていける場所ではないだろうか。

　ちなみにここ、VISONは東京ドーム24個分という広大な敷地面積を誇り、地元の有名無名問わず新鮮な食材やそれらを使った屋台、レストラン、ビストロ、有名ショコラティエ・パティシエのお店やおそばのお店などがずらりと立ち並ぶ。さらには食べ物のみならず、ギャラリーにセレクトショップにアウトドアグッズのお店まで、実に幅広く日本中から集められた良きものたちが陳列・販売されているが、その様子こそまさに美村（ヴィソン）そのものだとは言えないだろうか。加えて、この施設がある多気《たき》町の近くには、伊勢の別宮・瀧原宮《たきはらのみや》があることから、明らかにパワーがありそう！などと感じるのは私だけではないだろう。

こちらはある意味、実験的な場所・試みであるし、まだまだ鋭意拡張中とのことなので、これからどうなっていくのか、とても楽しみなスポットの一つだと言えよう。

話を本筋に戻そう。

伊勢志摩の特徴だが、やはり、ここは「伊勢神宮」があることと猿田彦大神《さるたひこおおかみ》を祀る神社の本宮が二つあること、そして天然のリアス式海岸がもたらす海産物・自然の恩恵が豊かであること、それら3点のヴォルテックスがこの土地のコアエネルギーの輪郭を形作っているが、次項より、それらを詳しくみていこう。

伊勢神宮（内宮と外宮）とダブル猿田彦バイブスのもたらす恩恵

伊勢は神社界の頂点に位置するお宮がある土地である。

日本の政の中心が首都・東京だとしたら、ここは全日本を統べる神様が座する場所なので、いうなれば神様世界の「首都」である。（正式には本宗《ほんそう》という）

また、勘違いしている方もいるかもしれないが、「伊勢の神宮」はあるが、「伊勢神宮」なる名称のお社は存在していない。（ここまで伊勢神宮とは書いてきたがそれはあくまで便宜上であることを了承されたい）伊勢の神宮は内宮と外宮という風に理解している向きも多いと思うのだが、広義では伊勢の神宮とは別宮・摂社・末社等、合計125の社宮を「神宮」と称するのである。

首都・東京に霞が関があり、いくつもの副都心があるように、ここ伊勢志摩には125の神社連が鎮座し神宮結界聖域が形成、それがこの地を日本最高のスピリチュアルサンクチュアリたらしめているのである。

とはいってもやはりその中で圧倒的な影響力、地場を形成しているのは外宮・内宮（といくつかの別宮）、そして二つの猿田彦大神を祀る社、椿《つばき》大神社《おおかみやしろ》と猿田彦神社である。

衣食住を司る神、豊受大神《とようけのおおかみ》を祀る外宮。

日の本の精神、光を司る神、天照大神を祀る内宮。

この2柱たちは日本の物質的な基盤と精神性の基盤を司る存在で、この国の根幹を作り維持し、日の本を日の本たらしめている大神様である。

日本の中心、日本列島を龍に見立てるならば、その龍の腹の部分である「神宮」で連日、神事が執り行われ、神様のご神威がじわりと列島全体に浸潤していることで、この列島全体の衣食住といった物質的なエネルギーが適切に保たれ、また、内宮においても天照大神・太陽神がそのお役目を果たしてくれているからこそ、列島を生きる人々の精神が「陰によることなく、太陽を生きる」ことができるのである。

民間伝承というか誰もが知っている言葉に、「天知る地知る我知る子知る」というものがあると思うが、別段特定の宗教を信仰していなくても、これほど「お天道様が見ているから（〜してはいけ

神

人の作りし世界の理屈＜神の世界の理屈。
逆になってはならぬこと。

ない)」といった強い道徳感、倫理観、いや、宇宙的な心理を誰もが知っているような国は世界でも類を見ないのではないだろうか。

また、ここ日本ではどんなチェーンストアよりもコンビニよりも実は神社の方がその総数が多いことが知られている。

イタリアをアモーレ・コーヒーの国、フランスを芸術とパンの国、トルコをバザールの国、ドイツをビールやソーセージの国とするなら、ここ日本は間違いなくその神社の数からもわかる通り、「神の国」などとも言えてしまうのではないだろうか。

そして、その「神の国」の大元・総本山がここ、伊勢の国なのである。

そのため、人々はそれぞれのタイミングで神宮を参拝し、この土地に流れる天岩戸開きの波動に触れ、本来の道を照らされて「自分だけの人生を生きる」覚悟を決めるのであろう。

また、今では鉄道・バス・マイカー等を使うことによって伊勢は参りやすくなったので1年に一回はお参りするという経営者たちがいたり、芸能人・著名人が節目等に参拝していたりするなど、観光目的と併せて気軽に訪ねることも可能となったが、かつては「一生に一度のお伊勢参り」として、定期的にブームを巻き起こしていたようである。

特に江戸時代のピーク時には1年に３００万人以上が伊勢に参拝したというのだから驚きだ。これは計算すると当時の国民の6人に1人が伊勢にきたことを示すものだから、きっと私たちの御先祖もかなりの確率でお伊勢参り経験者のはずである。

ちなみに今だと都内からであれば電車を乗り継ぎ、4～5時間ほどで伊勢の地に辿り着くことができるが、鉄道がなかった江戸時代においては江戸からは15日、大阪からは5日ほどかかったらしいので、コストの面も含めて相当の覚悟が必要であったことは想像に難くない。そして、当時は特に農民などは移動の自由がなかったとされるが「お伊勢参り」をするとなれば話は別だったようである。

役所も無条件で「通行手形」を発行したし、エリアによっては伊勢講という共同積立金のような伊勢参りをするための互助手段を持っていた地方もあったり、また、旅先でも各種お布施をいただけたりして、実は自己資本がなくとも伊勢まで旅をすることが可能だったりもしたようである。

話を神社と波動の話に戻すが、椿大神社と猿田彦神社には道開き、道案内の神様、猿田彦大神《さるたひこおおかみ》が祀られている。猿田彦大神は天照大神の命令で地上に降り立った瓊瓊杵尊の道案内をして高千穂《たかちほ》へと導いたとされ、その功徳から道開きをご神徳とする神様として祀られるようになったと言われている。

つまりはプロガイド！　それが猿田彦大神のご神徳であるが、実はこの猿田彦大神の力こそが「この伊勢の地のパワーの肝」となる部分であると個人的には思っている。（そのため本宮が2社も設置されている）

万物を育むエネルギー、太陽、利他といっていいかわからないが、広く世界に拡散し、国とか組織とか体制のスピリットを作り上げるエネルギーを内宮が持ち、それに対し、外宮は物質的なところを整え・育み、作り上げていく結実・豊穣・形成のエネルギーを持っている宮である。いわば、2宮で内と外。精神と肉体といってもいいかもしれないが、和合する陰陽のように対の存在となっているのであるが、ただ、「その陰陽和合された高次エネルギー」は一体どこに向けるべきであろうか。

この高位エネルギーのマネジメント・調整・各種ディレクションをするのが、実はこの二対の猿田彦大神のエネルギーであり役割ではないかと思っている。

電気で例えるなら、発電はできても変電所やコントロールセンターがないと各家庭に届けられないように、また、会社組織の場合、社長がいて、資本が豊かでも管理職がいないと末端までイズムや指令が伝達されないように、猿田彦大神がこの「天津神《あまつかみ》」の頂点の力をうまく差配している……というのが私の見立てであるのだが、皆様はどう思われるだろうか。

力はあっても「知恵」がないと、適切に使われることはないだろう。

良い乗り物に乗っていても「地図」がないと、目的地に辿り着くことはないかもしれない。

そういったロスを防ぎ、エネルギーの暴走を抑え、最適なところへと我々を導く、伊勢の裏方、でもとても重要な「要」ともいえる存在。

それが椿大神社、猿田彦神社であると思う。

実際、経営の神様、松下幸之助翁も椿大神社を崇敬神社としていたが、おそらく存命中から神がかり的な導きをいくつも受けていたのではと推察する。そして御大亡き後は松下幸之助社が境内にできたりしていることから、猿田彦大神と御大とのご縁はとても深いものであったと思われる。

伊勢・志摩のバイブスは「歪みのない真っ直ぐな波動」

ちなみに伊勢といえば、きっと誰もが条件反射で「伊勢神宮」と言うのではないかと思えるほど神宮色が強い場所ではあるが、実は三重県や和歌山県など（奈良も）がある紀伊半島には真言宗の総本山・高野山《こうやさん》、熊野信仰の中枢（熊野三山）があるなど、信仰の中心地といっても遜色ない様相を呈していることを忘れてはならない。熊野・神宮・高野山というこれ以上ないほどにメジャーともいえる神社仏閣がその本拠地を構えているということは当然ながらその土地自体が良い波動を持っているということであり、また、その土地に社を持つことに意味があるはず！とも推察可能である。そして神宮に至っては地方に、特に京都などに「元伊勢」と呼ばれる、過去に神宮が鎮座されていたところがいくつかあることから、本拠地選びには相当こだわったことが窺えるが、今の伊勢の地に落ち着きすでに２０００年余りが経過していることから、この土地のパワー・波動が神様もお気に入りであるか、どうしてもこの土地から動けない理由があるか、といったことを想像していただけると思う。

また、信仰の中心地が俗世の諸事から一番遠い場所であるということにも大いに意味がある。人里離れたところへと「わざわざ」出向いていくことで、その道中で人々の心や体から俗世の波動が遠のき、心身の純粋性を取り戻していけること、そして四国遍路でもなんでもそうだが、長い道中を経て辿り着いたからこそ修行みが加わり、ありがたみが激増するというものである。そして、当然だが、神域を人の世界のすぐ隣に置かないことで土地の波動の清浄さを保てるということも忘れてはならない利点であろう。

ロック解除の特効薬としての伊勢参り

この地に生じる大地の気は「猿田彦・天照・豊受《とようけ》・月読《つくよみ》」（敬称略）という大神クラスの存在たちから漏れ出すものであるから、――当然といえるかもしれないが――人間社会の普通とか常識とか当たり前といったものを一切計算に入れない要素を多分に帯びていたりもする。

そのため、人間社会のしがらみや縛りや諸状況に疲弊している、疲れている、束縛されている、呪縛を感じる向きには「最高のロック解除の特効薬」ともいえるバイブスをチャージできるだろうし、また枠を飛び越えて活躍したいとか、才能・才覚を引き出したいという人にも同様に、大胆なホップステップジャンプの機会が与えられたり、本来のレールに戻るチャンスがやってくるなんていうことが起きるかもしれない。

近畿

30

滋賀―琵琶湖

日本一淡水の湖がある滋賀県・近江地方の波動とは

日本で一番広い淡水湖、琵琶湖《びわこ》。そして、そのすぐ西に聳える比叡山《ひえいざん》。

これら二つの重要エレメントをその内に抱える県、滋賀県。

京都、愛知、大阪といった派手なエリアに囲まれているため、どうしても存在感が薄いと言われがちな場所かもしれないが、ただ、このエリアの持つ波動を知ってしまったら、もう「地味」とか「目立たない」なんて言えなくなるはずである。

この地の役割とは……

滋賀の波動。

いきなり結論から入るが、滋賀県の波動、そのコアといえるものは平常心でありフラットなマインド、そして、なんといっても「穏やかさ」であると思う。

もちろん、滋賀県民の方々からすれば、「穏やか？　そんなことないで！」なんて思われるかもしれないが、とはいえ、全国津々浦々を見てきた私に言わせるとこの近江エリア、琵琶湖エリアの波動は他に類を見ないほど「穏やか」なのだ。

そういった土地の風土を醸成するものはなんなのかといえば、やはり、霊山・比叡山と琵琶湖の穏やかな波動、そして東に座する伊吹山であると思っている。伊吹山とは薬草の山とも呼ばれるところで、この地でとれる薬草の種類は二百種以上もあるのだとか。

そして伊吹山の南にはあの「関ヶ原」がある。

関ヶ原といえば、天下分け目の決戦が行われた地であり、歴史好きならもうご存じかと思うけれど、関ヶ原の決戦といえば、小早川秀秋の裏切りが西軍優勢をひっくり返し、1日で勝敗が決したというエピソードを持つ戦でもある。

たった1大名の裏切りが1日決着につながり、そしてそれが「今日の日本」を作ることにつながっていると考えると、なんとも興味深い話だと思うが、そういった裏切りが場の勢力図をひっくり返したというエピソードは、この時が初めてというわけではない。

関ヶ原の決戦から遡ること18年前。

当時、この地・近江を治めていた武将も歴史的謀反《むほん》を起こしたのだ。

その謀反とは本能寺の変、そして謀反人とは明智光秀である。

ちなみにここでは便宜上、謀反としたが個人的にはそれは本意ではないことを書き添えておく。

なぜなら歴史の教科書、歴史の表に出ていることなどは勝者によって後から都合よく作られた可能性も否定できないからである。特に光秀の件に関しては、山崎の戦いにて光秀の首が取られたという文献が存在していないこと、また、謀反の意思はなかったという説、打ち取られずに落ち延びたという説等、諸説あること、そして、究極的には前述した通り「勝者がいくらでも作り上げることができる＝勝てば官軍」となるので、それこそ今で言うところのブロックチェーン的になっていないソースからの情報を鵜呑みにして、ある一節のみに沿って歴史を固定視して語ることは少々ナンセンスかと思うからである。

ちなみに光秀の末裔が書いたという本やそれをもとに描かれた漫画が話題となったり、そして数年前の大河ドラマでも主人公が光秀であったりと、ここ数年は光秀のことが語られることが増えてきた。それらに描かれていた光秀はまさに「平らかさ」を求めていた武将であり、また、「信長」に支えていたというよりは、「戦のない世を作る」といった大義の方にこそ忠実であったように感じる。つまり、信長に尽くしたのではなく、平らかな世を作るという信長の夢に乗っていただけ、といった方が正しいように思われるがどうだろうか。

一武将の天下布武《てんかふぶ》（信長の政策のひとつ）を支えるのではなく、あくまで戦のない世界を作り上げ、平らかな世を目指す賢者、光秀。光秀自身は急成長を遂げる織田家とその家中において、魔王化していく信長に対してなんとかブレーキになろうと努めた唯一の人物ではなかったか。

話が歴史の裏側にずれていきそうなのでそろそろ本筋に戻すが、この地で育まれるのは、琵琶湖の水面のように「綺麗で透き通る、荒波の立たない、平らかな精神でありそのような状態を好む精神」、加えて、伊吹山でとれる薬草たちの波動がもたらす「解毒バイブス」、そして、霊山比叡で養われる仙人のような、達観した宇宙視点であるとは言えないだろうか。

その3点が見事にマリアージュしていくことで世界を高い視座から眺める、言うなれば、衛星のような観察眼や宇宙的な視点がこの地では育まれるのではと思っている。

トレンドやメディア等に流されるのではなく、きちんと情報等を精査し、自分の頭で考える知力。

また、10人中9人が〝yes〟といっても自分一人だけでも〝no〟といえる胆力。つまり、長いものに巻かれることのない「絶対的な軸」のような、迎合しない自己信頼力のようなものを、この地は我々に授けてくれる、そしてそれらをさらに高いレベルへと鍛え上げてくれるように思うのだ。

琵琶湖の周辺には多くの神社がある。特に八幡様系や国津神を祀る神社が多く見られ、その多くは米原《まいばら》、高島あたりから南に集中している。そして神社といえばなんといっても琵琶湖にある一大龍神スポット、竹生《ちくぶ》島を忘れることはできないだろう。

竹生島は彦根・今津・長浜それぞれの港から船で訪れることが可能な島で、それほど大きくもないので、食事等をしたとしても半日もあれば十分堪能できる島である。ただ、そこには日本三大弁才天の一つを祀る「竹生島宝厳寺」、国宝の都久夫須麻《つくぶすま》神社 本殿、八大龍王・遥拝所跡等もあり、島全体が史跡・名勝に指定されていたりもするので、ぜひゆっくりと島内を巡りこの島の龍神パワーを感じていただきたい。

とはいえ、この島の龍神のパワーとはそれほど「荒々しい感じ」ではない。琵琶湖のフラットな水面のように、訪れるものの気分を落ち着かせ、余計なものを取り払い、英知を授けるといったような、静かなヒーリングドラゴン、他のどんな龍神よりもマイルドな波動を持つ龍神がこの地に座しており、滋賀のバイブスの核ともいえる竹生島《ちくぶしま》を護っているのである。

真ん中・中庸へと戻していくバランサー

中庸・浄化・解毒の波動を持つこと。
そして、「知」の感覚が研ぎ澄まされていくこと。

子供が本当に
危険なことをしていたら
制止する親の愛のように、
神の愛とは人の暴走を止める
ブレーキのようなものなのかと思う。
だとすれば、此処は
ブレーキのトリガーがある場所。
神の愛を発動させることの
できるところ。

制

この二つがこの地に流れるバイブスかと思うが、実際、これら二つの波動がバランスよく混ざり合うからこそ、近江商人の「三方よし」という哲学が生まれたのだろうし、足を引っ張ってでも抜きん出る！的なことを良しとしない、穏やかではあるがどこかに厳しい律を感じる空気がこの地に広がっているのだろう。

世の中にある酸いも甘いも、山も谷も、すべてを中和して、「真ん中」というところに戻していくような波動。そしてそういった波動が最も強く感じられるのが、標高約１１００ｍの高さにあるびわ湖テラスやびわ湖バレイだと思う。

こちらは湖の穏やかさとは逆に、天空の神殿といった様相であり、晴れていればはっきりと眼下が見渡せるが、曇っていたとしても雲や霞を隔てて下界を見下ろすことができ、まるで神様が下界を見下ろして楽しんでいるような、ちょっとした神様気分を味わうこともできる。

ラウンジやベンチでコーヒーでも飲みながら読書をしたり物思いに耽《ふけ》ったりすれば、俗世の（下界の）悩みごとなど、なんとも些細なことのように思えてくるから不思議である。

もちろんこのテラスに悩みを吹き飛ばす効果効能があるというわけではないのだが、この圧倒的な絶景＋この世のあれこれから隔離されたところに佇むことで、少々のことであればとるに足らないことのように思えてしまうというのは十分にありえることだと思うのだ。

この世界には、３つのエレメントが存在している。

天・地・そして人である。

その中の二つ、天と地に恵まれし土地、滋賀。

滋に恵まれて祝福されるという字面からも「豊かな土地である」ことがわかるし、ここにくれば天も地も豊かにそこにあることがリアルに感じられる。

ただ、だからこそ、この地は天と地に挟まれたもの、つまり「人」がシビアに育てられる土地であるのではないだろうか。

いうなれば、ここは日本の中の「人間性」育成チャンバー。

とはいっても「偉人が育つ」ということでは決してない。

なぜなら世を変えるほどの偉人・天才が孕《はら》む一種の残酷性とか無情性といったものを「バランスが取れた穏やかな人物、人間性に富む人」は持ち得ないし、加えていうなら傑物の類は一種のアンバランスさを内包するものであると思われるからだ。

ここはその類の天才的な人を育てるフィールドではなく、天と地とつながり、この社会のバランサーとしての役を担う「人間」を育て、輝かせていく場所である。

人が持つ霊性を高め「人間性」を育《はぐく》ませ、天地人の3つの並びを完結させる土地。

それがここ滋賀県・近江の地なのである。

31

京都

古都であるがゆえの魅力

古くは飛鳥時代から奈良や京都は国の中枢機関が置かれ、政が行われ、日本の中心であった場所である。途中、鎌倉幕府ができた際に数十年間、政の中心の座を東へと譲ったことはあったが、1868年に江戸・東京に天皇陛下がお移りになるまで累計千年以上も都であった、いわゆる「由緒正しい、都の中の都」、それが京都である。たとえが微妙かも知れないが、おでんの具の大根のように出汁がしっかりと染み込んでいるものをよしとするなら、今の日本の中で最も「都の波動」が浸潤している場所、つまり、都の風味を最も強く感じる場所とは、東京でも奈良でもなく、京都であると思うし、きっとこの説には誰も異論を挟み得ないであろう。

さらにここ京都は、数多の歴史的なあれこれが起きた土地でもある。歴史書を紐解くまでもなく、数々の戦、疫病、飢饉《ききん》等々、悲劇や事件の類もここでは数多く起きている。なんなら歴史を転換させた有名事件、応仁の乱も本能寺の変もここ、京都で起きているのだ。

また、この街の特徴であり、観光資源にもなっているものに数え切れないほどの神社仏閣がある。

街を歩けば棒に当たるよりも先に神社仏閣に当たるのでは?というほどにこの地には有名無名問わず数多の社が建っている。

そのため狭い路地を行けばミニ社だらけだったりしてちょっとしたタイムスリップ感を味わえたりするし、また、角を曲がれば、すぐ目の前に神社やお寺の入り口が現れたりする。さらに初夏には葵祭《あおいまつり》、夏には祇園祭《ぎおんまつり》、秋には時代祭(+お盆には五山《ござん》送り火もある)が行われ、それぞれの氏子衆も氏神様によくお参りに行くなど、街全体が伝統・祭礼を重んじ、今なお、神様・仏様とのご縁が深く結ばれていることがよくわかる。大都市に住むと例えば隣に誰が住んでいるのかすらわからなくなることがあるが、ここ京都はおそらく街のスケール・都市計画などで伝統が損なわれない程度に最適化されてきているため、伝統やしきたりが他都市ほどは廃れたりはしていない。無計画で無秩序な都市計画を行っていないため、経済的な大発展や都市化を図る上での重要なスケールでもある人口というものについて、数字はたしかに伸び悩んでいるのかも知れないが、京都はどこかそういった目に見える価値よりも目に見えない空気・伝統・習いといったものを大事にしているように思われる。

そして、正しいとか正しくないとここで論じるつもりはないが、そういった京都の空気が作り上げてきた不文律というものがあるおかげで、古き良きものが他に類を見ないほどに保存・管理され、前述の神社仏閣が点在する街並みが醸成されているし、さらに国宝や重要文化財の数も２１４４点と国内２位(1位は2729点の東京都)を誇っているというわけだ。また、そういった「数」に頼るまでもなく、京都の伏見稲荷の千本鳥居の幻想的な景観はきっと旅人の心を惹きつけてやまないものだと思われるし、三十三間堂に見られるような圧倒的な数の「仏」の姿や各禅寺で見られる庭の仏教的世界観、はたまた、京都の代名詞の一つでもある清水《きよみず》の舞台など、さすが世界一の観光都市、何日あっても決して足りることのないほどの観光リソースを持っているのである。

京都の多様性

町家が軒を連ねる中にパッと小さなお地蔵さんがあったり、角を曲がればお寺や古刹があったり、ちょっとした建物や小窓から風流を感じる日本庭園がちらりと垣間見えたり、さらには着物姿の観光客にまじり、本物の舞妓さんが祇園を歩いていたりするなど、電線や街灯がなければ一体今はいつの時代だろうかと思わせられるような光景が街中の至る所で見られる。かと思えば、錦市場《にしきいちば》などに行けばいくらでも立ち食いのお店があり、近代的なファーストフード店もあれば、祇園の川沿いなどにはミシュラン星付きレストランがあったりもする。また、「一見さんお断りの敷居の高いお店」もあるし、貴船《きぶね》界隈まで行けば川床《かわどこ》でお料理に舌鼓！などと、本当に楽しみ方のバリエーションが豊富なのがここ京都であり、千年以上も「都」の看板を掲げていた懐の深さは伊達ではなく、一朝一夕でできたものでないことがわかる。

古くは百鬼夜行に始まり、「あの世の入り口」といわれる六道の辻、どこか裏の意味もムンムン感じる祇園祭、渡来人とのつながりを感じる3本鳥居のある木嶋坐天照御魂《このしまにますあまてるみたま》神社や太秦《うずまさ》界隈のバイブス、明らかに霊的に強いものを感じる蔵馬と貴船、挙げていくとキリがないのでここで留めるが、京都は神社仏閣でもそれ以外でも他の土地に絶対ないようなものが多くあり、その様は世界一の観光地や古都というよりもむしろ、1200年ぐらい前から営業している街の様相をしたテーマパークであり宝探しのオリエンテーリングスポットのようにも思えてくる。

さらに京都には本当にマニアックなお店やこだわり抜いたものばかりを置いている趣味の極みの

ようなお店、はたまた、「老舗中の老舗」（数百年の歴史を持つ的な）が多くあり、お箸やお香や仏具といった京都ならではのものもあるが、それ以外でもかなりニッチなアイテム・分野のものなどもあるので一流のものが欲しければ、京都で訪ね歩いてみるのも良案かと思う。

新陳代謝にも優れることで、新時代仕様にいち早く生まれ変われる街

京都は大学・専門学校が多いので、学生が多く住む街でもある。

毎年、春には全国から多くの学生がやってきて、数年経つと進学や就職等で多くの学生が去っていく。（東京の場合は学生が就職で残ることも多いので、学生のみに絞った新陳代謝率は京都の方が上だと思う）

そのため、観光客の出入りだけではなく、街自体を構成する人員がそれなりの規模で毎年入れ替わっていくこととなるため、街自体のリフレッシュシステム、空気の入れ替えのルーティーンがいい塩梅《あんばい》に作動しているといえるだろう。

ここ京都は古《いにしえ》からの都ということで、街自体のブランド価値がすさまじい。

さらに先祖代々、京都に根を張っている富裕層がおり、生粋の京都人たちがいて、彼らの地元愛が何百、何十年分と十二単どころではないくらいに重なっていることでこの京都ブランディングは進んでいく。

また、京都は国内外にファンも多いことから、内外の著名人の別荘があったり、レジデンス暮らしや多拠点生活者なども多く、それらの層に向けたハイクラスホテル等も多く、常に本物がわかる人々を惹きつけてやまない場所となっている。

粋

１０００年の都のもつ最大の資産とは
実は世界遺産でも文化遺産でも町屋の建物でもなく
粋を理解する心にあると思っている。

世界有数の老舗密集率を誇り、ミシュラン星付きレストラン数が１０８に上るグルメシティであり（ちなみに東京は２０３店）、前述のように学園都市でありながら、世界トップの観光都市などという、「多すぎる魅力」を持つという街は世界広しといえども京都ぐらいしかないのではとも思う。ただ、それでも京都はまだまだ本気や本性を見せていないと感じる。（懐が深すぎて全部見せられないという話もあるが）

それに京都の街中を歩くと時折感じるあの「霊的に異次元に行くようなフワッとした感覚」、あれはどう考えてもところどころに違う次元への入り口が口を開けているからなのかとも思うが、霊的に敏感な方はあの現象をどう捉えるだろうか？

京都は街全体が破壊と再生を繰り返し、バトンをつないできた街である。

平安の昔からそうであったように、その時代時代の風・空気を感じとり、その時々で力を持つ人を取り込みながら街を維持していくというメタボリズムを持つなんとも不思議な街なのである。

そしてそんな京都の街はもう新時代仕様になるべく、動き出しているように思える。

観光都市であるがゆえに、インバウンドがふるわなかった２０２０年以降は相当の痛手を被《こうむ》ったはずだが、そこは千年の歴史を持つ都である。そんな痛手などどこ吹く風で、水面下または表面的にも世代交代やシフトチェンジが進められているように見える。

パンデミックの流行から2年、さすがに多くのこと・ものが変わることはないかもしれないが、それでも京都は過去の時代においてもきっとそうだったように、今も変化のギアを止めることはなく、常にトラディショナルでありながら最先端という自己矛盾ともいえるような、でも不思議と整合が取れてまとまっている「京都らしいもの・京都でしかできないもの」を作り続けている。そして次の時代においてもトラッドでありオルタナティブであり、本物であり、遊びでもある、京都エスプリに富むものを生み出し続け、他の都市では持ち得ない幽玄な空気を醸成し続けていくのであろう。

32

大阪

水の都・大阪

江戸に政の中心が移る17世紀までは近畿圏、京阪神が長らく日本の「コア」であり、文化、経済、流通の中心地であった。

ここではその中の一角、天下の台所と言われた場所、「大阪」を取り上げるわけだが、大阪といえば信長の意思を継ぎ天下統一を果たした戦国武将・豊臣秀吉を真っ先に思い浮かべる歴史好きな人も多いのではないだろうか。

また、大阪は「食い倒れ」とまで言われる美食の街であり、ミシュランガイドの星付きレストラ

楽

人生に喜怒哀楽あり！……

だけど最近は怒とか哀が多すぎやしないか？

もっと喜びや楽しいとかがあってもいいんやで！

ン等も多く存在し、日本の中でもトップ3に常に入る経済圏を持つ大都会である。

大阪は遥か昔（紀元前から）人が住んでいた形跡があるところで、水がある・気候条件がよい・交通の要所である等の理由から、人が集まりやすく生活がしやすかったのだろうと思う。

そうして京や奈良に都があった頃から人がこの地に集まり、集落・村落が形成され、世紀を重ねていくごとに大阪も他都市に先駆けて都市化していったというわけである。

今ではだいぶ埋められているが、かつては多くの運河・水路があり、人々は物流に日々の生活にそれらを使っていたようである。

旅人を乗せて向こう岸までとか、荷物を積んでちょっと堺の方までとか、大阪中に張り巡らされた運河・水路を所狭しと多くの小舟が往来していた、その様子を想像すると今とはだいぶ異なり、なんならもしもっと運河が残っていたなら、今で言うヴェネツィアのような水都となっていたのかもしれないと思うと、現代の都市計画を少々恨めしく思わないわけでもない。

とはいえ、東京でも日本橋界隈の高速道路群などを再整備して、日本橋の上にまた青空を取り戻す計画があったりするように、ここにもまたいつか「埋められたもの」が掘り起こされて、当時のような美しい運河とそこを行く人々の景色が戻ってくるかもなどと、淡い期待を抱くのである。

「心の力」が強い場所

さて、歴史の話はさておき、関西を代表する大都市・大阪の魅力を考えた場合、食にしてもお買い物等にしても「大阪の魅力ポイント」はというと、世界のトップを目指す！とか最高級品を！というよりは、「独自性のある面白いものを」とか「ユニークなものを！」とか、「安くてうまい（つまりネタになる）ものを！」といったところを狙ったものが多いように思う。

大ヒットソング『世界に一つだけの花』ではないが、「No.1よりもオンリーワンを目指す」気質が強く、そのマインドはほぼ、どのような業種においても見られる。

例えば、「歯ブラシからロケットまで」と言われるほど、独自の技術力を持ち、ドラマの舞台にもなるような町工場とそのカリスマエンジニア（職人さん）たち。

そこでしか食べられない、変わり種のグルメを提供する飲食店の数々！

他の町では買えないような面白系のお土産物たち！

またそれ以外にも、街を歩いていても相当オリジナルな格好で闊歩する浪速マダムもいれば、常連になったら（いや、ならなくても!?）「おまけな！」と言っておまけをたくさんいただける定食屋さんとか、なんなら飲食店では隣に座っている人たちも気軽に話しかけてくるなど、まるでここは劇場か？と問いたくなるほどに「ネタ」や「ドラマ」にことかかない街、それが大阪ではないだろうか。

ここで問題が浮上してくる。

なぜ、「そんなドラマが生まれるのか」ということである。

波動的に回答を示すなら、その理由は、「心と体が直結している」と思えるほどに、「心」とか「直感」といえるものが体と直結しているから、であると思う。

心が体とシンクロしていることから、常識とか普通とか枠とか社会軸というものを超えて、先に答えとか結論がどうなるとかを予測することなく、自由に活動することができる。

つまり、ここは「心ファースト」の波動が渦巻くところなのである。

このあたりでは（関東ではあまり言わないはず）仲間・友達・なんなら恋人のことも全て「連れ」という言葉で言い表すことがある。

「連れ」。なんとも便利な言葉で、友達とも知人とも相方とも違う、全てのそういったレッテルを超えた、なんとも言えないほっこり感を感じるのだが、そう思うのは私も西の出身だからであろうか。

そういう横のつながり、特に、自分を中心に近しい人たちを殊更に大事にするカルチャーは、ビジネスや仕事観といったものにも影響を与えている。

そのため、この地では、たしかに数字での結果というのは大事だが、広く「社会での成功・達成！」を目指すというよりは、「目の前の人に笑ってもらう」とか、「家族とか仲間たちに楽しんでもらう」といった感じの、常に心とかエモさの方をより大事にしているように感じるのだ。

例えばこの地を代表するものの一つ、大阪弁は、人によって好き嫌いはあるかもしれないが、吉本新喜劇をみてもわかるように、笑いというかけがえのない「カンフル剤」をこの世に届けている。

世知辛い世の中、厳しい現代社会。そんなハードな世界に生きているからこそ、ここ大阪の持つ圧倒的な「エモさ」「心を揺さぶる力」は、境界を超えて全国で必要とされているのだろう。

映画の主人公のような、ドラマがおこるところ

お笑いとは、実に高度な知的活動である。

ボケとツッコミ。

どちらがわであるにせよ、スピード感や機転を利かす力、そしてキャラ力が求められるからであ

る。

一度動画再生サイト等で0・5倍速再生をしてもらえればわかると思うが、脳がしっかり考える前に間髪入れずに次のフレーズが飛んでくる、あのビート感。あれがあるからお笑いは成り立っているのである。（ゆっくり聞くと面白くないので、ぜひお試しあれ）

そういう意味では大阪の波動とは「ビート感」にあるともいえるそうだ。話の中でのノリツッコミやボケとツッコミに駄洒落など、常に「人との絡み」を意識したコミュニケーションが行われており、ここで生まれ育つと、ある意味、究極のメタ認知スキルが鍛えられるのではとも思っている。

そのためといえるかどうかはわからないが（人口比率的に言うとある意味、当然のことかもしれないけれど）、大阪出身の芸能人、俳優さんは数多く、そういったメタ認知スキルが究極に鍛えられている人が多いからか、彼らは人を感動させる・笑わせることに特に長けているように思う。

さらに前述の通り、ここは「心」のバイブスを持っている土地であることから、「心」をふるわせる創作や芸事に対するアドバンテージがある場所であるとも言える。

そのため、「メタ認知スキル育成の聖地」×「頭の回転を鍛えるビート感」×「心の波動が元来強い」というこの地の特性を生かしたなら、時代を牽引する、誰もが知っている圧倒的なカリスマになれたりするのかもなとも思う。

理解を深めるために、大阪生まれの著名人の名前を挙げてみよう。

和田アキ子、中条あやみ、水川あさみ、高畑充希、
岡田准一、今田耕司、山本彩、aiko、黒木華《はる》、

叶《かのう》恭子、岡村隆史、矢部浩之、小池徹平、大塚愛……

いかがだろうか。

この名前をみていたら、それぞれの代表作とも言える作品やヒットソングが脳内で再生されたりはしないだろうか？

この土地生まれの人、それは芸能人であっても芸能人でなくても、まるで舞台に生まれ落ちたかのようにドラマのような人生を生きることとなるような気がしている。

もちろんそれは波乱万丈になるというわけではなく、大阪が「常に舞台のように活気があって、泣き笑いがある、人情の塊のような波動」を持つからなのである。

33

神戸

神戸のバイブスとは

港町神戸。

関西屈指の「華やか担当」といえるようなバイブスを持つ街であるが、皆様が神戸に持つ印象とはどのようなものだろうか？

ケーキ、夜景、パン、北野、船の形のホテル、中華街？

色々なものを想像されると思うが、神戸とは実に「艶やかさ」がある街であると言うことに関して異論はないのではと思う。

実際、この街は多くの有名なお店が立ち並び、芸能人などもたくさん輩出していて、なかでも「ＴＨＥ華やか・艶やか」といった人たちが突出しているようにも思えるので、そのあたりもきっとバイブスを解き明かしていくうちに明らかになっていくと思われる。

さて、ここは遥か昔より港湾エリアとして栄えた街であったという。遣隋使の時代にはもう港があったというから、その歴史は相当なものであることがわかる。

そしてその後も港湾地区は発展を続け、第1次世界大戦が終わる頃には上海・香港・シンガポールと並ぶ一代港湾都市となっていたのである。

このように外国とのつながりが横浜や長崎と並ぶほどに大きく（横浜はどちらかというと政治・文化的、長崎は宗教や食などで関係が深い）、外国人居留地や中華街ができるなどして、港湾都市にありがちではあるが、マルチエスニックでインターナショナルな空気が醸成されていったのである。

神戸の歴史はさておき、この街の持つ波動、そして性質であるが、この街は「混ざること」という波動特性を持っている街であると思う。

海外の都市、もちろん東京や他の場所を見ても混ざっていないところなどないのだが、どちらかというと地のもので勝負しているところの方が多いように感じられる。例えば、お隣の明石ならタコ、淡路なら鯛といった風に、だ。

だが、ここ神戸は違う。

素材ではなく〝料理〟というとわかりやすいだろうか。

粉物の街だからといって、粉を売っていることがないように、「粉類」を使って、きらびやかなスイーツにしたり、香ばしいパンに焼き上げたりして、10のものを１００にする、そういう「ミックス」にこの街は長けているのである。

人によっては印象は良くないかもしれないが、錬金術、などとも言えるかもしれない。

そういった色々なものを取り込み、自身の魅力にしてしまうような圧倒的な「取り込み力」と「ケミストリーを起こす力」をこの街は持っていると思う。

そのため、中華街も北野の街も港湾地区にあるショッピング施設もビジネス街も旧居留地も、なんなら反社会的勢力の本部も、全てを神戸という大きな器にとりこんでいくことで、神戸の多色的なイメージやブランドを作り上げているのである。

また、ここは魅力を引き出すとか、いいものであればもっといいものに見せたり、拡張したり、拡散させていくという波動もあると思う。

天性のPRの力が強いというか、アンテナの力が強いというか、「いいもの」を見つけてきて、広げる〝インフルエンサー〟のようなパワーが備わっているのがこの街、神戸なのである。なるほど、だからというか、そんな波動があるから神戸出身の人たち、特にモデルさん・俳優さんなどは「キラキラ」の波動を纏っているわけである。

さらに私たち人類や他の動植物もそうだと思うが、「混ざり合うこと」特に「遠い形質を持つものと混ざること」でグレードアップしたり、より優れたものになっていくとされる。

そういう視点で見ると、常に「混ざって取り込んでいくこと」に長けているこのエリアの人々、街などは「優良」なステータスに自ずとなっていく、進化を常に促す波動を帯びているとは言えないだろうか。

停滞、いや、恒常性を持つのが人という生き物であるが、この地の波動を帯びたものを取り入れたり、ここを訪れたなら、人生に躍動がプラスされていくのかもしれない。

神戸が華やかな波動を持つ理由とは？

「街のバイブスを読む」のがこの本のメインミッションであるから、ここからは神戸のバイブスがどのようなもので、どこからきているのか？　それを読むことを試みたいと思う。

人が五感を持っているのは、
素敵な服を着て、
美味しいものを食べて、
絶景に感動するためでもあるのだよ。

裕

実は神戸のこうした華やかな波動、その源泉は「神社にある」と思っている。

東京にも東京十社という、東京の鎮守十社があるが、ここ神戸にも神戸八社（巡り）というものが存在している。

生田神社に祀られる天照の和魂《にぎみたま》の分霊がそれぞれ鎮座するというもので、生田の地を中心に東に西と合計8社、まるで結界を張るかのように祀られているのである。

そして、当然だが天照といえば、「岩戸開き」によって、この地に光を再びもたらすようになった、日本の中心とも言える太陽神。

その天照を祀る神社が生田神社に加え、8社もあり、しかもそれらが連動して街全体に強力なフィールドを形成しているのだから、このエリアに「光」「華やぎ」を感じるのも至極当然のこととは言えないだろうか。

例として、そういった光の波動にあやかっているとされる、代表的な方々をいくつか挙げてみたい。

北川景子、戸田恵梨香、椿原慶子、森山未來、
永島優美、政井マヤ、大橋未歩、平愛梨、平祐奈、宮村優子……

いかがだろう？

すぐにパッと顔が思い浮かぶ、なんとも「キャラ立ちをしている」人が多いとは思わないだろうか？

この地は「引き寄せ、引き揚げ」という波動が強い場所である。

そのため、こうして多くの人たちがその光に吸い寄せられるように、港町神戸を訪れ「光分子」をチャージし、また、ここで生まれ育った人たちもさらなる発展と光分けのために日本各地や世界へと巣立っていく。

そうした循環が常に起こるため、この地からは光が消えることはきっとないだろう。なぜならこの地自体が、天照の力で常に光で満ちているのだから。

34 西宮・六甲・芦屋

西宮エリアは「整える」波動を持つ

この西宮・六甲・芦屋のエリアには、「地盤・基盤・整える・調和・整頓・体・調整」という波動を強く感じる。

実際にこれらの街を散策してみると、街中には整骨院・整体・鍼灸・薬局・漢方医・医療薬事関

整

整った街並み、空間の中に身を置くと、
心も精神も整ってくる。

係といった治す系や、不動産関係、設計・施工、また弁護士・会計士・司法書士など士業の方々の看板が多い。

人口とか1㎢あたりにおける比率で換算すると他の街を大きく引き離すのでは？と、勝手に集計して計算してみたくなるほどに、そういう仕事・お店が多く、また職業特性もあってか、そういった職種の方々、つまり、先生が多いからなのか、この場所には先生方ご用達ともいえるメルセデスとかアウディとかボルボとかポルシェなどが多く走っていたりもする。

そして、街行く人たちのファッションも一昔前風に言うならば、「よそ行きですよね？」というようなものが多く、いわゆる「ワンマイルウェア」を愛用している！みたいな方々はあまり見られない。

そしてなにより、このエリアといえば霊山・六甲のパワーやそのパワーを直に受ける裾野に広がる、いわゆる「高級住宅街」を抜きにしては語れないだろう。

武庫之荘《むこのそう》や苦楽園、六麓荘《ろくろくそう》、甲子園等々、あのあたりは山手に良質な住宅街が広がっているが、当然だがそこには「電車」というアクセス手段はない。

最寄り駅からタクシーかバスとなるが、基本は自家用車だろう。

こういった住宅街論のようなものは、不動産サイトやネット上に山ほどある「高級住宅地」について語ったサイトに詳しいのでここでは割愛するが、ここで語るべき論点は、「ではなぜここが良質な住宅地であり、なぜ波動にこだわる（と思われる）人たちがこぞってそこに住むのか」ということではないだろうか。

ちなみに高級住宅街というのは場所にもよるが、そのエリアに居住すること自体が難しかったりもするものだ。

アメリカのようにただ通り過ぎるだけでも入り口にゲートがあり、居住者以外が入れない区画があるわけではないが、兵庫県の今回取り上げているエリアでは戸建ての場合、一区画が大きく、分割できないので、まず相当なキャッシュや資産や信用がその土地の取得自体に必要であることが、前述の「難しい」ということに該当する。

当然、町内会の付き合い等もあったりすることから、比較的「よそ者を受け付けない」とか「風紀に厳しい」印象もある。（実際に知り合い等もそのエリアにいるが、そういったエリアにつきもののエピソードもちらほら聞く）

そういった「管理意識」があること、コミュニティを良質なものに保とうとする意識やマインドセット、そして「綺麗なもの」を好み、カオスを遠ざける風土・マインドセットが醸成されていること、それが高級住宅街の定義というか雛形のようなものかと思うがどうだろうか。

「護り」の波動を纏うところ

そして、肝心の「なぜこの地がハイステータスな人々から選ばれるのか」ということだが、この地には圧倒的に何かを「護る」波動があるからである。

以前、岩手の項で、山脈が「背骨となっている」、そしてそれがあるから岩手は最高の地盤を持っているとお伝えしたが、ここもまた然り。六甲山地が、このエリアの巨大な杭のようになっていて、自分たちを保護するバリケードのようになっているからである。

また、山があるということは水があり、自然があるということ。

そのため、護り・育てるという波動もまた同時にとても強く感じられる場所であるのだ。

さらに付け加えるなら、六甲の山麓は傾斜がそれなりに強いため、そういったエネルギーの塊が、高密度で街に流れ込んでおり、それが、独特の「西宮・六甲・芦屋」界隈の街のオーラとなっているというわけだ。

また、このあたりは粉物・特にスイーツ・パンが美味しいことでも有名だが、それも西宮に食の神徳を持つ恵比寿様をまつる神社、それも総本宮があることで説明がつく。

そして本物志向で技巧派なお店、なんなら少し派手なブーランジェリーやパティスリー・レストランが多いのも、伊勢系の波動を持ち「頭角を現す」波動を帯びる廣田《ひろた》神社があるからであろう。

類は友を呼ぶものである。

そのため、こういったプロフェッショナル、美食家、美容家等が集まるところには、こだわりの強い方々も集まり、そういった方々が作るエネルギーの渦がこの地の波動をさらに強く、高めていくというわけである。

保管の波動の特性を生かして

ここ、西宮エリアは人と自然が時間をかけて作り上げた要塞のような波動を持つ場所である。

芦屋・六甲・西宮の持つ「護り」のバイブスは、創作等で籠りたい人たち、静寂な時を過ごしたい人たち、アートや家財・コレクションの保管をしたい人たち、代々何かを受け継ぐファミリー、本物志向の人たち、リハビリ目的の人や健康オタクの人たちやリトリートや断食などで籠《こも》りたい人たちにはある意味、理想的な場所の一つだと思っている。

35

奈良県北部

奈良県北部の特徴

奈良、といってもここで綴っていくのは「奈良」県ではなくて奈良市を中心とする奈良県北部のこと。

なぜ奈良県北部とそれ以外を分けたのかというと、奈良の南部や東部、つまり中部や十津川、天川、宇陀の方は北部とはまるで違うバイブスを持つエリアであること。そして、北部エリアの橿《かし》原《はら》・奈良市内・桜井等は千年以上前にミヤコがあった場所特有の古都のバイブスに満ちており、「なにか」が明らかに他の場所と異なるからである。

奈良県自体は国内外問わず、多くの観光客が訪れる場所であるが、「奈良市」に比べると南まで足を運ぶ人は少数派だろうし、明らかに北と南で「訪れる人の気も違う」ように思える。同じ県でもだいぶ激しく異なるバイブスが流れる場所。それが奈良県であり、県北の「ミヤコ風」の波動に比べ、南は「神秘的」ともいえる、まるで違う時空間が存在しているエリアなのである。そういった激しく異なる土地の波動、そして、それらの土地と共鳴する人のタイプも大きく異なるであろうことから、北と南はあえて「分割」してお届けすることにしたというわけである。

さて、ここからが本題の奈良県北部のバイブス・特徴についての話となるわけだが、奈良県北部は新幹線の乗り入れがないなど、京都や大阪に比べるとアクセスの良さという点で劣ってはいるけれども、実は日本有数の人の出入りがある場所である。

例えば、修学旅行や大学等の進学、はたまた、出張・研修・赴任等、この本の読者も上記の理由のどれかでこちらを訪れたりもしたのではないかと思うのだが、いかがだろうか。

奈良の街中には、たくさんの魅力溢れるスポットが点在している。

奈良の大仏や東大寺、奈良公園に、春日大社と、神社仏閣のみならず、色々な見所がそれこそ所狭しと集まっているのだ。そして、ここは言わずと知れた平安京が京都にできるまで平城京なる都があった場所であり、さらにそこから遡ること数世紀前には大和政権の中枢があった場所でもある。都といえば連想されるのは「京のミヤコ」だが、京都が千年以上も長く「ミヤコ」であったため、日本国内でミヤコがあった場所は実は鎌倉、京都、奈良、そして東京と、4カ所のみである。

日本に存在した都の一つ。それがここ奈良である。

その理由とは、やはりこの地には霊的・波動的なにかがあったからでは？　と考えるのが妥当であると思えるがどうだろうか。

よく言われるように——テクノロジーの発達によって感覚が鈍くなっていると指摘を受ける現代人に比べ——昔の人々は土地の波動やバイブスに関する嗅覚が鋭かったはずなので、この奈良盆地の地にもきっと「何かがあったりして」、特別な場所であったとしても何らおかしくはないように思える。

実際、奈良市の南、桜井のエリアにある「三輪山《みわやま》」は山自体が御神体とされる。三輪山とその麓には大神《おおみわ》神社があり、現代においても全国各地から連日、参拝者が押し寄せている超有名パワースポットであるし、橿原の地には橿原神宮と古墳群があるなど、実にこのあたりは特別な波動を持つエリアであるサインがいくつもあるのである。

奈良北部の役割

奈良が古代における都であったとは先ほど書いた通りであるが、「ミヤコ」の役割とはなんであろうか。

都とは国を動かす首脳が座する場所であり、政が行われる場所であり、しばしば経済の中心でもあるが、それらに加え、実は一番大切な都の役割とは、「国・政権を安定させる要素・バイブスを持っていること」ではないだろうか。

徳川家康が江戸幕府を開く際に陰陽師等の指示を受けて、治水（利根川）をしたり、5つの不動をおくなどして、江戸城（＝江戸の土地）を守るようにするなど、鉄壁の、なんなら呪術的ともいえるほどの処置を施した！というのは有名な話だが、「都」の出来やバイブスの高さが国の安泰・安寧につながるといえるほどに要となるものが都の存在意義ではないだろうか。

つまり、国家泰平のシンボルとなる場所ゆえ、戦においては守りやすいこと、また、水に恵まれており土地が豊かであるなど「豊かさ」のバイブスがあることも必須で、また、それら以外に地震等を含め、土地自体を鎮めたり治めたりする役割を持つ場所でなくてはならない。

和

最先端とか伝統的とか、正道と亜流とか、
そういうものを全て受け入れて、
垣根を払い、高い次元でまとめ「和」を生み出す。
止揚という概念があるが、それが一番起こっているのがここ、
奈良の地ではないだろうか。

それでいうと京都はそもそも四神《しじん》相応の風水都市であり、江戸は天海僧正《てんかいそうじょう》によって結界が張られた都市であるし、鎌倉には鶴岡八幡宮や大仏があって地鎮をしているように、それぞれの都はそれぞれの特性にあったやり方で「都作り」をしていることがわかる。

そしてそれはここ奈良の地も同様で、当時、平城京の奥にあった春日大社に、遥か東、鹿島の地で地震封じをしているとされる神様、建御雷神《たけみかづち》を勧請し、主祭神として祀っている。

さらにそこから程近くに大仏を設置したりしていることからも、相当なエネルギーと労力とコストをこの場所の地鎮にかけたことがわかる。

奈良のバイブスを読んでみる

さて、そんな「鉄壁の守り」をみせる奈良のバイブスだが、奈良の波動は都市のそれというにはあまりに優しいもので、ふんわりとした波動がまるでオブラートのように薄いベール状に街中を包んでいるように感じられる。

急かすことも、慌ただしくすることも、利己的になることも合理的になりすぎることも、唯物論に寄りすぎることもよしとしない、自分たちの生活を、自分たちのリズムで過ごすことをよしとするような、超絶マイペースなもの、それこそが奈良という街が奏でるリズムであろう。

そしてそのバイブス・リズムに浸った奈良の人々もやはりマイペースで、どこか「自然の摂理」と共にある感が強い人々が多いように思える。

時代に合わせすぎることをよしとしない、とはいえ全く変わらないわけではない。

資本主義全盛の時代においても、いい意味で「それらになびかず」、太古の昔から伝わる何かをその身にいまだに宿したような、それこそ「着るもの・持ち物」等さえ変えてしまえば、千年前に戻ったとしてもそのままやっていけそうな人々……。

そんな奈良の人々と穏やかな波動が街にあるからこそ、古からの遺産たちが急進派に変えられたり廃棄されたりすることなく、今の今まで現存・保管されてきたのかな、などとも思うのだ。

36

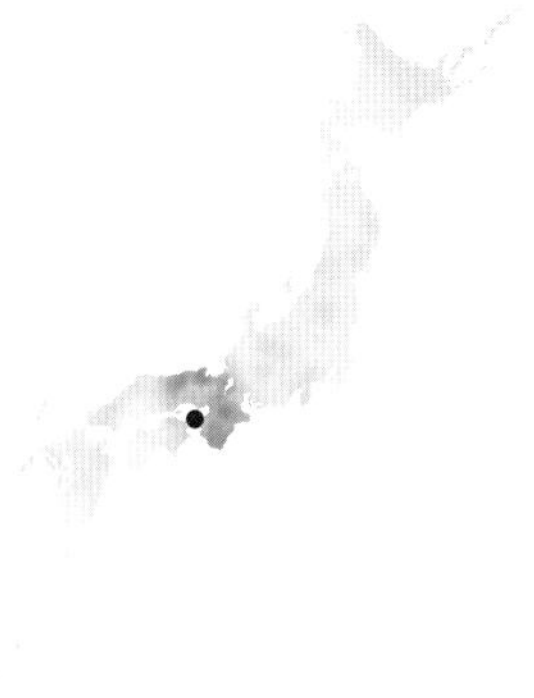

淡路島

国産みのトップバッターの島

国産みの神話によると伊邪那岐尊《いざなぎのみこと》と伊弉冉尊《いざなみのみこと》の交わりによって一番最初に生み落とされたとされる島、それが淡路島である。（淡道之穂之狭別島《あはぢのほのさわけのしま》ともいう）
また、この島は兵庫県に属するのだが、そのバイブスはいわゆる兵庫のそれとは全く異なり、同じ県とはいえないほどの空気感の違いを見せている。

そしてその違いはあまりにも明らかなため、ここを訪れたことがある人なら兵庫≠淡路島の波動という説にきっと誰も異論を挟まないのではと思う。

淡路島はとても不思議な島だ。

本州は近畿圏と四国に挟まれているが、その二つのどちらの文化圏にも属していないように思えるし、また、ここだけにしかない景色や風土が確実に存在している。

淡路島は、2000年に安藤忠雄氏が設計した淡路夢舞台が竣工したあたりから、空気が変わってきたように思う。色々な開発が進み、島の西岸・東岸にもホテル・レストラン等々がオープンしたり、また、パソナが東京から本社機能を移したりするなど、近年、なにかとその名を聞くことが多い場所でもある。

島自体が生きているような温かさを持つ

淡路に来て感じるのは「どこまでも続く、抜けるような青空」と「サンライズもサンセットも、西に東にいつでも拝める太陽」そして「瀬戸内独特の穏やかな海」という、3つのナチュラルエレメントが常に感じられる、自然と共生しているような感覚ではないだろうか。

そしてそれらからもたらされる自然の恵みも圧倒的で、鯛、鱧《はも》、マダコ、穴子、とらふぐ、わかめ、うに、ちりめん、海苔、玉ねぎ、枇杷、レタス、キャベツ、白菜、みかん、トマト、イチジク、淡路ビーフ、素麺……などなど、名産といわれるものにもことかかない。

島内が完全に「内需」のみで回るような環境にあり、ここにいる限りは日本の食料自給率問題などどこ吹く風のように感じられるほどである。

この島は日本に数ある離島の中では、比較的行きやすい方だと思う。

明石海峡大橋、大鳴門橋《おおなるときょう》で本州と四国とつながっていることから便も良く、鉄道こそないが、自家用車、バス、船等でのアクセスが可能で神戸からなら車で1時間ほどで着いてしまうので、近畿圏にお住まいの方々からすると、ちょっとした休暇にパワーチャージにと、絶好のハイダウェイリゾートとなるように思う。

そして、「この島は神話の時代からの歴史、逸話を有すること」からもわかる通り、ただのリゾートアイランドではない。

島の南部にある離島、沼島《ぬしま》を始め、伊弉諾《いざなぎ》神宮、神籬《ひもろぎ》石が座する岩上神社、岩樟《いわくす》神社など、多数のパワー溢れる神社が点在し、また、それ以外にも「ここは特に心地よいなぁ」と感じる、まるで床暖が入っているかのような、「ホワホワする感じ」を足元から感じて、人によっては「エネルギーあたり」をするのではないかと思うほどの高波動が出ているスポットなどが多くあり、島全体がなんとも不思議な波動に満ちている。

それが日本で最初にできた島、淡路島なのである。

淡路島が聖地である3つの理由

前項でこの島は波動が高いとお伝えしたが、ここからはその「波動が高く感じられる」理由について少々考えてみることにする。

まず1つめの理由だが、ここは「日本のオリジン」であることに起因するものである。

普通に考えると、最初に生まれた島（日本最古参）ということだけみても、それなりの年季やパワーがありそうだと考えられそうだし、また、「ただの何の変哲もない場所」に一番手となるべきものが選ばれたとは考えにくい……というところからも、このエリア・島はやはりなにか特別な意味や波動があるのかも!?という風に捉えるのは自然ではないだろうか。

実際、このエリアに来ると「前述のような不思議な高波動を感じる」ことから、そういった波動を後天的に帯びた可能性もあるが、一方で最初からこのエリア自体が高波動スポットであった、もしくは、このエリア自体が「そういった波動」を生み出している場所なのではないかとも推察が可能であろう。

次、２つめの理由は、「鳴門《なると》の渦潮《うずしお》」の存在である。

海の渦、それもかなりの大渦がグルングルンと動いているということは、そこに「動力源」のようなヴォルテックスがあるといえる。

船を動かすにはスクリュープロペラが必要で、エンジンカーを動かすにはエンジンを回す必要があり、発電をするにもタービンを動かすことが必須であるように、「回転のエネルギー」はある特定のエネルギーを生み出すものである。

これは「常識」でもあるので異論はないかと思うが、そんな「巨大な動力」を島のすぐそばに持つということは、この島がその「動的エネルギー」を常に受け続けている場所であるということでもある。

また、「波動は転写するもの」であるならば、長い年月、渦と共にあることで、この島自体もそのようなエネルギーをすでに帯びている存在であるとも言えるように思われる。

最後、３つめの「この島が特殊系であること」の理由、それは島全体から感じられる「祈り」の波動である。

遥か昔の神話の時代から、この島はこの国のオリジンとして崇敬を集める場所であった。

そのため、この島には神社が多くあり、同時に祭りがあり、受け継がれてきたものや精神がある。

また、鳴門・明石に橋がかかったのは１９８５年と１９９８年で、それまでは船でしか人や物の行き来ができなかったことから、結果としてその不便さがこの島に「淡路イズム」を色濃く残すこととなった。今でもこの島の人々は神社に足繁くお参りしたり、山野を綺麗に整えたり、伐採しすぎた山にまた植林を施すなど、山、自然、海への畏敬・崇敬の念が島全体から溢れていることが感じられる。

現代版にアップデートされたアニミズムとは言えないかもしれないが、神様とか仏様とか見えないものたち全般への「おかげさま」精神がこの島全体にＤＮＡレベルで浸透しているように思う。

実際、この島を旅したことがある人なら「不思議と守られている感じ」がするとか、ふわりと、なにかしらのオーラのようなものを感じられたのでは？と思うがどうだろうか。

そして、私自身はそのパワーの根源は祈りであると感じたが、果たして読者の方の体感はどのようなものだろう。

今まで数多くの聖地を訪ねたり降り立ってみたが、ここの波動は祈りの塊のような土地に上陸した時に感じるものと酷似していた。

そのため、淡路島パワースポット説、その理由の３つめとしてお伝えしたという次第である。

起

胎内にいるかのような安心感。
波と風と太陽の自然の三重奏を常に感じられる此処は淡路、
始まりの場所。

天地人の良きバランス

ここ淡路にはしっかりと管理、ケアされている神社、寺、聖地が多くあり、それらは「外からの災害等を防ぐ防壁」となる結界にもなっているが、また同時に人が宇宙や自然のリズムから逸脱することを防ぎ、自然と共に生きることを促す役割を担ったりしているようにも思う。

そしてその機能がいまだに衰えずに、しっかりと働いているところがこの島が多くのナチュラリスト、スピリチュアリストを惹きつけている理由なのではないだろうか。

人、天、地面の3つの要素のどれかが過剰になることなく、バランスよく暮らす。

多忙になり、大きな理《ことわり》が軽視されがちな現代社会において、それら「天地人」の良きバランスが保たれている奇跡のエリア、それがここ、淡路島なのだろう。

37

『紀伊山地の霊場と参詣道』（熊野・吉野・大峯・高野山）

霊場讃歌

白地図ではないタイプの着色された普通の地図を見れば明らかだが、日本はとにかく山が多い国である。本州の中心部には日本アルプス・富士山があり、中国地方は中国山地が山陰・山陽を分け、また、四国も四国山地がその中心にドンと存在しているように、山地・山脈がざっくりと文化圏を分けているなんていうこともこの国ではよく見られる現象だ。

何を隠そう日本は国土面積の約67%が山林という、名実ともに「森の国」なのである。

そのため比較的どのエリアに住んでいても自然へのアクセスが容易であることが、日本の魅力の一つである。実際、休日には山林でのハイキングを楽しんだり、川での行水やフィッシングに興ずる向きも多いだろう。

また、植林、発電（水力）、果樹・きのこの栽培、狩猟など、山林資源を使った経済活動も広く行われていたりもする。ただ、日本中で一カ所だけ、他とは明らかに違う雰囲気・地場を持つ山林・

山岳地帯というのがある。

それが今回取り上げる「熊野・吉野・大峯《おおみね》・高野山の山々」である。（上記選定エリアの該当範囲であるが、北は奈良の桜井、東は尾鷲《おわせ》・伊勢神宮ぐらい、南は紀伊浦上《うらがみ》、そして西は貴志ぐらいまでの紀伊山地の中心部）

日本各地、ほとんどすべてのメジャーなエリアにはその場所を代表する山岳信仰系の神社・お寺等が存在していて、各地の「霊山・御山・霊峰」をご神体としてお祀りしていることはもうきっと読者もよく知るところだと思うが、この奈良・三重・和歌山にまたがる紀伊山地の奥地にある山々はありがちな「ひっそりと地元の崇敬を集める」とかではなく、それこそ世界中から人がやってくるほど強力な、とても強い霊的なヴォルテックスがあるところなのである。


奈良南部の吉野、そして高野山。

この二山は千年以上も前から山岳修験《しゅげん》が盛んだった場所である。

また、平安時代後期には阿弥陀経によって浄土であるとされたことから、紀伊山地の東側の熊野も霊場として整備されてきた歴史を持っている。

真言密教の聖地・高野山、修験道が盛んな吉野、蘇りの土地・熊野三山、また少々位置は東へと離れるが、この半島の海寄りには伊勢の神宮（内宮・外宮・別宮）が座しているのがここ紀伊半島である。このラインナップをみるだけでもう十分にここが「日本の霊的エネルギーセンター」などと形容可能だと思えるがどうだろうか。

実際、こういった紀伊山地の波動がそういった「霊山的なもの」であるから、空海が高野山を開山し、熊野が浄土となっていったのか。

それとも、そういった土地・空間整備がされたからこそそういう波動を纏《まと》うようになったのか、その主たる理由はわからないが、いずれにしてもこの紀州・大和南部にはそういった錚々たるスピリチュアルスポットが多く集まっている。

いくつか例を挙げてみよう。

日本三大弁財天の一つ、天河大辨財天社《てんかわだいべんざいてんしゃ》。

天空の神社ともいわれる熊野三山の奥の宮・玉置《たまき》神社。

熊野の海岸線沿いにある巨大な磐座《いわくら》で有名な花窟《はなのいわや》神社。

さらに磐座といえば三重県南牟婁郡にある神内《こうのうち》神社の巨大なそれで有名である。

ほかにも大小たくさんの神社仏閣・修験の道（熊野古道含め）が残っているのがここ紀伊の深山であるが、では、一体なぜ「富士山麓でも東京近郊でもなく、ここ、紀伊の山々に日本の霊的なエネルギーセンター」があるのだろうか。そのあたりを考察してみたい。

紀伊山地が日本の霊的中心である理由

高野山、伊勢神宮、熊野三山、吉野（女人高野の室生寺《むろうじ》もある）といった聖域・聖地がずらりと揃うこのエリアは、名実ともに日本を代表する高波動のスポットであるが、実はその秘密は地殻にあると考えている。

中央構造線。その名前を聞いたことがある人は多いはずだが、日本を代表する聖地の多くはこの中央構造線の上に鎮座していることはご存じだろうか。

中央構造線は東から鹿島、諏訪、豊川、伊勢、和歌山、鳴門、松山、阿蘇のあたりにある断層のこと。（ただし、プレートの境目ではない）何万年も前に大地がずれて、Aという層とBという層が「深さが違うのにくっついている」ようになっているというのがこの中央構造線があるエリアの地層の特徴で、それは例えるなら、デパートの「婦人服のみの売り場」と「家具の売り場」が同フロアにあって、上がったり下がったりしなくても同じフロアで色々なものが見られるようになった状態などということもできるだろう。

私が主に活動している占星術の世界では、「As Above, So Below」と言われ、「上で起こることは下でも起こる」と言われていたりもするが、逆もまた真なりで、「As Below, So Abobe」だとも言えるように思う。

そのため、「大地」が豊かなところ（1フロアにたくさんの売り場がある＝たくさんの波動がある）には当然、そういった「混ざり合う・バラエティ豊かなエネルギー」が生じるので、生物多様性とか文化、思想等の融合が生まれていくのも必然であり、また、こういったところこそが発展の要・土台となるところであるから、政に関わる立場であれば「率先して押さえ・整える」べきところであると言えるだろう。

中央構造線の規定自体は20世紀初頭なので、千年以上前を生きた空海や祈禱師、学者の類がこの「地質」のことを知っていたかどうかはわからない。

ただ、なんの偶然か因果なのか、弘法大師は丹生都比売《にうつひめ》神社の神領を賜り、高野山を開山しているし（それは彼がリクエストしたものなのか、偶然この地を賜ったのかは知る由もないが）、徳川の御三家は水戸、紀州、尾張と「直上」ではないまでも中央構造線とほど近いところに要となる親藩大名を配置し、また、その親藩大名の御連枝《ごれんし》（兄弟等）を伊予西条藩、信濃高井藩、美濃高須藩、讃岐高松藩に送り、任せていることからもやはり「地質的な要所」に関する意識は当時から伝えられており、当時の人からしたら常識のようなものだったのか、それとも政に携わる人々は霊媒師やお大師様のような人に「押さえるべきポイント」を聞いていたのか……。

謎は深まるばかりであるが、いずれにしても、この中央構造線が走る一帯は「エネルギーが噴出する高エネルギーポイント」であり、発展には欠かせないところであると言えるので、その直上に座するこれら神社仏閣、並びに泉、温泉等々がデパート的な集約されたパワーを持っているのはある意味当然のことなのかもしれない。

また、これは最近よく見かける話ではあるが、日本はその列島の姿を龍に例えられることがある。実際、地図を見ていると「龍らしいシルエット」に見えなくはないが、もしそうなら、ちょうどこの紀伊半島は龍の心臓からヘソのあたり、まさに「お腹」にあたる部分なので、「龍のヘソ＝日本のヘソ」を守るポイントであるとも言えそうである。

前述の「構造線」の話に戻るが、エネルギーが高いところは総じて居住等にお勧めかと言われれば、実はこの構造線の直上エリアはエネルギーが強すぎるため、それなりにメリットもデメリットもあるというのが正直なところである。

人の世界の常識とか普通とか当たり前を超えたその先にいくことができるエネルギーであり、超越的な波動、それがこの中央構造線上に発生するエネルギーである。（実際、阿蘇《あそ》、鳴門（渦など）、伊勢、紀伊山地、豊川、諏訪、下仁田、鹿嶋などはパワースポットで、有名神社も多くあり、超人的な活躍を見せる出身者も多い）

そのため、乗りこなすのが非常に難しいバイブスではあるのだが、「超越者」を目指したり、新

紀伊の山奥にある祈りの聖域。
仏と龍と神が繋がって、
日本列島とその心臓部を護る場所。

聖

天地の開拓を狙うなら、この構造線の上に住んでみたりするのもいいかもしれない。

ちなみにこれは個人的な考察だが、これらハイパワー神社がこのライン上に揃っているのは、このプレートの割れ目を封印する、治めるためだと思っている。

鹿島神宮に行ったことがある人はわかると思うが、あそこには地震封じの要石が埋められている。そして諏訪の御柱も「プレートへの杭打ち」であり、東京、両国の国技館が実は利根川の氾濫を抑えるためにあの位置に置かれていて（だから建て替えはできても位置は変えられない）、お相撲さんの四股踏みによって、大地を踏み固めているとされるように、伊勢神宮や高野山もまた、僧侶・神官たちの継続的な神事・祈禱によって、地鎮を続けているのだと思っている。

龍・仏・神の波動を感じる場所

ヨーロッパ、特に西ヨーロッパの美術館等には世界中の著名な美術品・絵画・彫刻などの多くが集まり、アートコンプレックスとなっているように、このエリアには天川があり、玉置があり高野山があり、熊野本宮・那智がある。そして少し北に行くと龍鎮・龍穴神社があり、丹生川上神社三社があるようにヴォルテックス・波動の泉のような場所がぎゅっと集まっており、一種のスピリチュアルコンプレックスを形成しているように感じられる。

このエリアは前述のように「波動的には霊場のエース格が集う場所」であり、行政的には、奈良県、三重県、和歌山県とそれぞれ隣接こそしているが、不思議と龍・仏・神はそれぞれ異なる県に属している。（奈良に龍・和歌山に仏・三重に神）

また、このエリアは行政的には分かれてはいるが、波動的には三重・和歌山・奈良のどこにも属さない、いや、どの日本の波動にも当然ながら属していない、完全に独立した高波動霊場圏であるとも思っている。

そして、その霊場圏に足を踏み入れると次元のずれを感じることがあるかもしれないが、もちろんそれはキツネに化《ば》かされたとかではなく、こういった波動に触れることで己の何かが書き換わったりするからこそ起こることなのかと思う。さすがに頻繁にとはいかずとも、「下界」とは違う空気を吸いにたまに訪れたりすると自分の中の何かが押され、アップデートされたりする――そのトリガーとなる場所なのかも、と思っている。

38

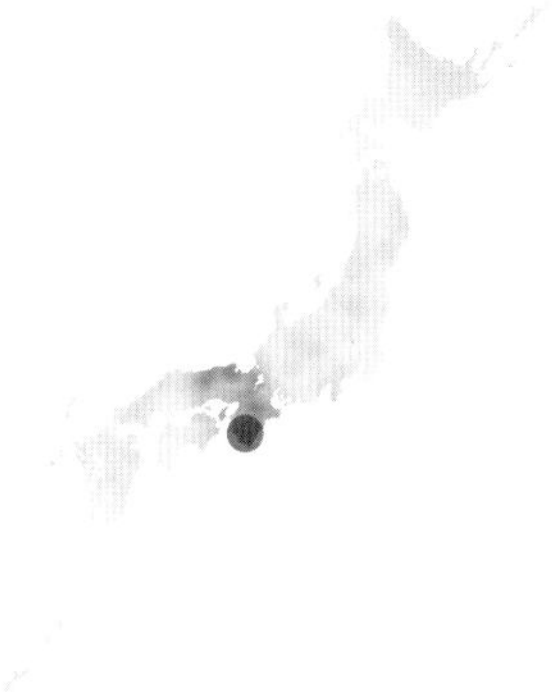

紀州

和歌山市・南紀の土地を読んでみた!

*この項、紀州編で扱う領域は和歌山県であるが、すでにご紹介した高野山エリア一帯は除外す

るので、その点をご了承されたい。

徳川御三家の一つで徳川将軍家のお膝元、江戸時代には親藩大名として中四国・近畿圏を監督するポジションにあったのがここ和歌山県は紀州である。

紀州というとまず何が思い浮かぶだろうか？

みかん？　うめ？　しらす？　じゃばら？

もちろんそういった第1次産業の品々も和歌山が誇る名産物であり、また、陸奥《むつ》宗光《むねみつ》や徳川吉宗や南方熊楠《みなかたくまぐす》も和歌山が誇る著名人・偉人たちであるのだが……。

ただ、そのどれもが「イコール和歌山」とは言い切れないようにも感じたので、はて、一体何がこの地のコアなのか……それをずっと考えていた。

そしてしばらく考えた結果、意外にも、答えは実は最も近いところ、「名前」に見つけることができた。

もともとこの地は大阪とか近畿圏に材木を供給するエリアであったことから、木の国と呼ばれ、それが時を経て紀の国となっていったらしい。

「紀」州の「き」はなるほど「木」に由来するのである。

紀州の本質、波動のコアは木である！

なんていうとちょっと間の悪いギャグみたいであるが、たしかにこの地に感じる波動自体には多分に「木」の要素を感じるので、これはもう降参というか、その事実を認めるしかないだろうと思う。また、木が多いということは、それだけ「気」が多いということ。

ということはである。「紀州」とは木州でもあり気州でもあると言えそうだが、実際（というとまたしてもダジャレみたいだが）――別エリア扱いとはなるが――真言密教の聖地・高野山も紀州の山の奥深くに座しており、また、もう少し進めば熊野三山があり、さらに、天川大辨財天や玉置神社などがあるエリアにもつながっていることなどから、ここは上質な気に満ちた場所で、またしてもダジャレのようだが、なんとも「気がいい・気が多い」場所だと言えそうである。

気州の役割

県の76・4％以上が森でできている和歌山は、県面積における森林面積でいうと全国で6位にランクされる「森の国」である。ただ、ここで気を付けたいのは、この森はただの森ではないということである。

前述もしているが、和歌山市から東には高野山があり和歌山市から南東には新宮に那智に本宮といった熊野三山があるという、聖地中の聖地がこの森にはすっぽりと収まっているのである。

いわば、聖なる森を有する県。

それが和歌山であり、紀州のコア波動とも言えるところなのだろうと思う。

実際、和歌山市には伊太祁曽《いたきそ》神社なる木の神様を祀った神社があり、氏子たちの崇敬も篤く、境内は多くの奉納品で溢れていることからも「木のご神徳が全域に浸潤しているエリア」であることを感じ取ることができる。

木は木でもこの地に多いのは材木用の針葉樹、主に目立つのは杉と檜《ひのき》である。

杉も檜も当然であるが家具や住宅・寺社などの宗教建築に用いられ、特にこの地の、紀州材は色合いが美しく粘りがあるなど質が高いことで有名であるが、ここで着目したいのは針葉樹であること、そして杉も檜も太い幹を持ち「真っ直ぐにズドンと天を目掛けて育つ」木であるということだ。

その面積の4分の3を杉・檜の森林で覆われた紀州。

そしてその森林は、プチピラミッドのような働きをする「木々」でできている。

誤解を恐れずにいうならば、御柱（諏訪の）が数え切れないほどあるような状態ということであるから、この地全体が「上からの気」が降りてくるのはもはや当たり前になっているといっても過言ではないだろう。

日本列島における最大規模の、自然と人間が作りし（植林・造林部分もあるため）「宇宙アンテナ」……それがここ紀州の波動のコアといえるもの。

そういった波動特性があるからかなんなのか、この力は知の巨人といわれた南方熊楠や享保の改革を行った名君・徳川吉宗を生み、合気道なるまさに「既存の武術とは一線を画す」武道の開祖、植芝盛平《うえしばもりへい》、さらには経営の神様といわれた松下幸之助を生み育てた場所でもある。

この地の特性はとにかく「ひらめきを多く降ろす場所であること」にあり、そして、私たちの第三の目であるとか第7チャクラを活性化するものであると思われる。

ここに面白いデータがある。

実は紀州は、全国でも牛肉の消費量がトップクラス！というものである。

例えば松阪とか神戸とか米沢とかであれば、いわゆるブランド牛があるので、贈答品とか、色々な理屈で（地元の名産であるからとか）売り上げが上がるのもわかるが、

和歌山は一時期はダントツで牛肉の消費量が日本で1位だったこともあったりするなど、とにかく肉の消費、特に焼肉による消費が多い場所である。

これはなぜかと考えてみたのだが、実は肉というものを食べることで、上に気が上がりすぎるのを抑え、センタリングすることができている。つまり、陰陽和合、上下合一させるため、肉食が他県よりも多いのではと思うのだ。

この土地の人たちはそういう理屈を知ってか知らずか、半ば自動的に――もちろん元からそういうカルチャーであるというのもあるとは思うけれど、「肉消費」をして気を落ち着かせているのではないだろうか。

紀州のこれから

紀州はいわば、日本全体の「気のタンク」のような場所である。

安芸《あき》（広島）のように芸事・カルチャーの基盤を持つところもあれば、山形のようにリセットのエネルギーの場所もあり、また、千葉のように「王国建設の波動」を持つところもあったりするが、ここ、紀州は「気のパワー」を持つところであるから、鬱っぽいとか、なんだか気が散りやすいとか、慢性的な気虚状態の人には絶好の「気チャージ」の場所ではないかと思う。

また、気弱になりやすいとか、気を使いすぎて疲れるとか、そういう人にもこの地の波動は良い刺激になると思われるので、たまに「ピットイン」しにここを訪れるの良いだろう。

ちなみにこの紀州には、ある特定の神社の数が多い。

それは熊野と祇園系の神社なのだが、その祭神は須佐之男命《すさのおのみこと》であり、復活・再生・厄祓い・無病息災などをご神徳とし、場合によっては風の神とされるなど、「余計なものを吹き飛ばす」波動を持つなどとも言われている。

気

ここが「気」の国だからだろうか、紀州に降り立つと
不思議と上気するように感じる。
自分の周りにあるオーラのようなもの。
それが活発に動き出す場所。

また、風といえばこの地は日本全国でも有数の台風が通過する県である。（台風上陸ランキングでは全国堂々3位。ちなみに1位は鹿児島で2位は高知である）

そのため、風の威を土地全体が帯びていてもおかしくはなく、私の得意とする占星術のセオリーでも「風のエレメント」とは知性・精神性というものなので、ここでも不思議と、紀州は気の国であり、知性・精神性のアンテナをその属性とするというところと合致していくのである。

また、これからの新時代、風の時代は知性の時代・精神性の時代だと言われていることから、和歌山自体がフィーチャーされたり、または、和歌山から「知の巨人」が現れたり、さらには、これからの新しい経済システムや面白い試みなどがこの地から登場する可能性もあるのでは、などと思っている。

または、第二の松下翁のような、名経営者、または発明家がここから生まれて、新時代を牽引していく……なんていうこともあり得ると思うし、また、そういう新時代の天才の登場をどこかで期待したりもしているのである。

39

丹後・丹波

市内以外の京都の波動

世界一の観光都市であり、また、修学旅行や研修やお買い物等で、きっと誰しも一度は訪れたことがあるであろう街、京都。

新幹線で通過するだけでも「五重塔」が見えたり、街をふらりと歩いているだけでどこに入らずとも、巨大な仏教寺院がそこここに散見されたりする、世界に誇る「日本の広告塔」役を担うような街、それが京都であるが、実はこのように全世界にその名を轟かす京都市がある京都府は、北から、丹後、丹波、京都(市)、山城と4つのエリアに分かれているのはご存じだろうか。

特に京都市以外のエリアは「いわゆる京都と聞いて想像するイメージ」とはだいぶ雰囲気を異にするエリアとなっており、のどかな田園風景が広がる丹後・丹波あたりを散策したなら、ここが「あの」京都であることをすっかり忘れてしまうほどである！

亀岡あたりの美しい稜線が広がる田園風景、舟屋が港湾エリアにずらりと並ぶ伊根町、そして圧倒的な静寂さをたたえる丹後の海。

元

元伊勢と元出雲。
二つの「元」があるここ丹波・丹後の地はきっと多くの魂にとって
原点やルーツといえる場所なのかもしれない。

古き良き日本の田園風景がそのまま残っていて、「皆にとっての田舎像を見事に体現している」ような場所、それがこの京丹後、京丹波の地の特徴だと思う。

さて、ここからは京都市から北・北西にある、「ザ・田園」が美しい場所、京丹後・京丹波エリアについて綴ってみたい。

二つの「元」が鎮座するところ

京丹後、京丹波。

この名前を聞いて、「あ～あれが有名だよね」などとパッとわかる人はすごく「旅通」なのではないだろうか。「京都ならわかるけれど、丹後と丹波……え？」となる方はたくさんいらっしゃるのでは？と思うがどうだろうか。

何があるのかわからないと言う方々のために、このエリアにあるものをバッと書き出してみよう。

伊根町（２３０軒ほどある舟屋で有名）、天橋立《あまのはしだて》（日本三景）、
絹織物（丹後ちりめん）、神明山《しんめいやま》古墳、産土山《うぶすなやま》古墳、
大江山（酒呑童子伝説）元伊勢（複数ある）元出雲（亀岡）、
丹波焼（焼き物）、黒豆、ぼたん鍋……

このリストの中で、興味深いのは、元伊勢や元出雲、古墳群がこのエリアに揃いも揃って「在る」ということである。

伊勢神宮が現在の三重県伊勢市に鎮座する前（正確には現在の場所の前に県内の別の場所にも一旦座したが、後年移った）、座していたのがこの丹後・丹波エリアなのである。

元伊勢籠《この》神社・奥宮眞名井《まない》神社、そして福知山・大江エリアにある皇大《こうたい》神社（内宮）、と豊受《とようけ》大神社の4社である。（ちなみに大江町内に、皇大神社、豊受大神社、天岩戸神社がありそれらは元伊勢三社と呼ばれている）

そして、それに加えて南の亀岡に目を向ければそこには元出雲と言われる、出雲大神宮がある。

江戸時代までは実は島根の出雲大社は〝杵築《きづき》大社〟と呼ばれており、江戸の頃に、この神様を勧請したとかしないとか……。そのあたりは諸説あるのだが、いずれにしても元出雲と言われるこの社が現在の出雲大社と関係があることは間違いなく、この社の裏にある磐座の存在感や「神がかり感」は疑いようもないほどに際立っており、このエリア一帯の波動の源となっていることがわかる。

平安京に都が移ったのは794年。

また、伊勢に伊勢神宮ができたのは2000年あまり前のことである。

縄文時代の遺跡がある（平《へい》・竹野《たかの》）ことや、その立地条件から、おそらくはこのエリアは渡来人との交わりがあったこと、つまりは京都に「都」ができるよりも遥か前から、この丹後・丹波のエリアは「元伊勢」なるところを中心に人々の営みがあったことが推察できるのである。

今日の京都はたしかに華やかで艶やかであり、京エリアの中心地として栄えているが、実は2000年前には、こちら丹後・丹波エリアが人々の生活の中心であった！などというと、なんだかこのエリアにぐっと興味が湧いたり、古の都の波動を感じてみたくなったりはしないだろうか。

とはいっても、都というのはあくまで形式的な話。

縄文時代の「中心」地というのは、きっと平安時代のような規格整備がされた都市という感じとは程遠く、おそらく「祭祀」がいて、史啓、神託を降ろしやすい磐座や霊山や巨木があってその周囲に村落が広がっているという感じであったはずだから、巨大な「ベースキャンプがあった！」という風に捉える方がリアルな姿にも近く、また我々にも想像がしやすいように思う。

　もちろんこれも私の推察・想像に過ぎないのだけれど、とはいえ、日本中で見つかる縄文時代の貝塚や古跡の周辺には必ずと言っていいほど「磐座」的なものがみつかるので、彼らは山や丘を切り開き、整地をして住んでいたというよりも、ジブリのアニメでいうところの「ナウシカ」とか「もののけ姫」的に、山を含め、自然と共生してきたのではないかと思っている。

　この地、丹後・丹波もきっとそういう共生を極めたものたちがすみついて、伊勢や出雲の大神たちをお祀りし、その高貴ともいえる波動とともに日々の生活を営んでいたのではないだろうか。

清浄のバリアと岩戸開きのエナジー

　このエリアを訪れて思うのは、とにかく波動のクリアさが際立っているということだ。世俗的なものがほとんどないから最初から空気が綺麗な感じになっているのだろうと思ったりもしたが、実はそれだけではなくて、外からくるものに対してエネルギーを中和するような綺麗な波動バリアが張られているような感じもこの地からは受ける。

　でもそれはこのエリアに世俗的なものがあまりないから張られているのか、バリアが張られているから、世俗的なものがあまり入ってきていないのか。どちらが先かはわからないが、いずれにしても、「クリアリングをする」波動がとても高い場所であるので、ここにくると、霊的に敏感な人、波動的に敏感な人は、俗世でついてしまったなんらかの垢や余計な波動のようなものが削ぎ落とされていくのが感じられるだろう。

一方、憑依体質の人、誰かのマインドがなかなか抜けない、自立できないといった人、さらに、自分のものではない波動を纏う人、自分のものではない考えがインストールされている人（家族とか親類とか先生とか恩師とか）が「岩戸開き」をする、つまりそう言ったものたちからの解脱を図りたい時にもここの地の波動はとても有用だろうと思う。

この土地を訪れて思ったことは、縄文時代のある時期に日本で一番栄えていたのは諏訪・八ヶ岳エリアだったとされるが、きっとここもその古墳や貝塚等の数や規模、そして海上交通や大陸との近さから、また異なる時代かもしれないが、おそらく過去にはそれなりの大きさの集落や街のようなものが形成されていたのではということである。

ということは、だ。

きっと諏訪エリアや、ここ丹後・丹波エリアや、はたまた東北（青森など）や、北九州といった縄文時代の遺跡・貝塚・集落跡が多く残るエリアに我々日本人のルーツのほとんどがあるのでは？とも言えるのではないかと思うのだがどうだろうか。

近年、やれ八ヶ岳だ、山陰（中国地方の山間部含む）だ、福岡（糸島）だ、と移住者が全国的に増えてきているが、よくよくその動線・行先を辿れば、「古代に栄えていた場所」、おそらくは各々のルーツがありそうなところに回帰して行っているのではと思えたりもする。

動物には家とか家族がいるところに——たとえそれが何㎞離れていたとしても——帰る能力、「帰巣本能」というのがある。

人間も動物の一種であるので他の動物のように家族や住まい・住み慣れたエリアに戻っていく力を備えていると思うのだけれど、それ以外に、人間は霊長類でもあるので、「本来いるべき場所とか魂のルーツ」のような場所に帰るような力が備わっているのではないだろうか。

そのため、そういった「帰巣本能」が高い人たちやそういう感覚が蘇ってきた人たちは、魂のルーツ、かつて慣れ親しんだエリアに呼ばれて「帰って行っている」のではと思っている。

そして、そういった人の持つ霊的感覚にとても強く作用し、帰巣本能を刺激しているのが、ここ、丹後・丹波エリアなのだと思う。

だから、人はつい籠神社に行きたくなったり、眞名井さんのお水を飲みたくなったり、天橋立を見たくなったり、丹波篠山《ささやま》でぼたん鍋を食べたくなったり、なぜかやたらとこの地に呼ばれているように感じたりしてふらりと訪れたり、なんなら人によっては移住したりするのではないだろうか。

過去からの鎖を供養・浄化する場所

また、この地を訪れるその理由に「過去にこの地に暮らした（転生する前の）自分や自分の過去生における家族、つまり、自分のＤＮＡの出所に対する供養であるとか、過去生の家族たちの墓参り（実際のお墓はなくとも）に来ている」というものもあると思う。もちろんそういった事情を参拝者自身、つまりここを訪れる旅人が感じることも思うこともないとは思うのだけれど、少なくとも霊的・魂的には、不思議とスッと呼ばれて、ここを訪れているように感じられる。

きっと「過去の時代にここに生きた先人たち」でこの地に祀られている霊魂たちは、ここを子孫が訪れることでさらに供養が進んだり、赦されたり癒されたりして、次のステージへと進んでいくことができるのではないだろうか。

そして、そういった先人たちの供養を済ませることで「家柄に付随するカルマ」とか「家庭の縛り」とか「過去生からずっと続けてきたパターン」のようなものを手放し、リリースすることができ、現世を生きる我々は過去に縛られることなく、前を向いて進むことができるようになっていく。

多くの人にとっての魂の故郷。

そして、ここは訪れるだけで己の中の封印の扉、「天岩戸」が開く場所。

また、人によっては「魂のルーツ」を見つけることができる場所でもあるかもしれない。

それがこの京丹後・京丹波エリアのバイブスであり、またこの地が果たすべき役割のようなものと思っている。

39

40

城崎温泉

浮世離れした世界へようこそ

城崎《きのさき》温泉。

日本には有名無名問わずたくさんの温泉街があるが、江戸時代から存在する温泉番付によると城崎温泉は大関（時代によっては小結のことも）に格付けされる西日本屈指の名湯だ。

温泉街というとすぐに、道の両脇にずらりと温泉旅館が並ぶ光景や浴衣を着た人たちがお土産物屋さんに立ち寄ったりするのを思い浮かべる人も多いのではと思う。城崎にももちろんそういう光景も見られるが、ここ城崎はいい意味で「温泉街あるある」を覆してくれる場所でもある。「城崎温泉」と駅名にも温泉がついてはいるが、「温泉推し」以外にも多種多様な魅力を併せ持つ街なのである。

仕事柄、日本全国を回っているが、観光で栄えた場所には特有の「地元の方用のエリアやお店と観光客用が明らかに分かれている」印象を受けることがある。（イタリア、フィレンツェに住んでいた際、明らかに観光客用のお店と地元の人が行くお店は違っていたし、また街全体がそういう棲み分けを容認というか、当たり前のものとして認識していたように思う）この街、城崎では地元の人の生活の中に観光の要素や見所等々がスーッといい感じに紛れていて、とても自然にそこを訪れる人とそこに生きる人が交ざり合っている。

また、その境界のボケた感じ、「融合」具合は車道にも感じられる。

例えば、街の中を車も通りはするが、その主張は控えめだ。

道路は「歩行者天国」みたいな感じになっていて、人は、車が通れば（もちろん徐行で）ささっと避け、車が過ぎ去れば、自分たちのペースでぞろぞろ歩く、といった具合に。歩道と車道の境界すら「融合」し、どちらが上とか下とかがなく、お互いに譲り合いながら共存していることにヒューマンセンタードなマインドを感じるし、他所では起こりがちな文明の利器が人のペースを侵害していること（つまり車が我が物顔で走っていたりすること）が全く起こっていないことに驚きを隠せなかったし、他の観光地も「かくあるべし」とすら感じたものだ。

街全体を流れる、急かされることのない、ゆったりとした感じ。

おしゃれなカフェがいくつもあり、街には外湯と言われる立ち寄り温泉が7軒もあって、そこを地元の人々と観光客が行き交う。

そしてBGMは、川のせせらぎとカランコロンという下駄の音。

街自体が持つ絶妙な塩梅の浮世バイブス。

そうして旅人は、今日もこの隔世の世界へといざなわれていくのである。

文

文人たちが愛でた土地を今もそのまま味わえる場所、城崎。
新しい時代の文人はこういった
風雅を感じるところから生まれてくるのかもしれない。

無垢な街・クリアな波動

ではそろそろ、城崎のバイブスを読んでみることにしよう！

城崎をはじめ、豊岡エリアから感じるバイブスは「アーティスティック＋インテリジェンス」というもの。城崎温泉は志賀直哉をはじめ、多くの文壇人を引き寄せており、豊岡市、福知山エリアからは芸能・人文系のバイブスが強いのか、芸人さんをはじめ、「人前に出る、頭角を現す」人たちを多く輩出している。

そして、このエリアの特筆すべき点に、「純真無垢さ」がある。

豊富な水と日本海側特有の風。

この二つの要素が常に、この地に「循環」をもたらし、空気をクリアに保ち、そしてその恩恵を受け、人々の波動も必然的にクリアに、いや、無垢のままでキープされていく。

ここ城崎は陸路だと京都等から特急で来るか、山陰本線を鈍行で上がってくるか（またはマイカー）しかない、ちょっとした僻地感がある場所だ。

ただ、この「陸の孤島」のような場所だからこそ下手に開発されたり、荒らされることもなく、今までこの独特のオリジナルなバイブスを保ってこれたのではないだろうかと思う。

「デキャンタージュ」する必要がないほどに「淀みがない」純真無垢さが特徴的なバイブス。

そのため、このエリア生まれ・育ちの方々はとても「ピュア」で「真っ直ぐ」な人が多いように思うのだ。そして、この地を愛した文壇人たちも、きっとそんな城崎の純粋性に惹かれていたのかもと思っている。

中国地方

四国

41 鳥取県

鳥取を代表するもの

訪れた先の土地について、突っ込んだ質問を含め、色々聞いていくのが私の趣味であり、ライフワークの一つである。

実際、旅先では色々なものに出くわす。

見たことがない食べ物や言葉や景色に出合い、五感がフルに刺激される。

それが旅の醍醐味であり、また旅をする意義でもあると思う。

今回ご紹介するのは山陰地方・鳥取県だが、この地方出身の方々に「鳥取ってどんなところですか？　何がありますか？」と聞いたところ、半数の人は「何もないところだよ」と言っていたのだが、本当にそうだろうか。

47の都道府県はそれぞれ少なからず何かを持っているものだが（香川県＝うどん、岡山＝フルーツ、大分＝温泉など）、「はて、鳥取には何があったかしら？」と、この地に足を踏み入れる前までは、大変失礼な話ではあるがそう思っていた。

実際のところ、この地には二十世紀梨に砂丘にカニに……と、名物といえるものがたくさんある。そして投入《なげいれ》堂とか大山《だいせん》とか、観光地といえるような「名所・名刹・名物」も多く、海があり温泉があり山があり食も豊か！と、実はとても楽しみの多い県なのである。

ただ、どうしてもそのどれかを「＝鳥取！」といえるほどの「鳥取の代名詞」とするには何かが足らない気がしていた。

そしてそういった鳥取の代名詞が見つからないもやもや、不完全燃焼感について、一体なぜそれがおこるのかを、ただをひたすら考えていた。

鳥取の波動

鳥取県のバイブス。それをじっくり味わってみたら、その「＝鳥取」となるものがすぐに見つからなかった理由がわかった。

なぜなら、ここはパラレルワールド的な空気や時間が流れているところであり、その空気感こそが鳥取の味、特色であるからだ。

よく映画などで――『ハリー・ポッター』シリーズなどを思い浮かべていただくとわかりやすいだろうか――次元の扉が開いて別の世界線にワープするようなシーンがあるが、まさに鳥取はあの扉の向こう側にある世界線で存在している場所だと思う。

鳥取に降り立つと感じるのは、まさに『千と千尋の神隠し』のトンネルを越えた先であり、ラピュタの空中都市であり……といったような波動であり、他のエリア、例えば近畿圏とか首都圏とか中部圏とかで流れている俗世・浮世のそれとは、全く異なるものである。

　この地に降り立つと、俗世感が「いい意味で全くしない」、なんとも不思議な、どこかふわふわした世界線に入ったことがわかる。

　とはいえ、街中には誰もが知っているコーヒーチェーンもあるし、ファーストフード店もあるし、走っている車も有名メーカーのものばかり。そしてそういう日常使いのものたちや風景に「異世界感」があるわけではないのだけれど、ここを流れている空気は何かが明らかに「パラレルワールド的」であり、首都圏のそれをメインチャンネルだとすると、ここのそれはサブチャンネルといったような、なんだか裏面の世界をのぞいているような感じがするから不思議である。

　鳥取の隣県、島根の話となるが、東松江・揖屋《いや》のあたりに「黄泉比良坂《よもつひらさか》」という場所がある。神話の世界でも語られている通り、そこがまさに「この世とあの世の狭間」的な要素を持つ場所で、ハリー・ポッターで言うところのキングズ・クロス駅の「PLATFORM 9 3/4」であり、千と千尋でいうところのトンネルの入り口なのだろうと思っている。

　そして、その波動は山陰全体をかなり広範囲で包んでおり、当然ながらここ鳥取も例外ではなく、この地の波動を常世と浮世の間のようなものにしている……というわけである。

「何もない」などということはない、
「こんなに大切なもの」がある場所

　鳥取県は、日本で一番人口が少ない県だ。

　だが、その常世《とこよ》と浮世《うきよ》の狭間にある立地からして、人ではない波動がたくさん流れているので、

「人が少なくて寂しい」という感じは全くしない。(税収的には寂しいかも知れないが)

むしろ、人以外の地球成分というか宇宙成分のようなものが空気中に多い気がして、どこか大いなる安心感に包まれるような感じすら覚える。

また、人の気によって(雑踏とか)自分の気が淀んでいくような感じがないので、ある意味常時クリアリングされた状態で過ごすことができるという、全国でも他に類を見ない「圧倒的なクリアさ」がここにはある気がする。

澄んだ水をグラスに入れてみるとどうなるか。透明度が高いことから、きっと水は見えずに向こう側の景色が見えるはず。

鳥取県に「何もない」と感じるのは、つまりはこういうことなのだろう。

「澄みすぎていて何もないように見える」だけで、実はそこには超純粋な空気・波動がたしかに存在している。

そしてそういう色のついていないクリアなものは残念ながらというべきか、「売り物にしようがない」ので、名産にもならず、こうして「何もない県」というような評価を地元の方々が自ら下しているという状況に陥っているというわけなのである。

常に保たれるクリアネス

鳥取の「クリアネス・無色性」を伝える例として、名産・名所をいくつか挙げてみるが、実際、それらにこの土地のバイブスの特徴が表出しているので、まずはこちらをご覧いただきたい。

らっきょう・砂丘・梨・因州《いんしゅう》和紙・松葉ガニ・白イカ・あえて加えるなら因幡《いなば》の白兎《しろうさぎ》。

透

ノイズレスな世界に来ると、
普段は控えめな「本当に大事なものたち」の
声が聞こえてくる。

……おわかりだろうか。そう、この地に流れる波動の色とは「白」。白とは浄化力の高い、純潔を表す色である。

この地に白を特徴とする名産が多いのは、この地の波動が「透明であり、白い」から。

そして白とは、「修正液」とか「消しゴム」によって色味を消していくことができるように、また洗濯でも「漂白」したり、「白紙に戻す」という言葉もあるように、浄化・禊《みそぎ》・リセットを表す色・波動でもある。

また、この地はその砂丘の起こり（成り立ち）からも、さらには海岸線沿いに風力発電のブレードが回っていることからもわかる通り、風が強い場所でもある。

そして、その風も「風化させる」などと言われるように、無に帰すような働きを持つ要素であるから、この地に流れる波動とは、「余計なもの・空虚なものを無に帰すような、大いなる循環の最後の役割＝リセット役」を担うものなのではと思うのだ。

もちろん、これら以外にも鳥取の名産・特産はあるが、やはり、神話の中で因幡の白兎も大国主によって肌・毛を再生させられたように、そしてその大国主自身が兄神に殺されたのちに復活した、その再生神話の場所・赤猪岩《あかいいわ》神社がこの地にあったりするように、さらには、三朝《みささ》温泉のような「キマる」湯質を持つ温泉があったりもするように、この地には再生とか0に戻るとか、「始まりと終わり」または癒しや再生を示す場所が多くあったり、また、復活を司るような波動が流れているところも多い。

そして、そういった風が常に吹いていること、人よりも自然の勢力の方が強く、霊的なオートファジーが常に働いていて、「俗世へ常世」のバランスが保たれていることなどから、鳥取とは全47都道府県の中で最も「物質的なところはたしかに欠けるかも知れないが、それらを補って余りあるほどにクリアな波動」を持っているエリアであるといえるように思う。

自分ってなんなんだろう?とか、自分らしさって?とか自分に自信がないとか、人間関係で疲れ切っているとか、変な気がついているように感じるとか……そういう悩みを持つ人は一度この地を訪れてみるといいかも知れない。鳥取の圧倒的な自浄作用を持つ気に触れることで、「漂白」されて、すっきり・しゃっきりすること、まちがいなしである。

42

雲州

神の国・雲州

実は初めて聞く!という方もいるかもしれないが、雲州《うんしゅう》とはどこのことかご存じだろうか。

雲州とは、出雲《いずも》の国、つまり現在の島根県東部、出雲市を中心に奥出雲、松江、安来《やすぎ》、大田の一部あたりのことである。

松江は言わずと知れた島根県の県庁所在地で、松江城のお堀を小舟で遊覧することもできたり、

42

結

みえないものとみえるもの。
この地の役割はその間に在りて
それら二つのご縁を繋ぐものなり。

お茶文化が栄えるなど、いわば山陰文化の中心地。

そして出雲はといえば、年に一度の神様の会合が行われる「神様会議」や「縁結びの神さま・大国主命《おおくにぬしのみこと》」が座することで有名な出雲大社がある場所である。

また、特に出雲地方に顕著だが、このエリアは本当に天気がコロコロ変わる。そして当然その雲や天気の動きによって見える景色もまたコロコロ変わる。「八雲立つ」なんていう言葉もあるように、雲の景色が本当に豊かなところである。

そのため、雲州という名前もなんだか「わかるわかる」となるのだが、実は出雲という名前は別の語源によるという説もある。出雲の「イツ」は神威を現して、「モ」とは「モノ」のモであるというのだ。

この説を採用するなら、直訳すると神のもの、もしくは神がかり的なものという風になるので、まさに雲州とは神の国であるとは言えないだろうか。

「縁結びの国」というブランディングが島根県、特に出雲地方では大いに謳われているが、なんていうことはない、縁結びどころか神様の神威が全雲州エリアに広がり、なんなら訪ねるだけで整い、色々なご神徳が得られるエリアで、エリア全体が神社のような場所なのである！

山陰・出雲は霊主体従へと己を整えるためのチューニングスポット

また、島根や鳥取という山陰エリアを訪れたことがある人はわかると思うけれど、このエリアの景色は山陽地方や関東・中部・東海・四国・九州のそれとはだいぶ異なる。あえて類似しているところを挙げるとすると、東北の一部とか北陸の一部とかであろうか。

街に行っても郊外に行って自然に包まれても、どこかに大いなるものの存在を感じるというか、不思議な安心感のようなものが感じられる。

それはやはり太古の昔からこのエリアの人々が土地の精霊を信じ、神社をつくるなどして土地神を敬い、土地全体に結界が張られているからだろうか。

そのため、ただの野っ原を見てもこのエリアでみるそれは〝ただの野っ原〟ではなく、なんというか、神々しさを感じたりすることすらある。

さらにいうとこの地は、日本有数の過疎エリアである。

島根・鳥取は、下から数えた方が早いといえるぐらい人口が少ない県だ。（2021年の調査では46番目と47番目）

そして、人口密度もそれに連動し、下から5番目と11番目となっている。この統計結果だけみるとなんだか人も少なく寂しい県のように感じるかもしれないが、そんなことはない。なぜなら、この地は人と人の距離が適度にあり、また、土地も広くパワフルな神社も多くあることで、人の気・土地の気・神の気がいい具合に混ざり合って、綺麗なマーブルをつくり、「凜とした」気を常に放つ場所となっているからだ。

過剰に物質中心主義に傾いたこの世界の様子を、どこか遠いところから観察するような視点。

トレンド等に流されず、でも大事なことは決して忘れず。

本質を見て、霊主体従で生きる。

そういう大切なことを、この地の波動は常に我々に教えてくれる気がする。

そしてそういった「霊主」であること、まず、この世界は想い・バイブスありきであることを伝えてくれるということこそが、この地の波動の最大の特徴であるとは言えないだろうか。

雲州の波動

縁の糸に代表されるように、見えないところを調整してくれる場所が雲州であるが、松江の南東にある揖屋《いや》神社のあたりから世界線が浮世から常世に変わる。特に東から列車でいくとそのあたりから雲州に入ったなと感じられるものだ。

松江や出雲地方を散策すると「この地球上にありながらヨミの世界の波動を帯びる場所」だなと感じられるのは揖屋の地に黄泉比良坂《よもつひらさか》があり、また、松江の南にも八重垣神社や神魂《かもす》神社など聖地が多くあることに起因していると思われる。

ちなみにこの常世に移ったような感覚を覚えるところは日本では私が知るかぎりは2、3カ所しかないので、稀有な体感が得られる場所であると思う。

この地を治める神様・大国主命は縁結びはもちろん、過去には全国を周遊したり、何度も死から復活したりと、波乱万丈で旅好きな、スナフキンのような神様である。

そのため、「類は友を呼ぶ」ということもあり、この地は全国の行者、神様修行者やその予備軍を多く集める波動を持っている。

また大国主命は大きな袋を担いでおり、手には打ち出の小槌を持っている姿で描かれるが、現代のプチ大国主達はバックパックを背負い、手にはスマホを持っている。時代が違うので持っているものもさすがにアップデートされてはいるが、基本的に彼らに流れる波動は同じであり、また、往々にしてそういう人々は「浮世離れしている」職種・肩書き・キャラの人たちであるとも思う。

そうしたさすらいの行者たちは年に一度といわず年がら年中、季節を問わず雲州にやってきて俗世の垢を落とし、まっさらになって、またそれぞれの場所に帰っていく。

そうして出雲の神気を浴びた旅人たちは全国、全世界に「癒しと結び」の気を拡散し、この世界を清め続けていくのである。

43 隠岐島

島根県沖40～80㎞の海上に浮かぶ島々、それが隠岐諸島。
隠岐島と称されることが多いが、「隠岐島町」なる町名はあっても、隠岐島という島自体は存在せず、隠岐は4つの有人島と１８０ほどある無人島の集まりの総称であるということは実はあまり知られていない話かもしれない。
ここ、隠岐は公家・天皇・上位武士等々、「やんごとなき方々」が遠流となった島である。そのため、日本史には何度となくその名前が出てくることから、「日本の離島の中ではエースとも言えるほどの知名度を誇る島」ではあるが、実際のところ私たちが普段生活をしていてその名を聞く頻度はそう高くはないと思う。

ゆえにその生態というか実態はあまり知られていないのではと思うがどうだろうか。

実際のところ、私も島に着くその直前までほぼノーインフォメーション・ノーリサーチだったので、それこそ、「海外にガイドブックもなしで初めてきた人」のように、本当に久しぶりに「未踏の地」に降り立ったような気分を感じたものだ。

よくよく考えてみると、それは不思議な経験だったように思う。

「島に旅に行く」のに、行く先で見られるであろう風景や見所といったものが脳裏に浮かび上がってこない。予習をしていないのだから当たり前だといえばそうなのだが、今を生きる現代人にとって、「想像もつかない場所」というのは実質そう多くはないのではないかと思うのだがどうだろうか。（とりわけ観光地と言われるところで、という意味で）

例えば、ロンドンと聞くと、頭の中にビッグ・ベンとかバッキンガム宮殿とか大英博物館とかがぱっと頭に再生されたりしないだろうか。

隠岐諸島の場合はどうだろう？

パリと聞いてエッフェル塔が脳内に浮かび上がるように、隠岐島と聞けばあなたの脳裏に一体なにが浮かび上がるだろうか？

「島のバイブス」については後からしっかりと触れていくが、実はこの島（島々）は前述のようにいわゆる隠岐島＝「〇〇」というランドマーク的なものは持ち得ない場所だ。

実際、この島々のどこにもテーマパークがあるわけでも、世界一の〇〇とか世界遺産！とかがあるというわけでもない。ただ、そういった「有名なデスティネーション」や「何かがあることが確定的な場所」を旅先に選びすぎて、感動するポイントや面白く感じる流れすらデザインされている旅とか経験に慣れすぎている私たちにとっては、「それらとは正反対のなにか、でもとても重要なもの」をリマインドしてくれる場所であるように思う。

　ここでの見るもの・聞くもの・食べるものはとてもプリミティブだ。
ただ、利便性・合理性・生産性を追求してきたここ数十年の近代〜現代の社会を生きる私たちが、その過程の中でどこかに置き去りにしたもの・失った何か（それはきっととても大切なものだと思う）、それがまだ手付かずで残っているのがこの島の特徴であり最大の魅力であると思う。
話は変わるが、例えば、「島旅」というと、ぱっと思い出すのは沖縄を含む南西諸島ではなかろうか。また、近年ではしまなみ海道とか瀬戸の島々や、世界遺産を持つ五島列島もそこに加わってくるかもしれない。

　特に前者のような昔からの「ヴァカンス」としての島旅を謳う場所においては、大小様々なリゾートホテルが林立し、「旅人を旅人として大事に扱ってくれる」場所がほとんどだろう。

　つまり、そこにあるのは島っぽくはあるけれど、高度にトレーニングされたスタッフが常駐し、VIPにも対応するおもてなしを含め、ゲストリレーションがとてもしっかりしている、いわゆるワールドスタンダードに対応した「ホテルライク」なものである。

　日頃の疲れを癒すために、マリンスポーツを楽しむために、夏休みのデスティネーションとして。実際、そういうものがそういった場所を訪ねる際の旅の目的だろうと思うし、また、近年ではパワースポット巡りとか世界遺産を訪ねて……といったサードウェーブ的な目的もそれに加わるかもしれない。

　そういった「典型的な島旅」に対し、島は島でも、ここ隠岐からは全く異なる印象を受ける。な

４３

心

心を震わせることが芸術の真価の一つであるなら、
自然は無名だけど超一流のアーティストだといえるだろう。

んといってもそういった「雛形ライク」なものが全くなく、島民はそれぞれが自由に、好きなやり方で日々の生活を営んでいて（もちろん実際は異なるのだと思うけれど）、私たち旅人はそこに少しだけお邪魔させてもらうような、間借りさせてもらう感じでの島ステイとなるからだ。

　聞いた話ではあるが、隠岐はギリシャのように建築・土木業、漁業、公務員というのが、主要産業・勤務先であり、多くの人たちがそこに属し日々の生活を営んでいる。そのため、なんでも好き勝手にできるというわけではないのだろうけれど、少なくともそこに流れている時間は都会とか世間一般でいうところのトレンド的なものとかとは隔絶された、まるで異なるタイムラインがあるように思えた。

隠岐が思いださせてくれること

　さて、ここからが本題である波動の話となるが、この島は色々なものが実にシンプルである。起きて、ご飯を食べて、仕事をして、夕日を愛《め》でて、ご飯を食べて、風呂に入って、寝る。みたいな感じだ。（本当はもっと複雑だと思うけれど）

　いわゆる娯楽施設や歓楽街や遊技場やショッピングモール的なものがあまり存在しないことから、人々は自分たちで自分たちを楽しませることをするし、島民同士のつながりやネットワーク等々もあるので、もちろんそれなりにめんどうくさいこともあるとは思うけれど、この島の世界はなんだかとてもシンプルに回っているように思う。

　ゆえにそこには過剰がなく、不足もない。また「型」もないので、この地を訪れる旅人はまるで異国に来たような、一切のしがらみを忘れて、色々なものから解き放たれたような感覚を得られるだろう。

シンプルでプリミティブであるということは生活・営みにノイズがほとんどないということだ。シンプルな生き方に戻ると人の精神からは「余計なもの」が取り去られ、勝手にノイズキャンセル、いや、ノイズデリートされていき、プリミティブな自分、いわゆる自分の原点へと自動的に戻っていく。

実際、ここで過ごしていると、都市部で感じること、思うこと等々が驚くほどのスピードで「どうでも良くなっていく」不思議を体験できる。

ただ、海を見ているだけで、また、沈む夕日を見ているだけで、あらゆることが小さいことのように思えてくる。

一体私は、何をあんなに苦しみ、思い悩んでいたのだろう。

何がどうなってそれが重要なことだと脳内に刷り込んでいたのだろう、また、なぜ、あれがなくなれば私ではなくなるなどと思っていたのだろう、と。

ここは絡まったしがらみや虚構を吹き飛ばすバイブスを持つところで、豊かな食べ物と大いなる大自然が「生命体」であるあなた自身を思い出させてくれたりする島であるように思う。あなたのなかにあるちょっと隠れているあなたを表に引っ張り出したり、ちょっと傷ついたあなたを全回復させてくれるような、そんなバイブス溢れる場所ではないかと思うし、ここまで書いて気づいたけれど、社会に合わせすぎて疲弊している体やマインドを精錬し直すのにここはまさにぴったりなところではないかとも感じる。

この島でのんびり過ごしているうちに自然とまっさらな本来の自分に戻っていく。

時代の変わり際である今、一旦、己をドックに入れるような気持ちで、またふらりと隠岐に行ってみるのもいいかもと思っている。

44

蒜山・真庭

岡山北部・山神様に抱かれて

岡山と鳥取の県境、中国地方の背骨にあたる場所にあるのが、真庭《まにわ》市蒜山《ひるぜん》である。

春には満開の桜が、そして冬には一面真っ白な雪景色と、季節によってまるで違う風景を見せてくれる風光明媚なこの場所であるが、データだけ見れば「過疎が進み、平均年齢がお高めの、そして新幹線とか鉄道のアクセスもどちらかといえばあまりよろしくない村落の一つ」となる。

ただ、実際にこちらに訪れたことがある人はわかると思うが、どうにも筆舌に尽くしがたい、なんとも不思議な雰囲気とバイブスに包まれているのがここ蒜山であるが、それはこちらが山陽と山陰の両方の気が交わる、バイブスの交点とも言えるところであるからだろうか。

この表現を用いると贔屓みたいで他の地方・集落には申し訳ない気にもなりつつ、他に表現のしようもないのであえて使わせていただくが、ここ「真庭・蒜山」はきっと「仙人の里」の類なのだろうと思う。

景色もここでとれる作物も、土地のバイブスも……ある意味「大事なところをしっかりホールドしている」感がありながらも、どこか浮世離れもしているが、それは一体なぜなのか。

この土地に住まう人たちが昔から大切につなげてきた習慣、風習、伝承、祭り事……

アクセス至便ではないからこそ保たれてきたピュアネス。

山岳地帯だからこそ保つことができる空気のクリアネス。

また、霊峰大山と蒜山三座（蒜山地方の三つの山）という山の波動と自然がもたらす豊かな実り。

そして、なにより「冬の間、地面に積もる真っ白な雪」が世俗のあれこれを綺麗にしてくれており、そのリセット&チャージがあるからこそこの地の「清浄さ」はいつもニュートラルに保たれていると思うのだ。

前述もしているが、ここのエリアは冬の間はあたり一面、真っ白となる。

道路と田畑という「人が作りし境界線」を純白の雪が覆って、全ては一旦リセットされる。当然その間、コメ仕事等はできないのでこちらの人々はそれ以外の仕事をすることとなり、こういったところにも都会とは明らかに異なる生活のリズムがあることがわかる。

人が介入していいところ。そして、人が介入するべきではないところ。

そしてその介入するべきではないエリアを現代文明の力を使って「無理くり人の世界に作り替えていない」ところに、この蒜山の地の魅力がある。

冬の蒜山は「人の世から神の世へと切り替わる」、まさに聖地、セイクリッド・プレイス的な波動を纏っているので、初めて訪れるのであれば、スノータイヤは必要だがぜひ冬に訪れてもらいた

人とは自然の中のほんの少しを
間借りしている存在。

侭

い。

人は自然に手を入れる生き物だ。

やりすぎてもダメ、やらなすぎてもダメ。その塩梅はとてもシビアなものである。だが、そうして大地を己のものとせず、生かし生かされる存在として暮らすとき、つまり、「自然からもらう・自然に与える」というギヴアンドテイクのバランスが上手にとれたときに人は大いなる宇宙と一体となるというか、大いなるものに生かされているという体感を得ることができるのではないだろうか。

「人が持つ本来の命のリズム」、それは私の人生とか、ある1個の命とかの話ではなくて、全体性としてみた場合の私というような感覚であり、連綿と続く生命の循環の一部であるという感覚、大いなるビート感のことである。

蒜山・大切な何かを伝える場所

冒頭に記した「背骨」というキーワードだが、その中にこの蒜山・真庭のバイブスの真意が隠されているように思う。読者もよくご存じのように、「背骨」は普段、私たちは見ることができないものである。服で隠れており、背中を丸めないとさわれず、また、鏡に映さないと見ることも叶わない。ここ「真庭・蒜山」にある波動というか精霊のような何かも、派手さを伴い、なんなら、バァーーーン！とくるものではなく、ちらりちょろりとしか見えないけれど、あぁ、確実に何かが、私たちを見守ってくれている存在たちがいるな、と感じられる。

ここは「体」で表現するならば、「顔」みたいな派手さや手みたいな「ダイナミズム」はないのかもしれない。だが「背骨」の中に私たちの体の動き、感覚のこと全てを司る神経が通っているように、この「背骨」の土地にもきっと「神意識」が通っているのだと思う。

「蒜山」、この蒜の字の草冠の下には「示す」が2個もあるが、それはこの土地が何か大事なことを「示すところ」だからなのかなと思ったりしている。

45 岡山県南—広島県東—瀬戸内沿岸

類稀なるコンテンツリッチさを誇る場所

ここで取り上げる瀬戸内海国立公園に面している側の岡山県、そして広島県はとても豊かな場所である。

名産であるフルーツにきびだんごにデニムウェアに倉敷の大原美術館に、知る人ぞ知る尾道のUSHIO CHOCOLATR、同じく尾道のU2と、オンリーワンのコンセプトのサイクルホテル。牛

豊

全てが豊かにあるということは
それらを循環させていく役割を持つということ。

窓オリーブ園と瀬戸内国立公園の絶景。呉港と大和ミュージアム、そして最後に、福山周辺の沿岸に立ち並ぶ、日本を代表する造船所とドック群。ここだけみてもこの瀬戸内の北岸はコンテンツリッチなエリアであり、小物から重工業まで幅広いレンジでの物づくりが盛んであることがわかる。また、このエリアは自然環境も素晴らしく、岡山市には日本三大庭園の一つ後楽園があり、倉敷エリアは美術館や美観地区を筆頭に文化財が目白押し！　また、瀬戸内の多島美が織り成す景色は「日本の地中海」と言われるほどで、どこを切り取ってもフォトジェニック！　世界にここだけのオンリーワンの風光明媚さを誇るという、まさに海あり山あり川ありそして平野あり！　そしてそれら大いなる大地や海からの自然の恵みも本当に豊かなのがこの瀬戸内海沿岸エリアの特徴である。

　この地の波動、そのコアとなるものを抽出するなら、やはり、質実剛健な物づくり、また、豊かな自然環境とそこからの恵み（とそれらの加工）というキーエレメントは絶対に無視できないものではないだろうか。

　トップブランドのデザイナーたちが生産を依頼する児島《こじま》のデニムをはじめ、百年続く地下足袋会社があったり、世界トップレベルの造船所（ちなみに世界の造船業の9割は日韓中が占めているのでそのシェアの高さがわかろうというもの）がひしめき合っていることもこのエリアの特徴であり、また他ではみられないものだといえよう。

　また、変わり種では、過去に遡ること数百年、この地には備前長船《おさふね》といった刀剣界の流派があり、瀬戸市にある刀剣博物館で当時の様子を窺い知ることができる。

　このエリアの最東端、備前の地は現代においても焼き物が有名で、日本六古窯の一つとして知られている。そしてなんと6世紀の中頃からこの地には窯があったとされており、１５００年もの間、

「焼き物」の里であり続けたのだというから驚きである。

　また、自然の恵みと書いたが、ここはいうまでもなく日本最大のフルーツ王国。

　マスカット・オブ・アレキサンドリアやピオーネ、白桃は生産量日本一であり、他のフルーツも上位ランクに食い込んでいる。岡山のジューススタンドやスーパーに行けば、本当に多種多様なフルーツが店頭に並んでいることから、果実＝岡山といわれる、そのリアルがよくわかることだろう。

　豊かな水資源に穏やかな気候、そしてなんといっても長い日照時間（さすが晴れの国！）がこの豊かなフルーツ王国を揺らぐことのない王国とたらしめている理由かと思うが、この地は実はフルーツだけが「売り」なわけではない。

　お米等の穀物もとれるし、また、野菜においても冬瓜、松茸、黄ニラ、マッシュルームも全国有数の生産量を誇り、畜産も穀物も果実も野菜も色々とれて、さらにそれらは全国でもかなり上位に食い込むほどの生産量を誇っているのが岡山のすごいところだ。

　県内の農産物があまりに多種多様で彩り豊かで、「それぞれの作り手」が物々交換し合ったり余ったものを譲り合えば、なんなら「お金いらず」で生活に必要なものは手に入ってしまうのでは？と思えるほどに肥沃な土壌があること、それが岡山の最大の強みではないかと思っている。

　また、エリアを少し西にずらしてみると、最近とても耳にすることが多い尾道やしまなみ海道に連なる島々がある。

　小津安二郎映画の舞台として、サイクリングしまなみの起点として、対外的な認知度が急上昇しているエリアであり、4年に一度の自転車の祭典、サイクリングしまなみが開催されると数千人のサイクリストたちが全世界から集い、エリアはとたんに外国にいるようなインターナショナルな活気に包まれる。

他にもこの尾道・福山エリアには、こだわりが詰まった絶景ホテル、ベラビスタ スパ＆マリーナ 尾道や、海の上のラグジュアリーホテル「ガンツウ」などがあり、ラグジュアリートラベラーたちの注目を集めているということもこの地を語る上では欠かせない点であろう。

さらに龍神が住まうなどと言われているパワースポット・仙酔島や、ドラマのロケ地でも有名な鞆《とも》の浦があるなど、このエリアはレンタカーを借りて海岸線を流すだけでも絵になったり、絶景に癒されたり、パワースポットに巡り合えたりする見所がコンパクトにまとまっている場所だと思う。この地の豊かさは五感を満足させ、心身をいやす。瀬戸内とはそういうバイブスを持つところだと思っている。

46

安芸

広島県——安芸エリアの波動の中心と言える場所

広島市・廿日《はつか》市市あたりを中心とする、律令時代には「安芸《あき》」と称されていたエリアがこの項で取り上げる場所となるわけだが、この地には誰もが知っているはずの名所がある。

「安芸の宮島廻れば七里」なんて歌われるように、この安芸の波動の中心にあるのは、世界遺産でもある、知名度トップクラスの神社、厳島《いつくしま》神社である。

厳島神社、そしてその背後にある霊山・弥山《みせん》、つまり、宮島全体がこのエリア、ひいては瀬戸内全体に、あるバイブスを振りまいているのだが、それについてはまた後述することとして、ここではまず、宮島について綴っていこう。

厳島神社に隣接するお寺、大願寺。

そこには弁財天が祀られており、諸説あるとはいえ、日本三大弁財天の一つであるとされている。そして、安芸国内にも大小合わせて１００あまりの弁財天を祀る神社があるとされることから、この地には「芸事」に関わる波動が主に流れているとみても間違いないだろう。

また、厳島神社の背後には標高５３５ｍの小山、弥山《みせん》があり、その山頂部分にはストーンサークルのような巨石群がある。そういった巨石群は例えば他にも高知の唐人駄場《とうじんだば》とか阿蘇の押戸石《おしといし》の丘などがあるが、やはりそういった土地には霊的というか宇宙的なつながりがあるようなことがいわれていて、先人たち、おそらくは古代人・縄文人たちが何らかの儀式を行ったり、通信を行ったりしていたのではないかなどとされている。

そして、ここ弥山もそういった巨石群がまるでアンテナのように設置されており、ひらめきや啓示のようなものをもたらす働きをしているようにも感じるし、また同様に、巨石たちがこの土地の何かを鎮めているようにも感じられる。

例えば瀬戸内一帯は災害があまりないことで知られているが、それも実はこうした要石たちがバリアのようなものを張ってくれているからなのかもと思う。

雅な波動が広域に広がる場所、安芸

そして、そんな雅なパワーとアンテナ力と不動心を授かった安芸の民は、感受性が豊かに育つからこそ、個性・感性に秀で、味がある人が多いように思う。

実際、芸能界にもこのエリア出身者は多く、しかも圧倒的なポジションを築いている人ほど実は広島出身！なんていうことも多いので、やはりここは感性・芸事に長じる才能・性質を伸ばす、タレント養成所的なバイブスを持つ場所かとも思っている。

ちなみにここは東京・福岡・名古屋の三大昇龍ポイント、そして（これは人口の多さも関係しているとは思うが）北海道、大阪、京都に並ぶほどの芸能人・著名人輩出率を誇り、また、傑出した財界人を生みやすいエリアでもある。

有吉弘行、綾瀬はるか、矢沢永吉、ポルノグラフィティ、奥田民生、エグザイルのヒロ、パフューム……彼らの名前を見るだけで、ここには天性のスターを生み出す土壌があることがおわかりいただけるのではと思うがどうだろうか。

カリスマ運・勝負運に秀でるところ

安芸のバイブスのコアはもちろん厳島神社の祭神を中心に据えたもので、前述の通り、弥山のもたらす波動も大いに影響があるが、安芸エリアには実は恵比寿神・宇迦之御魂神《うかのみたまのかみ》・天照大神、八幡大神、大山咋神《おおやまくいのかみ》、素戔嗚尊《すさのおのみこと》を祀る神社も多く、それら神社連合の波動が混ざり合ってこの地域独自の「華がある・主君運・武運・物質運がそれぞれ強い」といったミックスバイブスを形成しているように思う。

そのため、この土地のバイブスがもたらす恩恵が「勝負運に秀でる」ことから、勝ち負けのはっきりつくスポーツ・競技全般が盛んで、多くのアスリートを生み、また育ててきた歴史がある。

竹原慎二（WBA世界ミドル級チャンピオン）、獣神サンダーライガー（プロレスラー）、為末大（陸上）、織田幹雄（日本人初のオリンピック金メダリスト）、岡本綾子（ゴルフ）……紙面の都合でこのあたりで留めるが、このようにきっと誰もが知っている、もしくは見聞きしたことがあるほどの知名度を誇るアスリートやスポーツ関係者、そしてエンターテイメントにつながるような人々を、この雅の国は輩出し続けているのである。

「雅」「強さ」「瞬間のひらめき」、こういうバイブスを必要としている人は一度、海を渡り、宮島に参拝してみてもいいだろう。きっと「勝ち」に向けて、大いなるブーストや、なんらかの軌道修正がかかるなど、総合的に最善へと向かうご神徳が得られるはずだ。

感

感性を研ぎ澄ませてこの世界をみたなら、
一見すると無意味、でも価値があるものを
沢山見つけられるのではないだろうか。

47

山口県

歴史が動くとき、必ず顔を出す要所

山口県と聞いてぱっと何かがすぐに出てくる人は、相当の歴史好きか政治好きの方かと思う。逆に、「え、ぱっとすぐには出てこないけど」という人は現代の地名である山口県ではなく、長州と変換してみるとどうだろうか？　すぐに「あぁ！」と何かしらの偉人・賢人・志士等の名前が浮かんできたりするのではないだろうか。

日本史を紐解くと、ある特定の場所がキーエリアになっていたり、特定の場所の出身者・関係者が歴史を大きく動かしたりしていることに気づく。例えば、上杉公・直江公の米沢・会津エリア、また、三英傑を生み育んだ尾張・三河エリア、そして明治維新の主要プレイヤーたちを育んだここ長州もそのエリアの一角を成す場所といえるだろう。

歴史好きならもうご存じかと思うが、山口県は古くから歴史の転換点や節目にその名が挙がってくる場所である。平安末期、安徳天皇が神器と共に入水《じゅすい》し、当時、栄華を極めた一族、平家が源氏に敗れ滅亡した壇ノ浦の戦いといえば、誰もが歴史で習う超重要事件。貴族社会から武家社会への本格的な転換のトリガーとなったのがこの戦であり、平家から源氏へと政の主要プレイヤーがシフトし、鎌倉武家・封建時代へと移りかわる、時代の境目を暗示させる出来事であった。

また、幕末においても、この地出身である吉田松陰、高杉晋作らがキーパーソンとなって明治維新が起こり、およそ260年続いた徳川幕藩体制は終わりを迎えるに至ったのである。

このように、この地、山口・長州のバイブスとは「時代の終わりや始まり」、新しい輪廻の誕生の際に、ひょいっと顔を出してくる運命を持つエリアであると感じられる。

また、政治・時代・社会のことに関わりが強いという流れから、政や中央・朝廷・権力といった要素ととても強いご縁がある場所なのかと思うが、実際、それを示す面白いデータがある。

政・権力といえば、大臣とか有力なポストに就くなど、要職者や力を持つ政治家などが想像できるが、実はこの長州エリアの総理大臣輩出数は東京都に次いで第2位で、しかも3位以下に倍の差をつけてぶっちぎっており、また、これ以外にも大臣や著名な政治家（対戦中などは軍人も）を生み出し続けていることから、このエリアはなにやら「政治や社会的な力」といったものと切っても切り離せない縁を持つ場所なのだということがわかる。（戦前の初代からカウントした歴代総理輩出県と人数東京都：1位 ――12人、山口県：2位 ――8人、岩手県：3位 ――4人、群馬県：4位 ――3人）

本州の端っこにあることのシンクロニシティ

山口は、「切り替え」に関わることが多い場所である。

ただ、それはここ山口だけの特徴ではなく、不思議と大陸等の端にある場所は時代の転換点に台頭したり、黎明期を支えたり、またはそういった偉人・志士たちを世に送り出すことが多いように思う。実は「端っこ」の場所が持つバイブスとは総じて「終わりと始まり」を司るものなのだろうか？

例を挙げてみよう。

時代の転換点に活躍した端の国の偉人たちといえば、まずその筆頭として挙げられるのは大航海時代に活躍したスペイン・ポルトガルの航海者とそのリーダーたちであろうと思う。

新大陸発見、新航路開拓をしたコロンブスにマゼランにバスコ・ダ・ガマの名前は、きっと皆さんもよく知るところであろう。また、17世紀、イギリスはグレートブリテン島の南西の半島にある港プリマスはピルグリム・ファザーズが新大陸に向けて出港した場所であり、加えて、北アメリカではボストンもニューヨークもカリフォルニアも端っこにあるが、それぞれ新大陸アメリカでの文化・経済やアカデミックな領域を牽引、なんなら世界を牽引するトップランナーだといえる。

地理的に「エッジに位置すること」で得られるパワーというものがあるのかどうか。

また、もしそれが本当なら、それは一体なぜなのか。

その理由や意味や背景については一旦置いておくが、ここ山口も時代を開拓・切り開いていくエッジエナジーを持つ場所であり、実際、その強大なシフト力が大いに使われていることは日本の歴史をみても証明されている。

土魂と新しいものが生まれる波動のマリアージュ

そうなると、占星術の世界で語られる旧時代である土の時代から新時代・風の時代への価値観のシフト、つまり、今まさに時代の境目であり、大いなる過渡期であるから、当然、「時代の境目バトンを担当する」このエリアの何かがじわりじわりと騒ぎ出したり、何らかのブーム等が起きて熱を帯びてきたりするなどしても何ら不思議ではない。

ちなみに、「山口・長州」を代表する人物たちは錚々たる傑物揃いであるが、スペースの都合からこの地のバイブスを多大に受けていると思われる人々のみをピックアップしてみた。これら人物リストを見るだけでもこのなんとなく「この土地が養う人の特色」のようなものを感じられるはずだ。

岸信介、安倍晋三（本籍地）、山縣有朋《やまがたありとも》、桂太郎、伊藤博文、
佐藤栄作、井上馨《かおる》、木戸孝允《たかよし》、菅直人、鮎川義介《あゆかわよしすけ》、久原房之助、
藤岡市助、柳井正、宮坂学、高杉晋作、庵野秀明、金子みすゞ、
中原中也、種田山頭火、Ayase、メイ牛山、清木場俊介、初代タイガーマスク……

いかがだろうか？　この顔ぶれ、ラインナップを見る限り、やはり総理経験者、大臣経験者など、圧倒的に政治家が多いことがわかる。先ほどもお伝えしたが、総理輩出数2位は伊達ではない。

とはいえ、政治家だけではなく、「エヴァンゲリオン」の庵野監督をはじめ、中原中也、メイ牛山、Ayaseなど芸術・カルチャーの分野で新境地を開いた天才たちの名前もあるし、また、柳井正、鮎川義介、藤岡市助、久原房之助などを筆頭に財界の雄も多い。

そのため「先生」と呼ばれるような偉人・賢人が多く、また、それぞれ、会社を作るとか塾を作るとか政党を作るとか、なんらかの「地盤」とか「礎《いしずえ》・組織」のようなものを作っていっているところに共通項があり、また、それこそがこの土地が育むバイブスのコアと言えるように思うのだ。

（例えば、柳井氏はユニクロ経営者、鮎川氏は日産コンツェルンの創始者、久原氏は日立製作所の創立者である）

　彼らに共通するもの。それは、今まで通りのやり方から脱皮して新しいものを作り上げたり、新しい土台を、組織や思想・発想を持って創造・拡大してきたことだとは言えないだろうか。

「時代の風」のようなものから届くひらめき、インスピレーション……そういうものを受け取って、都市部で流行っているとか流行っていないとかそういうことは関係なく、いい！と思ったものは取り入れたり、試してみたりする。そういう先取の気性というものがこの土地の人たちにはあるように思う。また、自分のこだわりとか好きなものとかハマりものを、ポップに広げていくということは若干苦手かもしれないが、まるで武士が武芸を磨くように、日々研鑽に励み、高みを目指していくという精神性がこの地の人々にはある。とはいえ誰かと競うわけではなく、自分に負けないように、昨日の自分よりももっとよくなるようにと、何かに向かって一心不乱にスキルを高めていくような真摯なマインドを、老若男女を問わず持っているように感じる。

　そのため、当然だが、礼を失せず、また、距離を必要以上に縮めることもせず、目上・年長者を敬い、極端に目立つことを良しとしないような、生粋の燻し銀、サムライマインドがこの土地からはとても強く感じられるのである。

　士魂と先取の気性のマリアージュ。

　それがこの土地がここに住まう人々と共に作り上げた独特の波動、そのコアと言えるものではないかと思っている。

山口県を流れる波動の源泉はいずこから……

この地が新時代の基盤の創生や整地整頓を行うエネルギーを持っていること、また、学びと研鑽と鍛錬を深める波動も同時に渦巻いていることは、この地出身の偉人たちをみているだけでもなんとなくおわかりいただけたかと思うが、では、それらエネルギーは一体どこからきているのだろうか。つまり、長州が特に政治経済の分野において「偉人県」となったのは、いったいどのようなヴォルテックスが、どこから生まれているからなのだろう?

山口県はかつて、長門《ながと》と周防《すおう》の二つの国に分かれていた。

安芸の国に近い、周防国。

北方からの侵略・外敵に備える防衛拠点であり、北前船の寄港地としても栄えた長門国。

今でも山陰側と山陽側では街の雰囲気が大きく異なるように、実際、山陰と山陽の両方の要素を持つこの土地は、萩・下関を中心とした長門側と徳山・宇部を中心とした周防側の大きく異なる二つのエネルギーが混ざる場所である。

武家っぽく、律儀で剛健で真面目。でもどこか新しいものが好きで、ちゃんと社会のアンテナを立てて世間のあれこれを取り入れたり知っていたりもする。

人々の性格を見ても、こういった二つのポラリティ(陽極・陰極)がうまく混ざっていることが垣間見えるし、また、それらがこの地を代表する企業の面々をみてもわかるように、堅実・実直な企業経営方針という形で反映されているようにも思う。

さて、こういった波動が生まれる源泉であるが、個人的には4つの大きな神社が関係しているよ

土地には色々な形がある。
物を作るところ。
人の心を作るところ。
芸術が生まれるところ。
そして時代が作られるところ。

時

うに思う。西のお伊勢さまといわれる山口大神宮、日本三大天満宮の一つといわれる防府《ほうふ》天満宮、下関の福徳稲荷神社、そして、日本三大住吉の一つ、長門國一宮住吉《ながとのくにいちのみやすみよし》神社がその4社である。

この中でも特に強い影響を与えていると思われるのが、軍事と海上交通の神の住吉神社と山口大神宮、そして防府天満宮である。

観光客が多く押し寄せる伊勢神宮や出雲大社、また、伏見稲荷のようなポピュラーさはないため神社に明るくないとこれらの名前を聞いてもあまりピンとこないかもしれないが、三大天満宮や山口大神宮の波動はどこか超越的で、例えば大神宮は山口県のほぼ中心部に座しており、この国（山口の意）の波動を牽引、「社会性」の高い風土を作ることに大きく寄与しているし、また、天満宮の方は教養・文化の波動を高めて、さらにインスピレーションの流星をつかまえるための「受信アンテナ」のような働きをしていたりもする。

そして、そこに住吉さんの「武士」っぽい波動が加わると見事に、アンテナ高めでアイデア豊富、且つ、社会性に富む起業家！（企業家）的な波動が醸成されていくというわけである。

しっかりと地に足をつけて着実に進んでいく人たちがこの地に多いのはこういうバイブスがこの地に流れているからであり、その源泉が前述の4つの神社であるとしたなら、どこかストンと腹落ちできる気がしているがどうだろうか。

この地の波動は、神戸や横浜や東京や京都といったメジャーどころがもつ派手さはたしかにあまり感じられるものではないかもしれない。ただ、もはや日本のどこにいってもユニクロのお店があり、人によっては制服から私服から部屋着まで全てユニクロです！という方もいるだろうし、この地の出身者によって作られた会社による車、家電を使っていたりすることもあるだろうし、はたまた、この地出身の政治家が作った（正確には「作った」というのとは違うが）制度、法律・仕組み等の恩恵を受けたりしているように、このエリアの波動は私たちの生活の至る所にまさに基盤として存在していて、なくてはならないベースとなっているのである。

植物で言うと、花でもなく、実でもなく、茎でもなく……それらが育つために必要な根っこや植木鉢や土であり、何かが花開くための「土壌」そのもの。

そんな存在感を持つのがここ、山口の地なのかと思う。

そして、初めの方でもお伝えしたが、今は誰がみても時代の変わり目であるから、節目に台頭を繰り返してきたこの本州の先端の土地がこれからどういう風に——過去に繰り返してきた歴史のように——発展・発達していくのか。また、この地が急速に人気を集めたり、はたまた、改革の使徒が集ったりしていくのか。どのような切先をみせてくれるのか、個人的にも新時代における変化がとても楽しみな土地の一つであると思っている。

48

香川県

瀬戸内全域に感じるバイブス

この本を書いている２０２２年は、瀬戸内国際芸術祭が開催される年だ。

瀬戸内芸術祭とは3年に一度開かれるトリエンナーレのことで、世界中からアーティスト、アート好きが集まり、そこを訪れる人々が瀬戸内の多島美という神々の作った自然芸術と、人が作りし芸術の世界にダブルで酔いしれることができる、世界でも類を見ないイベントである。

瀬戸内芸術祭が開かれる以前から、丹下健三氏が香川県庁舎を、谷口吉《よし》生《お》氏が猪熊《いのくま》弦《げん》一郎《いちろう》現代美術館を設計したり、また、イサムノグチや彫刻家・流政之氏も香川県にアトリエを構えていたり、安藤忠雄氏の初期の作品が県内等に多数存在していたりすることなどから、実は瀬戸内界隈は「アートの風」が常に吹いていたエリアである。

また、近年では、伊東豊雄氏が大《おお》三《み》島《しま》に今治市伊東豊雄建築ミュージアムを作ったり、２０２１年にはＡＭＡＮの創始者・エイドリアン・ゼッカ氏が瀬戸内に新ブランドの宿を開業するなど、今も、瀬戸内エリアはその特異なバイブスによって、アーティスト・クリエイターを引き寄せ続け、瀬戸内の持つ感性ヴォルテックスを進化させ続けている。

では、なぜ瀬戸内がそのような「アーティスティック」な波動を持つエリアとなったのか。また、なぜ多くのアーティスト・クリエイターがこのエリアに惹かれ、そしてこのエリアから生まれてくるのか。

ここからはその謎の分析も含め、香川・瀬戸内エリアの波動を解析してみたい。

香川のバイブス―なにもないがなにかがある―

香川のメインバイブスとも言えるもの、それは、「彩り」であると思う。人の世を鮮やかに、豊かに彩る文化の風が――目には見えないが――ここにはたくさん吹いている。彩りについて解説する前に少し触れておくが、ここ、香川県は四国遍路の順打ち最後の地で*「涅槃《ねはん》」の道場と言われている。実際、その言葉通り、ここには安らぎがあり、俗世のあれこれから隔絶された不思議な空気が漂っているように思う。

クリアと言うべきだろうか。本州から渡ってきた方ならきっと感じられると思うが、ここには、一種のピュアさが感じられるのである。

涅槃＊仏教術語。智慧《ちえ》を磨き修行を積んで、迷いや煩悩《ぼんのう》や執着を断ち切り、悟りに到達して、いっさいの苦・束縛《そくばく》・輪廻《りんね》から解放された最高の境地をいう。パーリ語のニッバーナ nibbāna の音写、サンスクリット語ではニルバーナ nirvāṇa という。原語は「(炎が)消えて滅びた(状態)」を意味し、ちょうど風が炎を吹き消すように、燃えている煩悩の火が悟りによって消滅し、すべての苦悩のなくなった状態をさす。そのとき、寂静《じゃくじょう》な最上の安楽の境地が実現する(「涅槃寂静」という)。――出典＝小学館　日本大百科全書(ニッポニカ)

とはいえ、それは幼子のような無邪気なピュアさではない。
人生において酸いも甘いも、色々な体験をした後に、今までの経験全てをフィルターで濾して「澄みきった出汁」のようなものにした、濁りはないが、でも旨味はしっかりと残したクリアさと言った方がいいだろうか。

普通に考えると経験豊富なこととクリアさは共存せず、両立しないことであるようにも思うけれど、ただ、なぜかここは老獪《ろうかい》なというか、達観したクリアさがそこここに感じられる土地なのである。

例えば四国遍路では、「発心《ほっしん》の道場」の徳島で人の世界の荒波を知り、高知の「修行の道場」で痛みを堪えながら前へ前へと歩き、愛媛の「菩提の道場」で俗世のあれこれを己から引き剝がし、痛みを感じる己と真実の自分を切り離していく。そして、最後、香川の「涅槃の道場」で悟りに辿り着くと言われている。

それら遍路修行の言葉を拝借するなら、この香川の地とは、俗世のあれこれはもうすでに存在していない土地であり、上昇とか下降とか二元論をベースにしたエネルギーが介在しない土地であることがわかる。

そのため、この地には俗世的な、いや、人間社会的に「地位を示す」ようなわかりやすいラベリングや上昇のブースター的なパワーがあまり感じられない。

空《くう》であり、無の土地なのであるから、そういった「娑婆的な要素」がないのも当然であろう。
また、ここに流れる空気が必要以上の上昇志向や唯物的な思考を生じさせないため、エリア全体から仙人的なシンプリシティやピュアネスを感じるのもある意味当然のことのように思える。

瀬戸内の色、特に香川の色はクリア、であり、「白」であるように思う。

実際、香川には塩、綿、砂糖という讃岐三白という古来の名産があり、名物のうどんも「純白」であることも、また、日本で一番降水量が少なく、空が拝める日が長いという事柄（曇天が少ない）も、この地が白とか青とか爽快感がある色と紐づけられやすいゆえんではないかと思う。

白というのは何にでもなれる色……そして、すぐに他色に染まる繊細な色でもあることから、この地に生きる人たちは浄化・癒し・赦しなど心やマインドといった我々人間の中でも特に繊細な箇所を司る仕事に従事しやすかったり、世界の様相をその鋭敏なアンテナで捉え、想像の世界でそれらエネルギーをスパークさせるアート・創作に惹かれやすいことも理解できる。

香川のジオパシーの特徴

さて、このような性質はどこからきているかを考えてみたのだが、想像できる理由は2つ。

そのどちらも、香川の山・平地・風・海といった風土・地盤に由来している。

1つ目の理由は香川は特に人が住まうエリアに関してはほとんどフラットな土地で、他県ほど山あり谷あり丘ありと高低差が存在しない。また、日本一面積の小さい県のため、比較的近いところに集落が固まっており、人口密度も他県よりも高めである。

そして、瀬戸の夕凪《ゆうなぎ》といわれるように、風がないので海も荒波は立たず、まるで湖面のように穏やかなものとなる。さらに気候は温暖で雪対策・凍結対策をすることもなく、讃岐山脈、四国山脈で台風が遮《さえぎ》られることも多いため、台風の害も他県よりも少なめである。

ここからわかるように、圧倒的に「穏やか」で、リスクをもたらすハザードの低さが全国トップクラス。

四国遍路最後の「涅槃の道場」。
涅槃とは悟り、悟りとは「差」をとること。
平らかな世界が確かに此処には或るように見える。

悟

過去においては渇水が問題になったりもしたが（水が少ない県であった）、空海がため池を改修するなどしたので水不足も（当時に比べて）緩和、大地震や戦争等以外のジオパシー的リスクが少ない場所、それが香川県なのである。（とは言え水不足は完全に解消されたわけではなく、数年に一度は節水となる）

そのため、人々は生活にゆとりがあり、生活の「ほかごと」つまり、創作や芸術、趣味等に時間やお金やエネルギーを使うことができるようになったというわけだ。

また、穏やかな海・晴天の大空も人々に安らかさ、ゆとりを感じさせるであろうファクターの一つとなっているはずである。

そして2つ目の理由だが、それは香川の山々にある。

香川に行ったことがある人ならわかると思うが、香川の山は「おにぎり」のような形をしている。そしてさほど高くもない山でもあり、本当に山なのか?とすら思ってしまうほどの山がいくつも平野内にちょこんと立っているのだ。

香川の山については諸説あり、特に平野部に立つ山々は古代のピラミッドとか古墳であると言われたりしているが、個人的にはこれは眉唾ではないと感じている。また、本当に天然の山であったとしても、「綺麗な円錐《えんすい》形」には避雷針のように何かを降ろしてくるようなパワーが感じられることから、平野にいくつもある山々が「降り代」となり、山形のピラミッド目がけて天からのパワーのようなものが常時ダウンロードされているのでは?などとも思っている。

その証拠というわけではないが、この地はアイデアマン、奇才天才を生む土地でもある。

土用の丑の日=うなぎを食すといい（コピーライティング）と、うなぎのプロモーションを行った平賀源内や、文学では『二十四の瞳』の壺井《つぼい》栄《さかえ》、菊池寛に、画家・猪熊弦一郎に、映画監督の本広克行。また、なんといっても香川が生んだ最大の偉人、弘法大師空海はこの地の著名人リストからは絶対に外せない人物であろう。

　このように、「財界・政治」といった中枢ではなくとも、心を豊かにしたり、癒したりする、心・魂・色の領域において、この地はやはり特別な何かを持っているように思える。

　この地が生み出す物質が私たちの生活を合理的に豊かにすることはないかもしれない。ただ、この地が生み出す物質たち・人の言葉・行いは、私たち自身を精神的・感情的に豊かにしてくれる。

　心を潤していく何か。そういう彩りの波動がここには常に噴出しているように感じるのだ。

49

徳島県

徳島といえば

面積のうちおよそ8割を山林が占め、西日本第2位の高さを誇る山、剣山《けんざん》があるところ、それが徳島県である。徳島県と聞いてすぐにその特徴を言えたり、名産がパッと思い出せる人はよほどの旅行好きか、四国ラバーか、日本マニアではないだろうか。

本当に申し訳ないが、例えば金沢とか広島とか仙台とかに比べると徳島が「派手さに欠ける感じがする」のは否めない。

ただ、それは「物質面」に限った話であり、ここからの展開はその既存の徳島のイメージを覆すものであることを保証しよう。

稀代のコンテンツメーカー

徳島は、実は徳島はコンテンツの産地である。ここには世界観のようなものを作る土壌があるのか、いわゆる物質的な名産ではなく、「カルチャー」を多く生む場所であるように思う。
実際、徳島産の人物・会社が生んだコンテンツは数多く、それらに救われた！とか感動した！とかインスパイアされた！という人もきっと多いはずだ。

今や国民的シンガーとなった米津玄師氏、外国で暮らしているシンガー、アンジェラ・アキ氏、また先日他界されてしまったが物書き・論客として最後まで現役であられた瀬戸内寂聴氏、幸福の科学の大川隆法氏、また、チームラボの代表・猪子《いのこ》寿之《としゆき》氏、一斉を風靡《ふうび》したドラマ『東京ラブストーリー』『あすなろ白書』等の原作（漫画）で知られる柴門《さいもん》ふみ氏、企業名で言うと教育系、ジオスもイーオンも、ゲームコンテンツのスクウェア（代表作・ファイナルファンタジー）も創業者は徳島出身である。

そしてなんといっても４００年の歴史を持つ阿波《あわ》踊りも、徳島を語る上では欠かせないコンテンツだろう。夏になると日本全国からファン、踊り手、観光客が徳島に集結する！　あの様こそまさに「阿波踊り一色」に徳島全体が染まるときであり、「祭りとは何か」その真髄を感じされてくれるものではないだろうか。

ここまで列記したものだけをみても、「知っているどころか昔ハマったとかお世話になったとか通っていた」というものがちらほらあったりはしないだろうか。

徳島は「モノを売っている」のではなく（ものも売っているけれど）、時代に先駆けて、モノ消費からコト消費を行っていた場所であり、スピリット、世界観を作る波動が満ちているところだ。

そういう世界観創造の波動を持つことから、脳内ファンタジーを形にしたり、思考・思索の結晶を明文化する、「世界観クリエイター」を生み出すことを真骨頂とするエリアと言えるだろう。

また、最近では世界的に知られるようになった上勝町《かみかつ》（人口１５００名ほどの四国で一番小さな町）も、

法

これと決めたらそれをやり続ける。
不動心を持ち、雨の日も風の日もひたすらに。
いつしかそれがスタイルや法（ポリシー）となる。

徳島が誇る「コンテンツ」であると思う。

この四国最小の町・上勝が推し進めるゼロ・ウェイストこそ、徳島の精神性の特徴をよく表していると思うので、この町のことを例に徳島の独自性に触れるが、ゼロ・ウェイストはよくメディアに出ているゼロ・ウェイストアクションホテル「HOTEL WHY」に泊まることでも、そちらに隣接している施設や周囲の里山に点在するお店を回るとか運営するということでもなく、町全体としてゴミゼロを目指すというスピリットのことであり、生きる姿勢、アティテュードのようなものだ。

地球という惑星、この世界を生きる一組合員として、地球とどのように向き合っていくのか、どのように共生していくのか。今の消費全盛社会の中ではその意識を貫徹するのはとても難しいと思われるのだが、徳島という地が持つ哲学や美学が背景にあることで町が一つにまとまり、「厳しくも美しい」波動がこの地には湧き上がっており、そのバイブス自体が上勝を訪れる人を魅了し続けているというわけだ。

また、この上勝の地は人の社会の可能性（ゴミ問題、廃棄問題にスマートに向き合っていくやり方）を広げ、これからの社会がディストピアにならない方法の一つを示唆してくれているようにも思える。

もちろんそれはこの町が良きスケール感を持っているから住民のコンセンサスが取れたり、足並みを揃えたりができているのだろうとは思うのだけれど、リモートワークが可能となり（仕事・条件・環境にもよると思うが）、「定住のしがらみ」から解放されていく人類には、この町の仕組みの作り方、ひいては町やコミュニティのスピリットの醸成方法から学ぶところが多いのではないかと感じている。

また、徳島には「未来に残したい集落」というか、現代日本ではなくなりつつあるような「ザ・

里山の風景」が随所に残っている場所でもある。そしてそこを例えば、アレックス・カー氏のように、リノベーションするなど、再びスポットライトを当てている人もいる。

徳島は海あり山あり川ありだが、実はそのどれもが非常に豊かだ。

吉野川は一級河川で水の質が素晴らしく、そこでとれる鮎《あゆ》も本当に美味だし、山に入れば、美しく雄大な山の景色が迎えてくれる。

滝あり、霊場あり、グランピング施設あり。あまり知られていないだけで実は、魅力がたくさんあるエリア、それが徳島なのである。

霊場としての徳島

そして、徳島を語る上で忘れてはならないのは「四国遍路八十八ヶ所」や各種霊場の存在であろう。四国八十八ヶ所霊場巡りの中でもスタートの地、（遍路の多くはここからスタートする）１番札所・霊山《りょうぜん》寺があることから徳島県内では歩き遍路を目撃することが多い。

また、ここがそういった「コンテンツ」を大事にするバイブスが強いエリアだからなのかもしれないが、私自身歩き遍路をした際に（２０１４年秋に実施）多くの地元の方からお接待を受けたことからも、その熱量というか施《ほどこ》しの意識はとても高いものがあるように感じた。（データにすることではないが、全行程中、徳島と愛媛のお接待率は高かった）

そして弘法大師空海は、四国を４つの修行場に分けた。

阿波国は発心の道場。土佐国は修行の道場。伊予国は菩提の道場。讃岐国は涅槃の道場、と。

ここ阿波は発心《ほっしん》を担当しているが、実際、歩き遍路ルートでいうなら、４県の中で広い平地が続くという辛さこそあまりないが「遍路ころがし」といわれる難所が3つも存在しており、アップダウンの厳しさも4県中ピカイチというハードさを誇っている。

山あり谷ありがあまりに連なるその様は、「これから先の3県を行き、廻り切る覚悟があるかどうか」を遍路たちに問うているようでもあり、また、山あり谷あり平地ありの道模様はまるで人生の縮図のようでもある。

繰り返しになるがここ、阿波の地は「発心」の道場である。

心が生まれる、心に何かが宿るというその言葉通り、発進・誕生と紐づく「生まれる」バイブスの場所であるから、ここにいれば自然とアイデアやひらめきや創造性が研ぎ澄まされていく。

そしてそれらが県外や外界にある洗練や研磨、拡散拡張といったエネルギーと交わったとき、その「創造性」は海をも越えていくパワーを発揮するのだと思っている。

「法」というバイブスを持つ場所

「縛りを作る」ことはある意味世界観を確立することであり、またその色を濃くし、遠くまでエネルギーを届けるために必要な行為であるとも思う。

輪郭線を引く。そうするとAとBを分けて認識することが可能になる。そして、それらに名前や色をつけるなどして、世界観を際立たせることができる。

そうしてできた「枠線の中」が、自分の世界・国となる。

そういう「枠線の中」のような意識を、この土地からは強く感じる。

この地を旅行するとよく聞く言葉に、「ここは保守的だから」というものがある。これはともすると排他的な精神性とも取れる言葉ではあるが、実はそうではない。

その真意は、おそらくは無意識だろうが、この自分たちが己の内に持つ「世界観」を侵食されないようにしているということなのだと思う。

「自国、自分のテリトリー、マイルール」のバイブスが強いこのエリアは、それぞれが自分の流儀や世界を持っている。

ここは自分だけの法（ポリシー）のようなものを育む場所であり、「法」バイブスが強いエリアでもある。自分の流儀やメソッド・スタイルのようなものを構築したい人は一度訪れてみると良いかも知れない。

厳しくも深くまで浸透してくる波動がきっとなんらかの理《ことわり》や法といったものを己の内から絞り出す、そのサポートをしてくれるのではないだろうか。

50

愛媛県

古《いにしえ》の名を冠するところ

人は愛媛県と聞いて、何を思い浮かべるだろう。

みかん、道後温泉、今治《いまばり》タオル、しまなみ海道？

もうちょっと地理・経済に詳しい人なら、製紙業とか造船とか石鎚山《いしづちさん》とかを挙げる人もいるかもしれない。

愛媛県の名物としてそれらはもちろん有名であるが、この県はこの県のみが持つ「オンリーワンの何か」を持っている場所でもある。

それが何か、もうおわかりだろうか？

実は愛媛県は、全国で唯一の古の時代から伝わる名前をそのまま使っている県である。

国産みの神話において、イザナギとイザナミはいくつかの島を産んだ。

まずは淡道之穂之狭別島（淡路島）、そして次に生まれたのが、伊予之二名島《イヨノフタナシマ》（四国）で、4つの顔を持つ島のうちの一つは愛比売《えひめ》と呼ばれる、とある。

〈ちなみに5番目に生んだ伊伎島〈現・壱岐の島〉も漢字は違えど読み方は同じだが、壱岐は長崎県の一部であり県名ではないのでここでは除外する〉

律令制に移行した際に愛媛は伊予国となったが、県名がつけられる段となりなぜか昔の名前が再び採用されて愛媛県となったという逸話を持つ、日本で唯一、神話の時代の残り香を感じさせる県、それがここ愛媛なのである。

愛比売と愛媛、共通するのは「愛」

言葉遊びをするつもりはないのだが、愛媛の地に渦巻いている波動、それを一言で表すならば、「愛」であると思う。波動が示すもの自体がそうなので切り離して考えることができず――狙っているわけではないが――どうしてもこういう表現になってしまうのであるが、この地にはコミュニティとか家族とか、エリアとか県とか、特に、自分が属するところに対する愛情のようなものを強く育む波動があるように感じられる。もちろんそういう波動が出ていない県や国というのは端から存在していないのだけれど、ここ愛媛に入ると急に「家族とか仲間とかつながりとか絆」といったものが脳裏に浮かんできたり、そういう温かさをふわりと感じ始めるから、やはりここにはそういう「愛の泉」的なバイブスやヴォルテックスがあるのだろう。

信じるもの・大事にしたいものを深く愛でること。

そういう波動が出ているのがここ愛媛であるが、その源泉が一体どこにあるのか精査をしてみた。

愛というのは自分の奥深くに潜り、
一を見つけることで動き始めるもの。

愛

愛の波動の出るところとは？

愛媛の波動を特徴づけている源泉は、3つほどあるのではと感じている。

一つは、大三島《おおみしま》にある大山祇《おおやまづみ》神社。

次に、少し遠いのだけれど広島は宮島にある弥山・厳島神社と、最後に久万《くま》高原と西条市の間に聳える霊峰・石鎚山、これら3つが愛媛の波動に色をのせている要素であると考えている。

まず大山祇神社は、「武」にご縁がある神社である。

日本にある国宝や文化財指定を受けた武具の80％（例：源義経の赤絲威鎧《あかいとおどしよろい》など）が個々の宝物殿に保管されている場所であり、以前は（平安時代など）日本の総鎮守とされていたこともあるなど、歴代総理や朝廷・武将等の崇敬も厚い、四国唯一の旧国幣大社であり、「地鎮、保守」の波動の強い神様である。

余談だが、水軍（村上水軍など）のカルチャーが根強く残るのが瀬戸内の島々・沿岸エリアであるが、彼らは水軍といいながらも狼藉を働く者たちを成敗するような治安維持の役を担ったり、海上交通・交易の要となるなどれっきとした「国」のような体制を整えていたことが知られている。また、歴史小説などでもそのような記述がされていることから、瀬戸内海は実はだいぶ昔から水軍・海賊等が、それぞれの縄張りを統制・管理していたことをご存じの方も多いだろう。（例：『村上海賊の娘』和田竜：著）例えば、大三島のお隣、因島《いんのしま》を根城としていた村上水軍であるが、彼らの崇敬神社もまた大山神社であり、大山祇神社と同じく大山祇神をご祭神とするお社である。

次に、厳島神社であるが、ご祭神は宗像三女神《むなかたさんじょしん》。特に、三女神の一柱、イチキシマヒメは弁財天とも言われ、芸事にご神徳があるとされているのは有名な話かと思う。

実際、この宮島の波動は古くから認知されていたのか、それともこの土地がもともとそうだったのか、愛媛県内にはなんと80社ほどもイチキシマヒメを祀る（主祭神・合祀含む）お社が存在している。

愛媛県は総面積５６７６平方キロメートル、全国第26位の広さを持つが、当然だが岩手や福島ほどの広大さを誇っているわけではないので、１県に弁財天が大小含め80社も祀られているというのは、やはりそれなりの「弁財天密度」があるとはいえないだろうか。

そのため、この県からは芸事の波動、そして女神の波動が強く出ているとしてもなんらおかしくはないはずだ！

最後に、石鎚山である。

石鎚山は標高１９８２ｍ、西日本で一番高い山であり、石鎚神社奥宮をその頂に抱える四国を代表するアンテナ、霊峰である。

この山は古くから山岳修験が盛んで、今でもお山開き大祭等が綿々と続けられており、女人禁制のエリアがあるなどマイルドな波動・優しい波動が多い四国の中で異例とも言える「厳しさ」を感じる、稀有なところである。

大山祇神の土地・家族等を守り抜く守護の波動、弁財天の芸事・雅の波動、石鎚の精錬・立志の波動、それらが混ざり合ったものが愛媛に流れるバイブスのコアであり、これらが愛媛の波動のヴォルテックスであると捉えているが、さてどうだろうか。

この土地の波動を生かしている例といえば……

武芸・芸事（雅）・アンテナ・信心・拡げていくといったこの土地の波動は、この土地に生まれし者やこの土地で育まれる植生にも、大きく作用する。

愛媛といえば――冒頭でも挙げているが――、この土地の名産を語る上では、みかんは欠かせない存在だろう。それ以外にも、いよかん、ぽんかん、せとか、はだか麦、キウイフルーツ、ライムといった作物は日本一の取れ高・収穫を誇っているが、それらに共通しているのは（ライムとキウイフルーツ以外）、黄色やオレンジ色をしたものが多いということではないだろうか。

そしてそれらは見事に第2、3チャクラの色とシンクロし、それらのチャクラが感情・感受性・自分を信じる心を司ることからも、さきほどの弁財天や石鎚山の波動の特性と不思議と一致する。

豊かな感受性を育み、さらにそれを表現、打ち出していく素養を育む土壌。

作品に心が宿り、聞くもの、見るものの感性が刺激される波動。

それが、愛媛の波動の真髄といえるものかと思う。

そしてそれらの波動を帯びて、世に打って出ている著名な人々はといえば、大江健三郎（ノーベル文学賞受賞）石丸幹二、秋川雅史、片山恭一、天童荒太《てんどうあらた》、高瀬隼子《じゅんこ》、正岡子規、YU-KI、草彅剛、叶美香、Superflyらがいる。

また、生まれではないが居住経験があるというレベルで言うと、プリツカー賞受賞経験もある世界的建築家、丹下健三もまた、愛媛の波動を受けている人である。

愛媛は四国4県の中では、最も他県の影響を受けている県だと思う。

県民性がそうだからか、前述の通り村上水軍などの水軍が瀬戸内を支配していた時の名残なのか、（つまり当時のこのエリアは海が主な舞台であり、広島・愛媛という岸はあくまでベースキャンプ）、特に広島と愛媛は芸予《げいよ》なんて言われてセットとなることもあるほど似ているところがある。

その広島との共通項というか「等しく流れているもの」は、やはり「雅な波動が根底に感じられること」だろう。

そのせいか今でも道後温泉はオンセナートなるアートイベントを開催していたりするし、しまなみ海道の島には伊東豊雄氏の美術館ができたり、愛媛県内には四国には珍しく海外の富裕層でも狙っているのか!?と言えるようなラグジュアリーホテルがいくつか誕生したりもしているが、これらもやはり、石鎚山のアンテナや弁財天の感性バイブスがあるからこそおこることなのではないだろうか。

芸術と感性と愛・豊かさ

四国は、例えば香川県は「心」の属性を持つエリアであった。

そしてここも同様に心に作用する波動であるが、香川のそれとの違いは、こちらの方が芸術とか感性といったバイブスがより強く乗ってくることにある。（香川のそれは、もっと心を読み解くであるとか平常心であるとか心を癒すといったもの）

感性が研ぎ澄まされ、アンテナも高まり、立志も後押しされる場所、愛媛。

最近の精神世界における流行りではないが、「人は外に自分を打ち出していくときにどうしても恐れが先行したり、何か言われるのではないかと不安になったりする」ものだが、実はそうではなくて、それらは自分の恐れ・不安が作り出している幻想に過ぎないのであるから、まやかしに負けずに、自分が自分の殻を破り、I《アイ》を信じて打ち出していく！なんてことを習得できる「愛の修練場」なのではないかとも感じている。

この修練場の理屈でいけば、I《アイ》を信じて自己を打ち出すと、外から大いなる「愛」が返ってくるという宇宙の理のようなものを体感することができるはずである。

51

土佐

南国土佐の特徴は「自然を近くに感じること」

私は四国出身で、歩き遍路をした経験からもわかるのだが、高知は山あり谷あり川あり海ありの、自然の王国と言える場所である。

森林面積が県の84％を占め、日本一の清流が県内を流れるという、名実ともに日本有数の、そして四国一のナチュラルテーマパークと言える県であり、県内の至る所で圧倒的な自然美を拝むことができる場所だ。

そのため、「〜パーク」とか「〜ランド」とか「〜〜ワールド」といった、わかりやすい観光名所の類はあまりないかもしれないが、それを補って余りあるほどの「名もなき絶景」に巡り合うことができるのがここ、高知県である。

どこに行っても大地との距離が近く、母なる自然と0距離で接することができること、それが高知の特徴であり、皆が知っている「よさこいにカツオにお酒に龍馬」といった高知の名物・名所・偉人だけでは、この自然の豊かさや絶景天国である高知の魅力について、表現し尽くしているとは言えないように思うがどうだろうか。

例えば、誰もがきっと知っている四国一の大河、四万十川《しまんとがわ》。

その水質の良さは全国に知れ渡っているが、高知の綺麗な川＝四万十川オンリーというわけではない。近年、仁淀《によど》ブルーなどと呼ばれ、観光客やカメラマンが足を延ばす観光・撮影の人気スポットとなっていたりもする仁淀川もその青さには定評がある。また、高知県の南西、宿毛《すくも》の南の大月町には柏島があり、船が浮いているように見えるほど水が透明であることが特徴で、こちらはスキューバダイビングの聖地ともなっている。

さらにその周辺には縄文人が遺したといわれる巨石群、唐人駄場《とうじんだば》があったり、県内にはオーベルジュ土佐山やヴィラサントリーニなど里山の自然や絶景を生かした宿が点在している。とにかくシティライフとは真逆の「大地に埋もれ、海と一体化するが如く」に自然を身近に感じられる場所がそこかしこにある、それが海と大地の恵みの県・高知県の最大の強みではないだろうか。

土地からとれるもの＝気性を表す!?

高知は第1次産業に従事する人も多く、林業も農業も漁業も盛んだ。

生姜の生産量は全国1位（全国シェア約40％）であるし、全国的に有名なカツオも1世帯あたりの消費量が1位である。（＊漁獲高ではない）また、温暖な気候を生かして野菜も多品種が作られており、なかでもみょうが、しょうが、にら、ししとう、なすは全国1位の生産量でありトップシェアを誇っている。

そして、この野菜のラインナップを見ると、高知県の名産にはとりわけ「薬味」といえるものが多いことがわかる。

薬味とはつまるところ「中和するもの」であり「解毒するもの」である。また、気付けのようなバイブスを持つものでもあるともいえるだろうか。

薬味、気付け、解毒……これらはまさに日本史や日本近代に出てくる高知出身の偉人たちの性質や気風、または「世に残した偉業」と、それなりにリンクするような気がしないでもない。土佐という土地が生んだもの。

食べ物か人かの差はあるが、「土地は有機物を育む」波動を持つことを前提とすると、やはり同質のものが生まれてきたり同じような性質に育つというのは、どうにも理屈が通ることのように思えてもくるのだが、どうだろうか。

高知県のバイブスとは

高知の森林面積や解毒食材の豊富さが際立っていることはもうすでにお伝えした通りだが、もう一つ忘れてはならない「高知らしさ」「高知だからこそ」の数字がある。

それは、実は全国1、2を争うほどに「台風がやってくる」ということである。

ちなみに台風がよく通る都道府県は、鹿児島と高知がワンツーフィニッシュで、その次に和歌山県となっている。

実際、台風が日本にやってくると室戸や足摺から中継があったりもするので、「高知＝台風がよくくる県」という認識を持っている人も多いはずだ。

そして、台風がよくくる県は改革や革命で名を馳せた偉人を多く生んでいるというシンクロがあり、やはり調べれば調べるほどに気性と気象（風土）は切り離せないものであると推察される。

（例：鹿児島〈薩摩藩〉：西郷隆盛、大久保利通、東郷平八郎、高知：坂本龍馬、岩崎弥太郎、紀州：南方熊楠、陸奥宗光、徳川吉宗……）

台風銀座に生まれる＝社会に新しい風を吹かせる気質を持つ。

そう考えるとなんだか「高知県」という場所の気が今という時代に、または時代の節目には欠かせない「気薬」のようなものであると思えてこないだろうか。

固定化されて、「変化・進化しづらくなった腐りかけた何か」に、大きな風穴を開けて、風通しをよくする……それがこの土地の持つ役割であり、本質と言えるものなのかもしれない。

風

航海には良い風が必要だ。
此処は変化の風が、良い風が吹くところ。
そして風の志士たちが生まれ出ずるところ。

四国八十八ヶ所霊場巡りでいうと、ここ高知は「修行の道場」と言われている。

どこまでも続く岬への道、険しい山に急坂を越えて初めて辿り着ける山頂の寺社。

この「荒く険しい土地」での修行は疲れたり酷使された肉体と向き合うことで、肉体の声のその向こう側に行こうとするものである。

この地を訪ねた若き日の空海は、室戸《むろと》の先の洞窟、御厨人窟《みくろど》での修行中に、明星が体に飛び込んできて、悟りを開いたとされるが、それはきっと偶然ではなく、この地の持つ「折れない大黒柱を作り上げていくような波動」＋「浄化・解毒の波動」によって大師自身が研磨されたからこそ起きたことではないだろうか。

また、鬱っぽくなったり、しんどくなったら、森林浴に行くとか自然に触れるといいと言われるが、あれはまさに「木から気をもらっている」のであり、木によって気はチャージされることをきっと皆がどこかで気づいているからこそ森林浴が効く！という話が広がったりするのであろう。

（実際、研究によって緑を眺めること、観葉植物を置くこと、森に行くことでストレスが軽減されることは実証されている）

そのため、森林が県のほとんどを占めるここ高知県は、――なにやら文字遊びのようで恐縮だが、――そもそも気（木）がたくさん蓄えられた天然の気のタンクのような場所なのである。

そのため、この地の人々は「いごっそう」とか「はちきん」など、強気な人が多いと言われたりもするが、それもそのはず、この木（気）が多い場所に住まうことで最初から「気がたくさんチャージされているから」なのである。

九州沖縄

52

福岡県

福岡の波動とは!?

47全ての都道府県の中で「人気県ランキング」とか「美食県ランキング」をしたなら、おそらく上位5県に入ってくるのでは?と思われるのが、九州エリアで最大規模を誇る都市、福岡だろう。

福岡は、とにかく巷の話題に上ることが多い。

いうなればスポットライトが常に当たっているような、なんとも派手な波動を持っているところである。

日常生活の中でも、(都内に)福岡から進出してきた飲食店の話が出てきたり、福岡出身の芸能人の話が出たり、なんならこの間、福岡に出張に行った・屋台にラーメン食べに行ってきたとか、最近であれば、福岡に移住したとか、街歩き特集の番組を見たら福岡だったとか、芸能人が地元に戻って街ブラする企画してるなと思ったら福岡だったとか、やたらと「福岡」というキーワードを聞く機会は多い。

実際、この街は飲食の激戦区であり、さらに芸能人の輩出率も極めて高いことで知られている。

また、太宰府天満宮は修学旅行の定番で、中洲を中心にナイトライフも充実している。

そして、大学等の教育機関も多数あるため九州全土から若者が集まり、他県にはみられないほど人口比における若年世代の多さが目立っているという、他県からしたら羨ましい！と思える要素が盛りだくさんの、なんとも稀有な「うまかもんまつり！」が起きている県なのである。

また、福岡＝博多という他県にありがちな「県庁所在地一点最強主義」というわけでもなく、糸島、太宰府、北九州、宗像《むなかた》、八女《やめ》、久留米《くるめ》など、バランスの取れたよい都市が全域にわたって点在しており、海あり山あり川あり美食ありで、それぞれが各々の強みを打ち出していることがこのエリア全体を「オールラウンドストロングファイター」の地位に引っ張り上げていて、あらゆるニーズに対応する、取りこぼしのない（強いていうならウインタースポーツは弱いかもしれないが）魅力ある場所として印象付けることに成功している。

さらに加えるなら、福岡からは進学等で都内に出てくる人が一定数おり、持ち前の「福岡バイブス」のおかげか、都内や他都市部でもキラキラスターダムにのし上がっていく人たちがいる。

そしてまたそこでも「キラキラの波動を纏う福岡人神話」が生まれることとなるのである。

また、転勤や大学・専門学校への入学等で他県出身者や外国人を取り込んでいることに加えて、都市中心部に近いところに空港を持っていること、自然へのアクセスが良いことや住環境等が良いことから都会からの移住者も増えており、人の往来が活発で活動人口・居住者も増加の一途を辿っているという、ある意味、人口が減少していくことが危ぶまれる当世において——このままいけばではあるが——「栄華を極めていきそうな」街の一つではないだろうか。

さて、そんな福岡の波動であるが、——少々スピリチュアルな表現になるが——実はとても「龍的」だなぁと感じている。

龍の波動を帯びる場所

「龍」とは、洋の東西を問わずファンタジーの世界で題材に上るあの龍のことだ。

龍の波動を帯びる場所、福岡。

では、その肝心の〝龍の波動〟とは一体なんなのか。

それはやはり、「自分にしかできないことに全集中すること」ではないだろうか。

もう少し付け加えるとすれば、「自分の天命を生き、人の世界に大きく貢献することで社会を変えるなりして、突き抜けていくこと」だとも言えそうだ。

龍とはこの世界の表現で言うならば、一種のエネルギー体・想念体の俗称で、近年、龍関係の書籍が多く出ているのでそういった情報ソースから知識を得ている人も多いと思うのだけれど、一旦そのエネルギーと懇意になると、豪快な「突き抜けていく」波動がアドオンされることとなるように思う。

当然そうなると「どこまでもその人の才能を発揮しつつ、道なき道を突き進んでいくこととなる」ので、龍つきの人はほぼ間違いなく、相応にオリジナルな人生（ともすると波乱万丈とも言う）を歩んでいくこととなる。

この地、福岡は、いくつもの龍神系パワーを宿した神社仏閣がある土地である。

しかもそのエネルギーが、例えば突出した山などで分散することなく、海沿いを中心に満遍《まんべん》なく広がっており、ほぼ全域に龍神パワーが宿っているというエリアである。

福岡の地図をご覧いただくと、ほら、（博多湾のあたりとか）龍が横向いているようには見えてきたりはしないだろうか。

では、そんな「突き抜けるエナジー」を持つとされる龍神様に愛されるには一体どうしたらいいのだろうか？

最近は専門書も出ていると思うのでそちらに詳細は任せたいと思うが、個人的には普通のライフパスにのるというわけでなく、「波乱万丈上等！　なにがなんでも楽しく、面白く、豊かな、自分らしい人生を歩んでやるぜ！」と勝手に意気込んでいればいいと思っている。

そういうマインドセットのままで龍神様の神社、土地に行けば、自ずと、――そんな冒険野郎は龍神様の大好物なので――龍神様がぴとっとついて守護神のように傍で守護、いや、冒険譚コースの方へと半ば自動的に導いてくれるはずだ。

ということであるから、その逆の、「普通でいいです。ぼちぼちでいいんです。ひっそりと暮らしたい」という向きには、もちろん龍神さまはつかないのでどうぞご安心を。

福岡が上昇気流スポットである理由

福岡には「天に通じる上昇気流」が渦巻いていると個人的には感じているが、それは前述の通り、龍神様系の波動を持つ神社仏閣が多いことにある。さらに龍神様を合祀するとか龍とご縁がある場所・神社となれば、龍の都と言われる志賀海《しかうみ》神社を筆頭に、その数はもはや数え切れないほど！

そして、他にも「上昇気流を生じさせている」ヴォルテックスには太宰府の天神様&天神様の裏に座する天開稲荷《てんかいいなり》社、日本三大八幡の一つ筥崎宮《はこざきぐう》、関連遺産群として世界遺産にもなっている宗像

翔

龍やその波動にふれると、
夢は現実に向けて動き出す。

大社、筑後国一の宮・高良《こうら》大社、日本三大愛宕《あたご》の一つ・鷲尾愛宕神社、日本三大住吉社の一つであり筑前国一の宮である住吉神社、九州のお伊勢様・伊野天照皇大神宮《いのてんしょうこうだいじんぐう》があり、これら神社の多くが「自分力を高めていくこと、自分を愛する・信じる・尊ぶこと」をご神徳とし、また、自分を表現していくことを推してくれる神様ばかりであることが、少しでも神社・神様に詳しい人にはわかっていただけるのではないだろうか。

　このように上昇気流を発生させて、「動かし、突き抜けさせ、ドラマティックな人生を展開させる龍神パワー」にそれぞれの神様のパワーが「かけ算」されるのが、福岡のバイブスのコアである。

　その中でも「個性を主張すること」が特に強いので、コンテストで勝つこと、起業すること、自立すること、成功者になること、ダイエット等で「自分を美しくする」こと等々に励む者には間違いなく力を貸してくれる場所であると思うし、また、この場所に生まれし人は頭角を表すことを課題として持つ人が多いようにも思う。だからこそ龍のパワーが常に傍にあるのであって、一歩足をふみだす者には最高の上昇気流が吹く設定となっているのだろう。

53

佐賀県

実はスゴい！佐賀県

佐賀県。

実は今までに「佐賀県って……」と話をしていると、「ところで佐賀ってどこだっけ？」「え、琵琶湖の隣？　それは滋賀？」などという少々不届きな質問をもらうなど、佐賀のことをあまり詳しく存じ上げないのかな？と思えるやりとりを何度かしたことがある。

このようなやりとりを他県の話ではしたことがないことから、九州出身であるとか身内・親戚に佐賀出身の人がいるとか、佐賀の大学等に通っていたとかでもない限り、実際問題として佐賀のことにくわしいというのは、それなりにレアなことなのかもとも思うがどうだろうか？（皆さんは正確に佐賀の場所とか県庁所在地とか名産とか言えますか？）

そこまで多くはないとはいえ、佐賀の人たちに接したことがあり、また佐賀の地に何度も行ったことがある立場からすると、こういう「佐賀の影が薄そうな場面に遭遇するたび」に、いやいや、それはあまりに酷いのでは？……と思うのだが、ただ、たしかに「対外的なピーアールなどはあまり得意じゃないかもね」などとも思うし、九州の中でもトップクラスの知名度とブランド力を誇る福岡が隣にいて、またその逆隣り県、長崎には世界遺産があって、熊本には「くまモン」というハイパー強力なご当地キャラがいるとなると、なるほど県外の人たちの「佐賀ってどこだっけ?」という質問がまず浮かぶというのも、悲しくはあるがわかる気がしないでもない。

ただ、現代の佐賀県は影が薄いかもしれないが、実は私たちの生活・国は佐賀の賢者たちが作り上げた土台の上に成り立っていると言っても過言ではないのだが、読者はその事実をご存じだろうか?

例えば超有名どころでいうと、総理大臣を2度も経験した偉人・大隈重信公。

彼は早稲田大学の創設者としても有名だが、彼に加えて、鍋島直正、島義勇《よしたけ》、佐野常民《つねたみ》、副島種《そえじまたね》臣《おみ》、大木喬任《たかとう》、江藤新平という6名を加えた人たちは佐賀の七賢人と呼ばれ、佐賀県の力が最も強かった明治維新前後に活躍した「基盤づくりの名手・時代を牽引したリーダーたち」とされている。

大隈公は先ほど述べた通りだが、江藤新平は日本で最初の法務大臣となり法律などを作った人であるし、佐野常民は日本赤十字社を創設した人であり、大木喬任は日本で最初の文部科学大臣となり新しい学校の仕組みを作った人である。

佐賀県は鍋島公が学問・教育を推奨したため、県内、いや、当時の言い方で言うと藩内には学問を尊び、学びを深めていく気風が育ったことで、名物と言えるものはたしかに多くはないかもしれないが、傑物は多く輩出しているのである。

しかも、武闘派な感じではなく、知性で勝負するタイプの、「大臣気質」の人たちが多いように思う。

佐賀といえば、戊辰戦争頃から薩長土肥と呼ばれ、朝廷への政権帰還に貢献し、江戸—明治の時代の過渡期に大いに活躍した藩の一つであり、時代の基盤を転換させるという、ある意味、日本史上かつてないほどの破壊と再生に成功した新時代の創設者たちを生んだ場所である……というと極論かもしれないが、現代日本のエッセンスの何%かには佐賀風味が入っているなどとは言えるかもしれない。

また、佐賀といえばしっかりと「始末」をすることが有名である。

無駄を嫌い、倹約に励む質実剛健のカルチャーが根付く場所であるが、これは当時の藩主が参勤交代に出向こうとしたら商人たちが江戸に逃すまいと（借り逃げされまいと）お城に集まってきたせいで参勤交代に行けなかったことがあるというエピソードに起因するらしい。

参勤交代に江戸に上がれなかったこと、それを大いに恥じた藩主は役人数割をお役御免にしたり、領内での芸者遊びや絹の衣装等、数々の無駄を禁じたという。

そしてそこから「質素倹約」のカルチャーがここに根付いたのだとしたら、もうこの地は数百年越しの倹約のDNAを持つということにはならないだろうか。

佐賀の気質を作るもの

佐賀県。

この名は一体どこからきたのだろう。

「栄える」がなまって佐賀となったとか、「賢女《さかしめ》」に由来するだとか、諸説あるが、いずれにしても栄えるに賢いにと、なんとも縁起の良さそうな名前の語源である。

誠

地球と相思相愛になる秘訣。
——家族に隣人に、社会に国に。
そして、地球と宇宙に誠実であること——。

とはいえ少し考えてみると佐賀には「豊かで良きものの波動が満ちている」ことがわかる。例えば有田や伊万里や唐津など、有名な焼き物・陶磁器の里がこの地にはたくさんある。昔から良き土があったとされており、古くは縄文時代などには黒曜石も産出されたという話もある。加えて、土地が肥沃だったこと、そういった石がとれたこと等も相まって、吉野ヶ里遺跡に代表されるようにこのエリアには多くの集落・国があったとも言われている。

また、第1次産業が盛んで、アスパラガス、大豆、みかん、いちご、二条大麦、玉ねぎなどは全国トップクラスの生産高を誇り、米、佐賀牛、伊万里牛といった穀物・畜産も、いか・たこ・えび等の海産物とともにブランド化され、近年認知が広がっている。さらに西部に行くと茶畑が美しい嬉野《うれしの》とそこでとれる嬉野茶もあり、2022年9月には西九州新幹線が開業し武雄や嬉野温泉の駅も運行することから、さらに本州からのアクセスが良くなり、地元民にとってもビジターにとってもいいこと尽くし!という感じになりそうである。

ちなみに栄えるという点でいうと、佐賀市内には828体(2015年時のデータによる)の恵比寿像が祀られているという。

恵比寿様はたしかに漁業豊作の神であるし、実際、佐賀県は海苔の養殖生産量で日本一である。また、日本三代稲荷の一つ、祐徳稲荷《ゆうとくいなり》神社もあり、祐徳稲荷神社もあり、お稲荷さんは五穀豊穣の神様でもあることから、なんとも「豊かさにご縁がある」県であるようにも思えるので、前述の第1次産業が豊かなことも相まって、「さかえる県=佐賀県である」といわれても違和感など感じようもないのである。

この地には八幡様・天神様が多く祀られていることから、やはり前述の鍋島公のことを含め、教育・学問に力を入れていく素地・素養がある場所なのだろうと思われる。

余談だが、佐賀は薬局の数が日本一（人口10万人あたり）というが、それもやはり「手堅さ×教育熱心さ」が結びついた結果の一つではないだろうか。

この土地に流れるもの

ここまで綴ってきたものを総合すると、それはやはり、創意工夫するマインド、知力・胆力、そしてコツコツと努力し続ける継続力だとはいえまいか。

教育に力を入れていくこと＝人を育てること、伊万里等焼き物の伝統が今も根強く残り、ブランド化していること、手堅く攻めていく気風があること、これらは全てこの土地の美徳や特徴であり、それらを生み出しているのが「ここに流れる知と胆の波動」であろう。

この地はかねてより知力で中央に貢献してきた場所であり、今の動きを見てもそのＤＮＡ・波動は俄然継続中であるように思う。

例えば、スクウェアエニックスのコンテンツである「サガ」シリーズとコラボレーションして、ロマンシング佐賀なるイベントを開催したり、また、武雄市図書館は改装に際し、公営にもかかわらずカルチュアコンビニエンスクラブ（蔦屋書店を運営する会社）に運営を業務委託して館内にスターバックスコーヒーを配するなど、斬新な一手を打ったことで知られている。

ここは改装翌年には以前の4倍の来館者数増に成功するなど、今も週末は駐車場に入るのに行列ができるほどで県外の人を呼び込む一大人気スポットにもなっている。

また、同じく武雄の御船山楽園はチームラボとコラボレーションし、大胆なプロジェクションマッピングを投影したり、エントランススペースを一面に使った斬新なインスタレーションを展開したりするなどし、地方でありながらも中央に負けない圧倒的に斬新なアイデアを打ち出し、多くのインバウンド・国内旅客を誘引することに成功している。

さらに嬉野の和多屋《わたや》別荘もコロナパンデミック体制にいち早く対応し、ワーケーションルームを作るなど、リモートワークでどこでも働ける時代になったからこそ必要とされる空間作りや旅館・宿のあり方を示して見せた。

こうした事例は、この土地が「創意工夫・大胆なことも取り入れる胆力」のある場所であることを証明していると言えないだろうか。

一般的には、保守的で外に向かって開けていないと言われる佐賀。

だが、こうして、新しい試みを打ち出し、異論があったとしても、それらを押し切っていくだけの実行力と胆力を持つ有志がいることに、かつての維新の時の人たちの影が重なって見える。

そして、これからはそういった変革の気概を持つ魂や行動力が今まで以上に求められていく時代でもあることから、時代の風に煽られて、ここ佐賀の地が彼ら新時代の寵児たちを中心に、また再びかつてのように熱を帯びていく場所となるのではと予見している。

54

長崎県

特殊な波動を纏う場所、長崎

長崎と聞いて皆さんの脳裏に浮かぶのは、一体どんなイメージだろうか。

例えば我が地元、香川県＝うどんのように、長崎＝カステラ・ちゃんぽん、とか食のイメージが湧く人もいるだろうし、世界新三大夜景（モナコ・上海・長崎）の一角として、その類稀なる景勝地としてのイメージが強い方もいるかもしれない。

はたまた、文学・カルチャーが好きな人であれば、遠藤周作『沈黙』のようにキリシタン文化・宗教といったものを連想されるむきもあろう。こちらは近年、「長崎と天草地方の潜伏キリシタン関連遺産」ということで世界遺産登録されたこともあるので、もしかするとこのイメージが強いという人も意外と多いかも知れない。

私が長崎の地を訪れて感じたのは、「日本なのにどこか日本ではないような感じ」というものだ。それはいわゆる長崎市のみならず、県内の他の市町村も同様である。島原も佐世保も平戸も他の町も、歩いていると日本式の建物群の中に突然洋式の建物（しかもだいぶスタイリッシュな教会建築とか）

が現れるところとか、オランダ坂とか西洋式の橋がところどころにあったりであるとか、外国式の庭園や建物や外国人関係の石碑があるとか、お墓に「和式」以外のものがたくさんあるところとか、外国様式と日本洋式の不思議なミックスをそこここに感じることができる。もちろんこのミックス感はなんの理由もなく生じているわけではない。

古くは長崎には、平戸・出島という外国に開けた二つの交易の要・港があった。

そのため、外国から入ってくるものの多くはこの港を経由することとなったわけで、実際、「日本初の～！」というものがここ長崎にはたくさんある。

食材でいうと、トマト、じゃがいも、パスタ、ハンバーガー、ハム、コーヒー、チョコレート、玉ねぎ等は長崎が日本初上陸の地で、鉄道、鉄橋、ボウリング、ビリヤード、缶詰もそうだし、珍しいところでは初の商社やマンションも長崎が日本初だそうだ。

また、無形のもので言えば、キリスト教の正式な布教がスタートしたのもここ長崎である。

歴史書を紐解くと、日本とキリスト教のファーストコンタクトは１５４９年にはフランシスコ・ザビエルが九州に上陸したことによると記されている。

その後は九州・西日本から徐々にキリスト教徒が増えていくこととなるが、その中でも特に信徒が増えたのがここ長崎である。

実際、長崎市には教会が多く、街を歩いているとその数や立派さに驚く。

尖塔が多く聳《そび》える街の景色は、冒頭にも記した通り、時に「ここはどこの国だろう」と錯覚を覚えるほどだ。

現代長崎は少々横に置いておいて、長崎の歴史を少々振り返ってみよう。

史実上の、という制限はかかるが、長崎の他県にはない特徴なるものは、きっと大きく分けると以下の二つではないかと思う。

――日本と外国（特にイギリスとオランダ）との窓口であった平戸・出島《でじま》を有していたこと。

――日本とキリスト教世界の架け橋となった場所であるということ。

サラリと書いているが、よくよく考えるとこの二つはとても大きなインパクトを持っているファクターである。

外国との接触も、宗教というＯＳとも言える概念との接触も、ともに日本という国の国体をひっくり返す可能性があるものだからだ。

――鎖国中の日本が唯一外国のことを知り、外国産のものを手に入れることができる港。（しかもその場所は横浜でも神戸でもなく、江戸幕府から最も遠い場所である長崎！）

――人々の死生観を含む、価値観やライフドグマを上書きすること。

日本古来の仏教・神道とは異なる思想・信仰を受け入れること。（改宗）

なぜ長崎でこの二つの事象が起きたのか。

他の港や九州・西日本のほかの地で起きてもおかしくはなかったはずなのに、長崎で発生した理由は一体なんなのだろうか。

「長崎の持つバイブスが世界との窓口（宗教も物質も全て）になった理由」はなんなのか。

それを次に綴ってみたい。

越

「今まで」を乗り越え、
「これから」を迎え入れる地。

火の国と呼ばれていた場所

またしても歴史の話となるが、「鎖国前」のもっともっと前、律令制の頃まで歴史を逆回しにして、遡ってみることにしよう。

長崎は、長崎県になる以前は肥前国《ひぜんのくに》と呼ばれていた。

領土は今のそれより広く、今の佐賀と長崎県を足したエリアが肥前国の管轄であった。

ちなみに肥前国の前には火の国と呼ばれ、現在の熊本もそこに含まれることもあったという。

「火の国？　え、熊本のことじゃないの？」と思われるかもしれないが、火の国の由来が火山が理由とするならば、熊本には阿蘇が、長崎には雲仙《うんぜん》があることから、二つの国がともに火の国と言われていたとしても合点がいく。しかも、この二つの火山を足せば、さらに強力な「火の国」となることから、そのネーミングを否定する理由を見つけることはできない。

また、これは火山と関係があるかどうかはわからないし、とってつけたような感じがしないではないが、東洋の五行でも西洋の四元素説においても、火とは始まりのエネルギーでもあるので、「何かが始まる場所」であることがこの火の国という名前から推察することができる。

長崎は千年以上も前から、その名に「始まりのニュアンス・バイブス」を持たされていた場所、と言えそうだ。

長崎の地理的な特徴と人が作りし空気感

長崎は594もの島を有し、沖縄を除けば日本最西端に位置するエリアである。

当然だが、朝鮮半島・大陸に最も近いエリアでもあるから、昔から、朝鮮の国々や大陸との交易や戦があったことを示す史実にもことかかないし、また、肥前国には吉野ヶ里《よしのがり》遺跡もあったり、佐世保や平戸エリアには縄文時代より以前の古代から人が住みついていた跡が見つかっていることからも、古くから集落が形成されるなど、人の営みがあった土地であることがわかっている。

大陸に近い立地であることから、大陸・半島から人が渡ってきやすかったこと。また、リアス式海岸や入り組んだ入江を持つことで海産物に恵まれていたこと、年間を通して雪が降ることもなく穏やかな気候であること等、人が定住するのに適した条件が揃っていたのだからそれも当然であろう。

飛行機や鉄道が移動の主要手段になるまでは、つまり船が人々の移動手段の主たるものであった時分までは人・もの・こと・文化・思想、全てのものが混ざっていく場所であったのがここ長崎だ。今でいうところのハブ空港やハブステーションとなっているところを想像してもらいたい。

ざっくりすぎる気もするが、新幹線が停まるようになると急に街が栄えるようになるとか「経済効果」が謳われたりするが、まさにああいったことがここ長崎では遥か昔から起こっていたのであろうと思われる。

たしかに歴史を紐解けば、遣唐使・遣隋使も少年使節団も、他の多くの「西に向かう使節団」もここ長崎や隠岐・壱岐を最後の寄港地として外の世界に旅立っているし、またその逆で、世界中から多くの外国人がこちらにやってきてもいただろう。

そういった文化的・物質的な交流が行われてきたのがこの長崎の地であるから、きっと他文化等に幾百年と触れてきたことで、独特の価値観や多様性が育まれたことであろう。世界中から色々な人・もの・ことがやってきては交差していく場所、まさにここは当時の情報のクロッシングポイント、万物の交差点であったのだ。

長崎の波動

長崎県のバイブスは、一体どんなものだろう。

色々な色をここからは感じる。

広がりも始まりも日本も異国も、収束・集中も、本当に多種多様にミックスされたエネルギーがこの土地には渦巻いている。

それが東京なら、「現代的な、例えば経済的な理由」とか「外交的な理由」等で色々なものが紛れ込んでいて多国籍になっているのもわかる。だが、街の規模感が長崎と同じ程度の他県の市町村ではこのようなミックス感を感じることはほとんどないため、この長崎という土地は全国的にみても、そこを流れる空気、風景がとても特殊な場所だといえる。

「異国ではないのに異国情緒たっぷり」であり、あえていうなら、少し自分の中の平衡感覚とかコンパスがずれていくような、パラレルワールドに紛れ込んだかのような印象を持つ街なのである。

余談だが、長崎の「外部のものを受け入れる」感じは、近年発展した都市にありがちな「とってつけたような外交都市」の形だけのそれではなく、鎖国時代から外国の受け入れ窓口を担ってきた歴史を持っているため、異国のものが街に自然に馴染んでいるというか、もはやそういった折衷主義・ミックスされた感じの方こそ、むしろナチュラルであるといった風に感じられる。日本が全面的に鎖国していた頃から外国と交流があり、目鼻立ちや肌の色が違う人々が街を闊歩《かっぽ》していた土地で、今でも佐世保には米軍基地があったりもしていることから、この土地ではもはや色々なものが混ざり合っていることの方がある意味、当たり前なのかもしれない。

バイブスの話に戻るが、ここ長崎で「一番強く感じる波動」とは、終わりから始まりにつなげていくパワーではないかと思っている。

「始まりのパワー」といっても分析してみると、実は二つの異なるタイプがある。

「0から何かを生み出していくようなパワー」もあれば、「何かを終わらせることで新しいものが入る余白ができ、そこに何かが生まれ出る」というのがその二つのタイプの内訳となるわけだが、ここ長崎は後者のエネルギーを特に強く感じる。

デクレッシェンドからクレッシェンドにつなげていく、バトンリレーのようなエネルギーこそが、長崎のバイブスの特徴の一つではないかと思うのだ。

前述もしているが、歴史の中でも長崎の地が時代の変遷に果たした影響は大きい。

ルールチェンジャーというか、何かを上書きしていくようなパワーがここにはあって、「旗手・一番手」となるような宿命を担う人たち・企業もこの地からは多く生まれているし、歴史が物語るように、この地を起点にして全国に広がった!というものは枚挙にいとまがないほどだ。

境界を越えて、色々なところとつながり、発展、浸透させていくエネルギー。

越境者であり、カオスを受容する「大いなる器」、それが長崎の波動のコアと言えるものかと思う。

実際、長崎の人たちと話してみるとわかるが、頑固なところがなく、「ま、いっか」とか「うんうん、そうだよね」などと、角のない感じを受けるし、非常に受容力が高いことがわかる。

私見だが、長崎出身の友人たちも、皆、人間関係や仕事にまつわるスタンスがいい意味でライトであり、執着がなく、人間関係の怨恨等で悩んでいるのを見た記憶がない。

そしてそういったフレキシブルな姿勢こそが、この回転の速い現代社会、また皆がつながっていけるコミュニケーション戦国時代とも言える時代においては、ある意味、最善の生存戦略のように見えたりもするので、こちらの人たちは、実はもとからサヴァイバルＩＱが高めの人たちではないかとも思うのだ。

また、この地には独特の感性を育む波動があると思う。

芸術面とかクリエイティブ・芸能の世界にこの地で養われるパワーを向けたなら、独創的なものを作り上げることができたり、人を感動させるようなパワーをその身に纏うことができたり、また、誰にも真似できない、オンリーワンのポジションを獲得するとか、誰もまだ着手していない不思議な領域やコンテンツでも大成したりもできるはずだ。

総論となるが、「ゴー・ネクスト」的なバイブスが強いのがここ長崎なので、進取の気性をチャージしたい人、開かずの扉を開けたい人はこの土地を訪れてみることをお勧めする。

終わりが見えなかった何か、終わらせ方がわからなかった何かに終止符が打てて、次の何かが見えてくる……なんていうことがあるかもしれない。

闇に光を、袋小路的な事象に解決策をもたらす波動。

そういう「新芽」を与える力と、新しい風を人生に吹かせる極のようなもの。
極端に言うなら、天地開闢《かいびゃく》的な、「開けていくエナジー」がここ、長崎の半島には詰まっているように感じられた。

55

五島列島

世界遺産が点在する島々、五島

五島《ごとう》列島。

その島々がどこにあるのかは知らなくても、2018年7月に世界文化遺産に登録された「長崎と天草地方の潜伏キリシタン関連遺産」の存在によって、その名を聞いたり、島々の美しい風景をどこかで見たことがあるという人は、きっと多いはず。

二百数十年もの間、信仰が守り続けられた島々、また、大規模な工場や農業プランテーションがないため、砂浜をはじめ、手付かずの自然が多く残っている、いい意味でタイムレス&プリミティブなザ・離島感を味わえる場所。それが長崎港から西に１００㎞ほどのところに位置する島々、五島列島である。（五島と言われることが多い）

五島列島は中通島《なかどおりじま》、若松島《わかまつじま》、福江島《ふくえじま》、奈留島《なるしま》、久賀島《ひさかしま》という５つの島を中心に構成されており、中通と若松を中心とする北側を上五島、それ以外の南に座する島々を下五島と呼び、島間の移動は船のみである。各島には鉄道はなし。公共の交通機関はバスがあるが、本数はまばら。基本的には住民はマイカー、旅人はレンタカーでの移動となる。

ちなみに福江島のみ、長嶋・福岡などの空港と空路でも結ばれており、３時間程度で都内からもアクセスすることが可能。（ちなみに五島列島は大小合わせて１５０ぐらいの島々からなると言われている）

このようにアクセスや島内移動のインフラもお世辞にも「よい」とはいえない島々ではあるけれど、ここは過去の日本における世界観や価値観を知る上でもぜひ一度、時間やコストをかけてでもいく価値があると思っている。

その理由はいくつかあるけれど、その一つは前述したように、世界遺産、「長崎と天草地方の潜伏キリシタン関連遺産」を訪ねること。

日本は日本国憲法により信教の自由が保障されているので、今を生きる私たちには「明日から御札を全部燃やしてね」とか言われるような世界は想像できないが、かつての日本は今のような世界観ではなかったのである。

千年以上前から日本には宗教・信仰というものが根付いているが、時代・君主によって国教が変わるとか、廃仏毀釈《はいぶつきしやく》令が出るなど、ある日突然、日々の習慣だったお祈りや神社への日参的なことが禁止になるなど、ザラではないとはいえ、起り得ないことではなかったのだ。

また、現在、国内には仏教施設とか神道施設が多く存在することから、それらを修学旅行や個人的な旅等で訪れて歴史を知るとか、当時の生活に思いを馳せる等はあるかもしれないが、それらの多くは「裕福な貴族や豪族、大君や戦国大名や大商人たちの庇護」を受けてつくられたものである。その逆に、迫害・弾圧を受けて、本土・九州から西へ西へと逃れてきたキリシタンたちがつくった教会を見ること、また、厳しい環境に置かれても信仰を諦めなかった信徒たちの当時の生活をしのぶなんていう機会は非常に珍しいことだと思う。

このように、「長崎と天草地方の潜伏キリシタン関連遺産」を訪れることは、ある意味、その裏にあった弾圧、拷問、迫害等、人類の黒歴史を知るということでもある。

また、世界中に多く残る教会は「お金がある人たちからの寄付やパトロンたちの存在」に支えられて建立された傑作も多く、芸術家たちによるステンドグラスやフレスコ画で豪華絢爛な、観光名所の華となっていたりもするが、ここはある意味その真逆。

貧しい人々がそのわずかな蓄えの中から教会を建てるために寄付をして、自前で石を切り出したりして、でき得る限りの装飾をして……。

本当の意味で「しぼり出された」エネルギーの塊を感じることができる、色々な意味で稀有な場所なのである。そのため、荘厳で華やかで神の祝福を感じる……といういわゆる、「教会で感じる典型的なバイブス」と「ここで感じる波動」はだいぶ異なるものであるかもしれない。

そしてそういった独特の、ある意味、「歴史の中で積層されてきた、ともすると痛みとも言える」波動を感じるためにも、過去の歴史のあれこれを知るためにも、ここは生涯で一度は訪れる価値がある、いや、義務であるとすらも感じられた場所である。

重めの話となったが、五島は素晴らしいホテルも五島牛も五島うどんも椿もと、多くの名物を持

信

大いなるものに愛された、
深き信仰が根付く島々。

つ土地である。

また、なんといってもここでしか出合えない、スーパーフォトジェニックな景色を拝める、実に風光明媚な所でもある。

例えば、日本の他の場所ではあり得ない「自然の中の抜けるような絶景＋和の風景＋教会」（しかも天守名が漢字で書いてある）という不思議なミックスが拝めたりもするし、また、海の透明度があり得ないほどに高いことから、ダイビングや釣りやマリンスポーツが好きな人であれば、一度はこちらを訪ねてみると良いだろう。きっとその透明度の高さに驚かれるはずだ。

五島列島の波動

さて、そんな五島列島であるが、ここに溢れるバイブスはやはり、「純粋性」とか「本当に大事なもの」を思い出させてくれるようなものであると思う。

歴史の荒波、弾圧等の重圧を乗り越えてこられたのは、一途に「鉄の意思」や「純粋性」が強く発動されたからではないかと思われるからだ。また、この土地全体に漂うもので、特に顕著だったのが、虚飾が多いこの現代社会において、「基本」ともいえるものを取り戻させてくれるような「禊と浄化と原点回帰の波動」である。

自然を含む、「何やら大いなるもの」に私たちは生かされているが、自然への畏怖や崇敬を時に、特に都市生活をしていると、私たちは忘れがちになる。

だが、ここはそういった自然との距離感や地球に生きるということをリアルに思い出させてくれる場所のようにも思える。謙虚さ、誠実さ、丁寧に生きること、そういうものを再インストールしてくれる聖地のようなところ、それがここ、五島列島ではないだろうか。

56 熊本市と沿岸部

火と水を味方につけた、日本有数の豊穣バイブスを感じる場所

熊本はエネルギー的には、天草と熊本市を含む海岸周辺エリア、そして阿蘇《あそ》のエリアと3つに分けられるが、この項では「熊本市と沿岸部」について綴っていく。

熊本は「日本の政治・中枢に切り込む！　変革の使徒を生み出す土地」というよりは、阿蘇を代表する山があり、イルカも泳ぐ天草があり、有明海があり、山々から流れる清流ありと、名実ともに風光明媚な場所で、いうなれば豊穣のバイブスが豊かなところだと言えるだろう。

地下水も豊富で、熊本市は１００％、生活用水を地下水で賄っているらしい。（データによるところ、これは人工50万以上の都市では日本唯一なのだとか）

根

根っこがしっかりしている限りは
地表に出ている茎や枝に何が起きても大丈夫。
何度も何度も芽を出して、天に向かって伸びていく。

その新鮮で豊富な水と広大な大地の組み合わせ、そして、千mを超える山々があり、平地も豊かであることから南国・九州にいながらにして気温差が生まれるので、一説によると熊本県では日本でとれる野菜・果物全てが栽培・育成可能なのだという。

火山があることから火の国（他にも不知火《しらぬい》説もあり）、水が豊かなことから水の国。それらを合わせると、火水《かみ》となり、こじつけかもしれないが、全ての源となるパワーのツートップである火と水の両方を併せ持つということは、熊本県は豊穣の神様の寵愛を一身に受けている県なのだとは言えないだろうか。

また、熊本県は農業産出額では全国5位で、いちご、すいか、メロン、生姜、みかん、トマト等の赤〜黄色にかけての農作物は1〜3位と常に全国トップクラス！　火の国だけあって、「赤いもの（と黄色いもの）」がとても強いというのは、やはりルート（第1）とソーラープレクサス（第3）のチャクラパワーが強い土地であるからと言えそうである。

そして、それ以外にも「農業県」を冠するにふさわしく、りんご、カリフラワー、各種お花、きゅうり、なす、梨、かぼちゃ、柿、春菊……等々、本当に多くの農産物を生産しており、大地の豊かさを色々な数字（生産高等）を通して窺い知ることもできる。

また、当然だが、大地のパワーが強いということは、根っこが強いということでもあるので、土着のカルチャー、地元愛等、Uターン者・Iターン者が多いという傾向につながっていく。実際、今までお会いした多くの熊本県民たちは「地元が大好き」で、ことあるごとに熊本、実家に帰省していたり、地元の商品、何かを都内や都市部で販売・プロデュースするなど、地元のフックを利かせた動きをしている方々が多い印象があるが、それは「土地のバイブスをしっかり吸収して育つ」と、地元を離れてもやはり地元愛は変わらず、いつもどこか根っこのところで自分のルーツとつながっている感じになるからなのかもと思う。

うむところ＝くまもと

水資源が豊かな「うむところ」。

それがこのカミ（火水）の国、熊本の特性と言えそうだが、水は養分を届けたり、万物を流す働きだけではなく、実は浄化という役割をも持つものであることも忘れてはならない。

例えば、時代の節目において宇宙や地球が「次のステージへとゴー」とサインを出したなら、大地を調整するタガは外れ、一気に次世代の「あり方」へ向けて地球自体が動き出すということもあるだろう。

このように、神（火水）の寵愛を受ける場所とは、通常時はその恩恵を有り余るほどに受けることができるが、その天啓とも言えるサインを直で受ける場所でもあることから、神々の啓示を受けて、世の立て直しに動き出す最初の場所になりやすいように思う。

また、それらを起点にした「世の立て直し」のエネルギーセンターとなる場所でもある。

そのため、その土地やそこに生まれた民や招集された民のお役目は多大で、なんならちょっと重苦しいものかもしれないが、ただ、それは地球のエネルギーが集まる場所にはついてまわることなので致し方ないとも思う。

この地の波動で育まれた人たち、この地に生きる人たちはそのお役目を果たすために、時に新しい基軸の創造に動いたり、新時代的な豊かさの定義を作ったり、そのあり方を打ち出したりするなど、「新しい雛形」を作ることに勤しむ人が多い。

56

また、その多くは物づくり、食べ物にまつわること、土木関係、木材等に関わることであったりすると思うが、水性が強いことから母性が強く、カウンセリング、セラピー、マッサージ等で人と話す、人に触れることで癒したり、ケアしたりという地蔵尊のような働きを担う人もこの地には多く生誕しているはずである。

当たり前のことを普通に淡々と

当たり前のことを当たり前の如くする。

実は今の現代社会ではそれはとても難しいことなのかもと思うことがある。

とはいえ、自然の理《ことわり》をたっぷりその身に吸収したこの地に生まれた者たちは、その理を体現し、後進へと、社会に示していくことで、地球の1ピースとしての私たち人間本来のあり方を、まるで水がからっからの大地に浸透するように、染み込ませ、伝導させていく。


大いなる地球、ガイアはものを申さない。

大きな痛みを伴う変化を起こさざるを得なくなる前に大地の精霊の代弁者のような人たちがその声を届け、伝えてくるのだと思うけれど、この土地の人々に触れれば触れるほど、彼らこそが母なる大地の使いであり、メッセンジャーなのだと思えてくる。

「豊かさの創造」「豊かさにまつわる真理の伝道」。もちろんそれはしんどいお役目ではあると思うけれど、それこそがこのエリア生まれの人々、この地に呼ばれた人たちの使命なのかもしれないと思っている。

この場所が持つエネルギーとは「全てを受け入れる器」であり「根元」。

復活のエネルギーが強く、「根っこ」だけあって、絶対に折れないバイブスを持つ場所。

そういえば、熊本県民を表す言葉（県民性）に、「肥後もっこす」というものがあるが、津軽じょっぱり、土佐いごっそうとともに三大頑固人にカウントされるのは、この「根っこ力」のバイブスが強いこともあるのかもしれない。

57

阿蘇

九州全土の中で最も独特な波長を持つ場所

先ほどの熊本のページで熊本を3つのエリアに分けたと書いたが、熊本市と沿岸部、天草、阿蘇の3つの熊本県エリアの中で、最も他の二つとの違いが明確なのがこちら、阿蘇エリアではないだろうか。

阿蘇とは阿蘇五岳と外輪山《がいりんざん》からなるエリアのことを指し、巨大なクレーターのようになっている場所の周辺のことである。

外輪山の内側には鉄道もあり、田畑もあるけれど、遥か大昔（十万年前頃）には今とは異なる火山帯があり風景も今とはだいぶ異なっていたとされる。

回数に関しては諸説あるが、いくつかの火山活動が起き、その活動に伴い地面は陥没。長い年月をかけてそこには湖ができて、川ができ、人が入植し、生活を営み始めたのが、ここ、阿蘇である。ここだけを切り取っても何やら他の地域とはだいぶ違う発展史を持つ場所であることがよくわかると思う。

ちなみに今でも火山活動は行われており、中岳には火山の火口がある。

実際、火山活動により、立ち入りが規制されたりもするが、観光名所でもあるので、修学旅行等で行ったことがある人も多いのではないだろうか。

そんな巨大カルデラエリアが人々の居住地帯となっているのがこの阿蘇の地であるが、ここは地質学的にその街ができたストーリーのみならず、他では感じられないようなバイブスを感じることのできる、波動的にもとても稀有な場所でもある。

カルデラに集落があること、風景が美しいこと、湧水等が豊富で水も空気も綺麗なこと。

これらは全て特筆すべきことであり、阿蘇の魅力であるが、それ以外に、特にこの本的に最も注目したいところは、なんというか、ここには独特の「精霊感」とでも言えるような「交信スポット」的なものを感じるのである。

このエリア全体が宇宙とつながるアンテナ、などとも言えるような、特別な何かを感じるところ、それが阿蘇なのである。

阿蘇エリアのスポットと阿蘇のバイブス

実際、この場所には押戸石の丘、上色見熊野座《かみしきみくまのざ》神社（とその奥の磐座）阿蘇神社等々、古代よりここが祈りの場、交信の場であったことがわかるものが多く存在している。

訪れてみるとわかるが、それぞれの場所の持つ超独特な空気感に圧倒されたり、また、「タイムスリップ感」とも言えるような、独特の俗世間との隔絶感が強く感じられるのだ。

何時代であろうが関係なく「ずっとそこにあってどこかとつながる軸」であったような、そんな揺るぎないものをこの一帯からは感じる。

そういった「要」の持つバイブスは熊本県のみならず九州全体に浸潤し、多くの人たちの「帰り代」となり、心や体をこの土地とつなぎとめるアンカーのようになっているようにも思う。

風土が人を育むと言われるように、自分のアイデンティティやパーソナリティというものはその土地の風と土が育ててくれるものだと思うけれど、そういう意味ではここにはやはり、熊本の人の持つ軸感のようなものの根幹になっているような波動が感じられる。

実際、熊本にはUターンや他県に出て行かない人が多いと言われているが、それはこのように「土地のバイブス」を養う軸とこうしてしっかりとつながっているからこそ起こる現象ではないかと思う。

熊本県民は（九州の方々も全般的に）地元愛がとても強いとされているが、それはこの阿蘇が「九州全体のアンカー」として、強いヴォルテックスを形成しており、ここに帰巣本能のコアのようなものを感じているからなのかもしれない。

57

日本列島を擬人化すると、
きっとお臍に当たるのはここではないだろうか。
日本の真ん中みたいな波動が出ているパワースポット。
そして、誰もが行くではなく、また帰りたいと感じる場所。

臍

阿蘇エリアからは体の中心をぐぐぐっと開き、世俗の世界観からの解脱・解放を促すような、第4番・ハートチャクラに作用する大きなパワーを感じる。そして、「全てが揃っている」豊かさを感じ、また、慈愛を感じる場所でもある。

包み込んで育むようなバイブスとも言えそうな、大いなる愛・包み込むような母性を感じることから、ここはきっと、日本に住まう人々にとって一種の「実家」のように感じられる場所ではないかと思う。

だからなのか、リピーター、移住者が多く、国内外から職種等問わず多くの人たちがこの地を訪れている。旅行者も移住者も地元の人も、阿蘇自体が母のような波動を持つことから、きっと彼らにとってはここは「訪れる」のではなく、「ただいま」の土地ということになるのだろう。

58

天草

上ではなくて横に広がりを感じる場所・天草

熊本は、他県に比べてバイブスの「幅」がエリアによって相当に異なる県だ。

そのため、波動のバリエーションという点では、ある意味、とても波動リッチな県であると思う。しかも、その波動も多分にスピリチュアルというか精霊的であるため、これからの時代的とも感じるし、そういった理由から今後移住者など熊本の波動を求めて訪れる人は多いだろうなと、勝手に推察・期待しているエリアでもある。

例えるなら阿蘇は巨大なアンテナ。上からの啓示を降ろす避雷針的な要素を持つ、宇宙波動とつながるなんとも縄文的な場所。

そしてこちら天草《あまくさ》はもうちょっと下の次元——といっても人の次元よりはだいぶ上だけれど——とつながることのできる、上に対して横の波が強く、〝we are all family!〟と言いたくなるような、パラレルワールド的な、オルタナバイブスを強く感じる場所だと思っている。

イルカが泳ぎ、人がマイペースで暮らす。
そんな場所にいたら、苦のない生活の実現は
実はそれほど難しいことじゃないのかもと思った。

天

異世界観を強く感じる場所

人の世界はしばしば都市化、または行きすぎた商業主義によって人・社会・世界の道理から外れていくことがある。仏教の六道でいうところの餓鬼《がき》道・修羅《しゅら》道のような波動というとイメージが浮かびやすいだろうか。

際限なき欲求を埋めていくような生き方、または闘争・勝利こそ正義！といった二元論に偏った思想。人の世界を生きているとそういう「極端な波動」に酔いそうになったり、波動転写されてしんどくなることもあると思うが、そういった「何か異界のものや価値観にふらっと吸い寄せられそうになったときに」、ウイルスバスターやノートンのように（共に対ウイルスソフト、その商品名）バチンと魔の侵入を防いでくれたり、すでに入っているものを浄化してくれるものがあったなら、「それ、ほしい！」と思ったりはしないだろうか？

そういった「波動ガード」のようなものは、パワーストーンとか護符みたいなものでも代替できると思うが、行くだけで中庸に戻る場所というのが、実はこの世にはある。

そして、そのイヤシロチこそ熊本市の南西に座し、過去には船で、今は橋を通って辿り着くことができる場所、ここ、天草諸島である。

天草はどこか「浮世離れ」している場所である。

崎津《さきつ》集落が世界遺産となり観光客が増えた今も、その空気感は変わらずマイペースだ。車が走り電灯がつき、道路が整備されている現代においても街やこの土地に流れている空気はどこかタイムレスな感じがしてタイムスリップしたのでは？と感じることもある、なんとも不思議な場所である。

熊本市から天草、特に﨑津集落に行こうとすると、橋をいくつも越えて辿り着くわけだが、橋を一本、また一本と越えていくたびに波動が明らかに変わっていき、徐々にこの世とはかけ離れたところに行くような、そんな「異世界トリップ」をしている気持ちになる。

　これを書いていて、以前に似たような経験があるのを思い出した。

　あれは京都の伏見、全国の稲荷社の総本山でのことだ。伏見稲荷大社の千本鳥居をくぐり、辻を越えていくたびにまるで違う世界に迷い込んだような「パラレル感」を感じ、つい先ほどまでいた京都の街中の空気がどこかに行ってしまったような気になった——あの感じにとてもよく似ているのだ。

　ただ、京都のそれが——現世利益というと怒られるかもしれないが——現世において努力した分だけ後押しをしてくれるような波動だとするなら、こちらのそれは「全く新しい可能性を見せてくれる波動」であると感じる。

　Aをずっとやってきた。でももう世界は動いているからそろそろBをやってみてもいいじゃない?といった風に。

　この土地自体も籍的には日本に属してはいるけれど、教会の尖塔が各所に見えたり野生のイルカがいたりするなど、どこか「普通の日本」とは波動的にも「オルタナティブ」で異なる場所だ。いわゆる既存の社会のそれに従うことで生じる縦のバイブスではなくて、横の広がりを強く感じられる場所、それがここ天草なのである。

　また、天草はその横の波動の強さからか、歴史上に幾度となく顔を出すという実はキャッチーな面を持っている場所である。歴史上の出来事でいうと、おそらく天草と聞いて最も多くの人がピンとくるのは島原の乱ではないだろうか。

この乱はキリシタンたちへの弾圧に対する戦（一揆）であったこと、またその指導者が弱冠十代の美少年、天草四郎時貞であったということも（17歳で没）他ではあまりみられない事例でとても興味深く、この土地の色を定義づけるものの一つであるように思う。

そして、異国とのやりとりが多かった九州ならではのエピソードではあるが、他のエリアよりもキリシタンに改宗する人が多かったのもここ天草である。後年もずっと中央からの弾圧・規制等にもめげずにそういった信心の伝統は残り、今でも天草、五島列島にたくさんの教会群が残っている。

それらは文化遺産として世界遺産登録もされているので、きっと訪れた方もいらっしゃるのではないだろうか。

天草はその立地から、中央からはたしかに遠く、テクノロジーやインフラが発達した現代でも「アクセス至便」とは言えない場所にある。

それはきっとテレポーテーションができる装置が開発されるまでは変わらなそうであるが、でもだからこそ天草らしい、土地由来、そこに暮らす人々由来のピュアな波動を保つことができているとも言える。この土地が「擦れず」に、天草らしくある……それがいつまで続くのかはわからないが、土地の波動自体がオルタナ波動である以上、決して時代の潮流に乗るなんてことはないのかもしれないとも思う。

でもだからこそ、そんなオルタナ波動を持つ場所であるが故に、ここを訪れる人は「時代の潮流」を感じない場所の波動に浸り、地球の呼吸を感じ、この星のリアルを感じることができるのだろう。

時代感を感じつつ生活することから脱すること、つまり日々のニュースやトレンド等を傍に感じつつ過ごす毎日から逸脱することで、外の情報に振り回されなくなり、生の自分を取り戻すことだって可能だろう。

そしてここにはそういう「中庸に戻す波動」「チューニング力」がある。

また、そういった波動があるからなのか、彼らがいるからこの土地の波動がそういう色味を帯びているのかはわからないが、この場所は野生のイルカが住みついていることで有名である。イルカウォッチングに出かけると98％という確率で出会えるというから、イルカ好きは一度行ってみてもいいかもしれない。

ここ天草は「日本で最初に活版印刷を行った土地」としても知られている。

土地柄か外国とのつながりが活発であったことから、グーテンベルクの活版印刷術を日本でいち早く導入、天草コレジヨという出版社のような形態が生まれ、外国人向けの平家物語やイソップ童話を印刷したりしていたという。

あの時代になんと１５００部ほど刷っていた本もあるというから、驚きである。

このように、外国から宗教を受け入れたり、教会を建てたり、出版社ができたりするなど、実は外に向けてオープンな気風も持つのがここ天草の特徴だと思っている。

59

高千穂

高千穂の特異性

天照の命により高天原《たかまがはら》から地上統治の命を受けた神、瓊瓊杵尊《ににぎのみこと》。

その天孫（天照の孫）・瓊瓊杵尊が初めて地上に降り立ったとされるのが、ここ高千穂《たかちほ》である。

……が、実は、「高千穂」は九州に、いや、熊本に程近い宮崎北西部と鹿児島と隣接する宮崎南西部に、なんと二つもあるのである。

北は高千穂町、南は高千穂峰と呼ばれる「高千穂」が存在しているが、どちらにニニギが降り立ったのかという議論は江戸時代から繰り広げられているらしく、天満宮の総本宮がどちらか説！のように、どちらが本筋かというのはどうやら今に始まった事ではないとされているので、ここでそのオリジンの正当性を語ってもどうしようもないし、そこを言及していくのも野暮というものであろう。

そのためこの項では、「どちらが天孫降臨の舞台となった場所か」については触れないでおくが、ただ、どちらの高千穂も非常に神話であるとか霊性であるとかそういうものとても深い結びつきのある土地であることは、これらの土地を訪れさえすればすぐにわかること。

そしてどちらもともに霊性の高い、人外のエリアであることは訪れるだけで、この地の波動に触れるだけで、きっと誰もが感じられるはずだ。

高千穂町は、おそらく日本で一番「神様とか精霊」とかいわれるものと人との距離が近く感じられるところではと思う。言ってみれば町全体が神様の住まいで、そこに人が住まわせてもらっているのでは？といったような、日本で唯一の仙人郷の中に人が住まう場所、それがここ高千穂町である。

日本には、精霊・神様・仏様を近くに感じる場所はたしかにいくつかある。

そういう特性を持つ場所というのはここ、高千穂だけの専売特許ではない。

高野山も比叡山も恐山も京都も出雲も志賀島も吉野もどれもが優れた霊場であり、素晴らしい土地である。箱根や天竜川などからは自然霊や竜の強い波動を感じることができるし、高野山のように人が作りし巨大な霊場はやはりそれなりに強い結界を感じることもできる。

ただ、高千穂の波動・地場はやはりどこか別格な感じがするのだ。ここはそういった人工的な要素よりももっとあちらの世界（神様とか人よりもレイヤーが上のものたちの）と人の世界のちょうど中間、いや、少し神様寄りだろうかというような、映画「千と千尋の神隠し」の神様の世界に人が迷い込んだかのような、「迷い込んだ感」すら感じる、不思議な地場感が得られる土地なのである。

もし「この世界とあちらの世界をつなぐトンネルやドア」みたいなものがあるとしたら、きっとこの町のどこかにあるのだろうな……なんて感じさせる不思議な空気感が満ちているのがここ、高千穂町なのである。

開

神様の世界と繋がるゲート。
世界にはそんなものがきっといくつもあるのだと思う。

天岩戸があるところに共通するもの

天岩戸と岩戸開きをする際に神様たちが会議をしたといわれる洞窟、天安《あまのやす》河《が》原《わら》が特に有名な高千穂であるが、実は全国には天岩戸と称される巨石や磐座が複数（しかもそれなりの数！）あり、「はて、どれが本物だろうか⁉」などと疑問が生じる向きもあるかもしれない。

ただ、この高千穂の天岩戸を見れば（現存するものは数年前？の大雨等で崩れている箇所があるのでオリジナルのものとは様相が異なるらしい）あぁ、ここはオリジンだろうな！と思える。

それほどのスケール感、神話的リアリティ（神話にリアリティもへったくれもなさそうだが、演出的な整合性がとれるという意味で）が強く感じられるのはここしかないと思っている。

繰り返すが、別にここだけが正当な天岩戸であると言っているわけではない。

実際、他の天岩戸とされるところに行ったときも天と通じるような波動を感じたりすることもあったし、胸のあたりが開いていくような感じや、サードアイが開眼するような何かを体感したこともあった。天岩戸に共通するのは「闇から逃げない」「怖さから逃げない」ことにあると思うし、また、外の世界に飛び出していく勇気や冒険のパワーを授かることができる場所であると言える。

ただ、ここ高千穂の天岩戸はスケール感が他所とは異なる。

天安河原での神様ミーティングと踊り子も交えた大宴会！　まさに神様大集結のフェス！が行われたのがこの高千穂であるから、やはり、高千穂は同じ神様集結系とはいえ、出雲神様集結とはまた違う波動を感じさせてくれる場所であることは理解に難くない。

表現がなんとも滑稽だが、「闇に転じて、天照らさない大神」になった大神をまた元の天照らす！にスイッチバックさせるという大儀礼・大儀式があった場所だけにその地場・場所の特殊性がきちんと現存しており、その本気の「岩戸開き」の波動を目一杯浴びることができるのはやはりここしかなく、そして、この守り継がれてきた本気の天岩戸開きの波動こそが、この地を唯一無二の価値・特性を持つものにしていると言える。

仙人郷の波動が漂うところ

天岩戸のこと・天安河原のことを多く綴ったが、ここはそれら2スポットだけが波動を形成しているというわけではない。荒立《あらたて》神社に槵觸《くしふる》神社に龍神様と、たくさんの神社があり町全体を結界のように覆っている。また有名な高千穂峡や美しい棚田があるなど、いい意味でアクセスが良くないことも相まって「下界とは離れたところにある仙人郷」らしさをとても強く感じる場所となっている。（＋町全体が低くても海抜300ｍに位置している）

さてそんな高千穂町で語られる神話のことは詳しいサイト・本などに任せるが、この地には完全に下界の普通とか常識とか当たり前を超越した雰囲気・気配が流れていると思っている。

この地にくると、世俗での主流となる考えや普通や当たり前、それらに染まりきっていた自分が解放されて、いい意味で色々なことがどうでもよくなってきたり、色々な緩みを持つ自分を許せるようになったりするのではと感じている。

この地に赴いて「霊主体従」の波動をしっかりチャージできたなら、自分の中にある内在神ともっと仲良くなれて、もっと外の神様たちの波動とかサインを聞き取りやすくなるのではないかと思う。誰でも経験があるかと思うが、人は一回食べた味は「あ、これはあのメーカーの焼肉のたれの味だ」などと、認識・知覚できるものだ。

だとすると、ここでしっかりと神様波動を浴びておくと、他所にいっても、あ、ここは気持ちいいなとかここはいらっしゃるな！とか、上位のものからの波動をちゃんと受け取ったり、感じられたりするようになるのではないかと思う。

「上のものからの波動」を感じる自分になる。

それこそ、もしかすると「天岩戸開き」（天のアンテナを立てること）の真意であり、この地の役割なのかもしれない。

60 別府

ハイパーパワースポット・別府

「パワースポット」という言葉は昨今よく聞くようになったけれど、この街ほどのリアルパワースポットは他にはないのではと思う。

その街とは、大分県別府市。

言わずと知れた温泉の街であり、温泉の聖地である。

自然湧出の温泉が２０００以上。

なかでも「血の池地獄」「海地獄」「竜巻地獄」「白池地獄」「鬼石坊主地獄」「鬼山地獄」「かまど地獄」等を巡る「地獄めぐり」や、数百年前から湯治場でもあった鉄輪《かんなわ》温泉、明礬《みょうばん》温泉などの別府八湯も有名である。

実際、街の至る所から、それも広い範囲で「湯気」がもくもくと立ち上る様はまさにKing of 温泉そのもの。

また、湧出量も日本一で、その量はなんと毎分約８万７３６０リットル!!

その数字からはもはやそれがどれぐらいのものなのか、全く想像できないけれど、なにやら「とんでもない量」であることは一目瞭然。

——２０００以上ある源泉。

——民泊から湯治宿、温泉付きの下宿に温泉旅館にラグジュアリーリゾートといった宿泊・滞在施設のバリエーションに富むこと。

——単純泉、アルカリ泉、硫黄泉、含鉄泉、硫酸塩泉等々、あらゆる種類の泉質を持つこと。

これらのデータだけ見ても別府はどう考えても「King of 温泉」であり、その地位はこれからも揺るぐことはないだろうと思われる。

さて、そんな温泉の王様、別府だが、ここからはこの土地のバイブスは一体どのようなものかを考察していこう。

湯

温泉につかって「ふわぁー」ってひといき。
争いごとなんてまるで遠い世界の話に見える。
戦とか戦争なんてしたくなくなるじゃんねぇ。

ハイパー温泉街ならではのパワー

別府がKing of温泉であることはもうすでにお伝えしたが、街に流れるバイブスは、一体どんなものなのだろうか？

街に滞在し散策してみた結果からお伝えすると、この街に流れるバイブスは「火」であり、「陽」であると思う。温泉だから陽なのは当たり前！と思うかもしれないが、全国の温泉街を色々回っていても、「温泉がある＝陽の気というわけではない」のがまた、「土地のバイブス」の面白いところだ。

まず、別府湾の地形。

大分市東部のある佐賀関《さがのせき》半島と国東《くにさき》半島の間でボコッと凹んでいることから、とても穏やかな湾を形成していること、そして陽がそこから昇ってくること。

すぐ後ろには湯布院等があり山を有すること、そして街全体に傾斜があること（湾に向かって傾斜があるので全体的に日当たりが良い）これらは「陽の要素」を集めるのに全てお誂《あつら》え向きの設《しつら》えだと言えるだろうし、またこのエリアは年間を通して雨が多いエリアでもあるので、水捌けをよくする意味でも、この傾斜のある土地に街を作っていることは理にかなっていると言えるはずだ。

次に、上下と西側を山に囲まれて、東側に湾を持つ地形であるということは、方向こそ違えど三方を山に囲まれた鎌倉や江戸と同じ要素を周辺環境として持つということでもある。

風水的にとても「良い」ということでもあり、自然の要害に守られている土地でもある。

だからなのかはわからないけれど、別府とはもともとは宇佐神宮の管轄地であった。

宇佐神宮とは、上宮・下宮をもつ、全国の八幡神社の総本山の神社である。

そんな緒正しき神社の直轄という場所が「パワースポットではない」わけがない！というのは偏った見方かもしれないが、実際、行ったことがある人は「この別府という土地のオンリーワンなバイブス」がわかるだろうし、今私が言っていることにも「なるほど陽の気があるね」などと、理解を示してもらえるのではとも思っているが、どうだろうか。

癒しの聖域・別府

別府観光の生みの親、実業家・油《あぶら》屋《や》熊八《くまはち》によって作られたキャッチフレーズ、「山は富士、海は瀬戸内、湯は別府」……うむ、仰々しくはあるが、前述の湯量などのデータ等を見れば、それはあながちはずれでも間違いでもなく、そして誇張でもなく、本当にここは温泉の王様なのだと思う。

そしてここ別府を他の温泉地と一線を画すものとは、やはりその街中に漂う香りではないだろうか。普通、温泉地はいくつかの源泉があっても「タイプが全て揃っている」というのはあまり聞かない。しかし、ここ別府はそれらが全部揃っているだけではなくて、湧出量が豊富なことから大気中に湯気がもくもくと湧き出て、それらに含まれる「成分」というべきなのか香りが街中に立ち込めていて、独特の香りを（特に鉄輪《かんなわ》温泉あたりとか）漂わせており、なんとも〝This is 別府〟感を高め、湯の聖域感が演出されている。

また、近年では大型外資系ホテルやアートホテル・ライフスタイルホテルも増えており、いわゆる昔ながらの湯治とか団体客相手のホテル営業というものから脱却し、国内外から感度の高い層をこの地に誘引することにも成功している。また、大学・高校などが増えたり、昨今のワーケーション可能な状況にも対応し、街中に長期滞在型のレジデンスのようなものができたり、コワーキングスペースができるなどして、若者層の居住者・活動人口も増えているというところも注目に値する点であろう。

パワースポットとは土地のエネルギーの高さがあればパワースポットたり得るが、ここは、その元からの癒しの波動に加えて、温泉の聖地にまつわる「治りたい・癒されたい・綺麗になりたい」などという皆の願いや祈りも大いに集積しているところであるから、おのずとハイパーパワースポットなどと言えそうな波動ができあがっている。

地獄めぐりや地獄プリンなど怖いネーミングのものも多々あるところではあるが、なんてことはない、ここは実に極楽に近いような、「ゆ」（癒・湯）天国なのである。

61

宮崎県

南国・宮崎の豊かさ

宮崎県は、切り取り方によって全く違う顔を見せる不思議な県だと思う。

高千穂といった神々の波動を感じる身近に感じる聖域のような場所もあれば、宮崎（市）のように南の国にいるかのような感じを受ける、地上の楽園めいたところがあったりもする。

そして、熊本・鹿児島に隣するエリアは山深いが、宮崎の海岸線は常夏の様相を呈するという、土地の多様性に富んだなんともリッチな場所ではないかと思う。

積雪もあるエリアと、冬でもその暖かさからアスリートがキャンプを張るという、全く違うバイブスを持っている二つの場所。

それらが一県に収まっているだけでも贅沢なのに、マンゴー・日向夏といったフルーツの産地でもあり、地鶏に宮崎牛に椎茸にと名産も多いというコンテンツリッチさが宮崎の魅力でありコアヴァリューの一つであろう。

実際、きゅうり、さといも、ピーマン、ゴーヤ、ズッキーニ、らっきょう、えのきたけ、シソ、ごぼう、生姜、にら、さつまいも、ししとう、ほうれん草、かぼちゃ、大根、わさび、オクラ、にんにくなどは全国トップランクの生産量を誇っており、なんと今よく話題に上る食料自給率は生産額ベースで２８４％にもなるというから驚きである。（ちなみにこの数字は欧米や海外の国々と比べても極めて高い水準なのだそう）

このように、豊かな日照、豊富な雨量がつくる豊穣の大地と、温暖な気候、そして過去において戦乱の舞台にならなかったという史実が、（小競り合いはあったと思うが、桶狭間や関ヶ原や源平合戦のような歴史を左右する舞台にはならなかったという意味で）この地から圧倒的なフラット感・穏やかさを感じる理由なのかもしれないと思っているが、どうだろうか。

気性が荒い人、イラチを抑えたい人、スローライフを楽しみたい人に！

いきなり結論からお伝えすると、宮崎の波動のコアは「穏やかさ」である。

宮崎のフルーツ・野菜・作物には穏やかさ・ナチュラルであること、そういったエネルギーがこもっているので、それらをいただくことはある意味、荒ぶる気持ちを落ち着けるサプリメントをとっていることに等しいのだろうと思う。

この土地を訪れたことがない人で、且つ、ハワイには行ったことがあるという人には是非行ってみてほしいのだが、ここはハワイにとても雰囲気が似ていると思う。

食べ物が豊かで人はあくせくしておらず、ゆったりと時が流れ、空気や水もきれいで澄んでいる。

前述した通りだが、自給率はなにしろ２５０％を超えるぐらいあるのだから、食べ物は文字通り溢れていることがわかる。

ここまでの事例・事象をみても、極論を言うなら、宮崎産をいただくことは豊かさのバイブスと穏やかさを補給しているなどとも言えそうだが、どうだろうか。

皆さんも太陽のマンゴーをいただいたり地鶏を食べた後、幸せな気持ちになったりはしないだろうか。宮崎産のきゅうりやフルーツを食べた後になにか解毒されるような、イライラが消えていくような感じにはならないだろうか。

そういう波動効果がもっと普及したり認知されたりしたら、「きゅうり一本からできるイライラ対策！」なんていうコピーすらも生まれそうなぐらい、こちらの作物は荒々しいものをマイルドにする緩和剤的な波動に満ちているのである。

楽園が体現された場所

宮崎の食料自給率がNo.1であることは先ほど申し上げた通りだが、実はなんとここ宮崎は物価の安さも日本No.1なのだ。

……と、ここまで来ればもうお気づきだろうか。

食糧が余るほどある！(失礼！)＋物価は安い、ということは、「そこまであくせく働かなくても、最低限の生活がへっちゃらでできてしまう」と言えることに。

衣食住のハードルが他県よりも低く、充足を感じやすい環境。

そしてそれがもたらす副産物・副作用はというと、プライベートを充実させるということではないだろうか。

陽

ここは日向国。
お日様と相思相愛の場所。

よく言われる話に、人は暇になると「恋愛をする」ということが挙げられる。

裏を返せば暇でなければ恋愛はできない……とは言い切れないが、時間に余裕があった方が「色恋が発展しやすい」のは間違いないだろう。

宮崎に暮らす人たちが暇である……とは言わないが、豊かさが基盤にしっかりあるのとないのでは、生活におけるゆとり度合いが変わってくるはずで、それは直接的・間接的に人のプライベート・特に愛だ恋だというところにも相関があると思われる。

実際、平安貴族は暇を持て余し、その頃は文を使ったやりとりが盛んで、また、夜這《よば》い文化も発達したと聞くので、人はやはり、最低限の生活が保障されると、感性領域がむくむくと開いていくものなのだろう。

時間的・空間的・経済的な余裕が豊かさと掛け合わされると、人は「彩りの世界」に目を向け始める。創作も恋も遊びも、生存欲求を超えた先にある「ゆとりの世界」にあるもので、それが彩りの世界であり、また、その領域とは神々の領域に程近いものであろうとも思う。

神話の世界を見てみてほしい。

洋の東西を問わず、神話の世界は感性やエモさに満ちている。

いや、理性的な側面が強い人からすると、やれ大神が街の美少女に惚れただの、浮気を疑ってつい相手を殺してしまうだのというくだりなどは、ある意味無茶苦茶であると言えるかもしれない。

ただ、全てが「ある」世界はそういった情緒遊びこそが世界の中心となる世界線であって「全てが潤沢にある世界」が人間が求めている豊かさなのだとしたら、ここ宮崎はそういった世界線をいち早く体現している場所だと言えないだろうか。

理性は物事を進めていくのに、そして計画的に何かを行うのにとても大事な知性の一つである。

ただ、何もないところに何かを生み出す発想力やひらめき、また、「運命を感じる」ような感性というものも多分に人間的な知性であると言えるだろうし、もっと言うなら、神話の神様たちが多分に情緒的なことを考えると、彩りを生活の中に感じる知性・感性は、実はとても神的要素でもあるとも思うのだ。

人の中にある「神性」、それを掘り起こし発動させるエネルギーのようなものをこの土地が持つとするならば、宮崎とはこれからの時代にもっとも注目を集める場所となっていくと思う。

そしてハワイと同質の「楽園感」を感じるというのも、そういった波動があるから、と考えるとなんとも理にかなった話であるようにも思うのだがどうだろうか。

穏やかさのサプリのような土地

宮崎で有名な、青島神社に鵜戸《うど》神宮。

やはりどちらもご縁結びや恋愛にまつわるご神徳で有名なところなので、そのあたりにも前述した通り、恋とか愛といった要素をこの地が持つことを感じる。

また、この地は「戦の気配」がない。

過去に大きな戦がなかったこともあるが、気候のせいなのかなんなのか「争いとか血」のようなものを感じることがなく、ずっと安定した気持ちでいられる場所である。

イライラもピリピリもすることがなく、神経を逆撫でされるようなことがない桃源郷のような土地。それがここ宮崎エリア。

現実にいながら現実逃避したい人、イライラや焦りが止まらない人、圧に押しつぶされそうな人は一度、魂の洗濯にお越しになってみてはいかがだろうか？

62 霧島

内観を高める波動

霧島は九州南部、鹿児島市の北東に位置するエリアで、天の逆鋒《さかほこ》が刺さっていることで有名な高千穂峰、坂本龍馬夫妻の新婚旅行先としても知られている霧島神宮、そして秘湯・妙見《みようけん》温泉等を有することなどもあり、名所・名刹が多い、九州の中でもトップクラスの観光地であると言える。

また、ここは観光名所を多く有しながらも、もともとは瓊瓊杵尊が降りてきたとされる天孫降臨の舞台でもある。そのため厳かな雰囲気を感じる場所でもあり、龍神様がいるとされる池や山があるなど、どこか「人外」のものの気を感じさせる神秘感溢れる場所でもある。

霧島エリアには上野原遺跡があったりするように、古代から人が住みつき、生活を営んでいた自然豊かな場所だ。また、縄文時代から人が住んでいたとされるエリアはこちら以外にも飛騨高山とか中国地方の山間部とか青森の一部等があるが、そのどれもにどこか似たような感じ、似た感覚を覚えるのはどこかに縄文のバイブスが残っているからであろうか。

　それとも私もこれらの土地から特殊なバイブスを感じるように、彼ら縄文人もそれらの土地から何かを感じたからこそ、そこに集落を作るなどしていたのだろうか。

　また、そのいずれの集落も山間部に存在していたというのはやはり生活用水の確保、豊かな森の恵み、外敵から身を守るといった条件が揃いやすいからということと、上とつながる場所がやはり山岳部に多かったからではないかと思うのだがどうだろうか。

　霧島エリアだが、この場所はどちらかというと「外に向けていくエネルギー」というよりは、圧倒的な内観——自分の世界を深め・極めていくもののように感じる。

「仙人が実在するかどうか」は別にして、山奥深くに住み、誰とも交わらず、霧・霞を食べ、浮世とかけ離れた生活をするものというイメージが仙人にはあるが、まさにここなら「仙人」が住んでいてもおかしくないだろうなと感じさせてくれるのが、霧島連山とその周辺エリアかと思う。

　実際、仙人とは人（にんべん）に山と書くように、仙道に至るには「山での生活」が大事なエッセンスなのかと思う。

　吉野山比叡山において、大阿闍梨《あじゃり》になるための修行に千日回峰行という何日も連続で何十キロも山道を歩くなどの荒行があったりするように、また、私自身は山での生活をしたことは皆無だが、遍路や巡礼において山を抜けていくなかで自然との一体感を感じたりもしたので、仙道とは山の精霊と一体となり、精神を高めていく道であり、己の中の宇宙と大宇宙をシンクロさせていく生き方であろうことは理解に難くない。

　そうした行を深めていく修行の聖地「深山」というべきものがこの地のベース波動のため、人の

仙

自分と向き合い、
己の中にある自分という枠を超えていく。
そのとき人は器となる。

世界にありがちな「虚を求めがちな思考とか生き方」、それらを完全に蚊帳の外に追いやるような圧倒的な強さや厳しさがこの連山からは感じられる。

己の中の内在神とつながれる場所

この地は仙人の土地。そのため、自分が生きていくために身につけた浮世のあれこれを完全に置き去りにし、今までつけていた鎧を脱ぐことを促す……そんな波動を強く感じる。

そのため、ここは新しいものを積極的に取り入れるというよりは、自分の内にあるものを見つめていくような、「内側の意識」が高まるような波動が噴出しているように思う。

本来の自分でいること、などというと何だかシンプルすぎるかもしれないが、ここはまさに「自分らしさ」とか「自分の本質」とかに気づかせてくれる場所であり、また、それら個性を「山々が高く聳える」ように「育て・伸ばしてくれるところ」でもある。

皆、誰しも内側に神様を持っているとか、人はこの世に降りてきた神様（の魂）の要素を持つとか言われることがあるが、ここはまさにそういった内在神との融合を図れる場所であり、また、内在神の存在に気づきやすくなる場所だと思っている。

63 沖縄県（八重山諸島含む）

自然と人が共存共栄するところ・沖縄。

沖縄は本州住まいの人たちからすると、北海道と並ぶ「二大トラベルデスティネーション」に列するところかと思う。

私も東京住まいであるから、「沖縄・北海道」と聞けば、日本の二つの巨大な極というイメージ・位置づけであり、特別な時に行くところという感じをもっているが、読者にとっての沖縄はどのような位置づけのものだろうか？

沖縄には何度か足を運んだが、面白いと思うのは、あれだけオーシャンリゾートで有名なのに、沖縄の人（少なくとも私の知り得る現地の人たち）は海に入らない、いや、正確には「海んちゅ」的な仕事・ライフスタイルをしている人々以外のローカルの人にとっては、海は入るものではなく、ただそこにあるというか畏敬の対象というか、眺める対象というか、海は海でも湘南の海とその周辺の人々とはまた違った感じで、海を見ているというところである。

ちなみにどちらかというと私も海辺出身であるが、似たような感覚がある。

小さい頃は海水浴にも行っていたが、大人になってからは本当に「海は眺めるもの」になってしまった。

Ｆ１にはピットがあり、
人の体には病院があるように、
魂にも休憩場所があるとしたら、
ここは魂のドックといえるのかもしれない。

魂

沖縄は色々な顔を持っている場所だ。

ハイクラスリゾートにダイビングに独自の島文化に、近年では芸能活動も盛んでスターを多く輩出する県としても有名である。

また、御嶽《うたき》やユタ・神人《かみちゅ》の存在や各地に伝統的な信仰や民族伝承が残っていることからも「誰もが認識している霊的に強い場所であり、パワースポット」的な顔を持っているかとも思うが、沖縄をそうさせている本質、バイブスとは一体なんなのだろうか。

まず、沖縄を語るには、やはりプリミティブな精霊信仰というか自然とシンクロした生き方・ライフスタイルがどうしても切り離せないと思う。

色々なものを取り込みつつ独自の進化を遂げた、琉球王朝とそのあり方。

また、それ以前のグスク時代の石積みの神殿たちをみるとやはり「見えないものと人の世界をシンクロさせながら成長してきたカルチャー」がここにはあって、そういう見えない世界との共存共栄というと表現がだいぶ誇張されている感じがしないでもないが、見えない世界と見える世界がなんともバランスよく合わさっているところが、ここ沖縄を中心とする八重山諸島のカルチャーであり、波動であると言えるだろう。

ユタといった神の声・精霊の声を聞き伝えるもの・神人が現存し、民間のアドバイザーとしてしっかりと認知されていることも、街で見かけるように石敢當《いしがんとう》やシーサーが適宜配置されていることも、ある意味、沖縄や島々に生きる人々が物質と精神、人と精霊、それらをきちんと半々に捉えて、どちらかに偏ることなく生活を営んでいることの表れと言えるのではないだろうか。

霊主体従に戻す、チューニングステーション

実際そういった沖縄独特の気候・空気感・雰囲気・カルチャーに熱狂的なファンも多くいるが、そうしたここを訪れる人々の多くは、例えば都市生活の中で崩れてしまったアンバランスさを修正するために、——知ってか知らずか——この地に呼ばれ、霊と体のバランスをチューニングしていったりもしているのだろう。

御嶽に温泉に美しい海に絶景のリゾートにと、この地には人々を癒し、また、自然回帰させる要素がたくさんある。

しかも霊と体の世界のバランスがいい塩梅で取れているところに沖縄の魅力があると思っているが、これから開発がもっと進んだとしてもきっと「唯物論的な経済活動の荒波」に負けて、この地が気づけば資本主義の遺児のようになるということはおそらくないのではと思える。この地にはたしかに日本の本州の、中でも近畿圏などに見られるような千年以上の歴史を誇る神社などはないし、日本という国に組み込まれたのが比較的近年ということもあって、神社の数も少ない。ただ、この地には前述した通り、御嶽や精霊のようなものを祀る廟がたくさんあって、目に見えるもの以上に目に見えないものにバリアを張られる形で守られ、特にその精神性については、代を重ねても廃れることなくしっかりと受け継がれているからだ。

人は、伝統とか紡がれてきたものが好きだ。

それはやはり時の重みというものに敬意を表し、また、そこに強さや芯のようなものを感じるからだろう。

63

そういう意味ではここ沖縄も薩摩藩の飛地領土となったりするなど、過去には色々な経緯があった場所である。町の造りも景観が変わるなどがきっとあったことだろう。ただ、ここはその精神においては不思議と変わらずに、昔のそれをずっと、まるで普遍的なもののように伝えてきている感がある。

最後に余談となるが、過去に人生でブレかかったときにたまたま沖縄に来るタイミングがあった。沖縄から戻ってすぐに状況が悪化し、その向き合っていた何かを手放すことになったのだが、後から振り返れば、それが結果、とても良かったのである。

「悪化していなかったら手放せなかった」かもしれなかったことなので、あのとき、沖縄に来て芯エネルギーを補充したからこそ、「本来の道」に戻ることができたのだろうなどと思ったりもしている。

また、見えないものと見えるものが共存する場所であるからこそ、気のようなものがきちんと人に作用してサポートしてくれる場所、それが沖縄のバイブスなのかと思っている。

あとがき

「はじめに」の項で、この本は日本を「知る」ためではなくもっと「感じる」ための本であると記したわけだが、最後までお読みいただいて、いかがだろうか？

もっと日本を「感じたく」なっただろうか？

この日本という国のバイブスについて語った本を読むという経験を通して、読者の脳裏にある日本が情報ベースではなく何かその先のものへと刷新されたなら、著者として、また、同じ日本という土地に住んだり旅をしたりする、この国の土地のバイブスをシェアする同志としてとても嬉しく思う。

全国を旅しながらこの本を書き進めているうちに、前から感じてはいたが、確信に変わったことが一つある。それは「万物は染まるものである」ということだ。

例えば、県民性がどうだという話があるがあれもその土地の波動のようなものを人が吸収していったからこそ養われた「地域性」の一つであると思うし、また、同じ種、同じ品種の作物でもとれる土地が違えば栄養価も味も異なる、いや、もっと突っ込むなら生産者が違えば味も波動も異なるのはある意味当然のことであろう。

ヴォルテックス（渦の中心）とも言えるような有名な場所、名物・名所、そういうものはやはりその土地の中心とか波動の源泉となり得るし、またそういった場所から生じる気がその土地の色を決定していくのはこの本で述べた通りで、四国には八十八ヶ所霊場から出てくる霊場感のようなものが随所に感じられるし、金沢は前田のお殿様が作り上げたものを土台に今の街の空気感が出来上がっていると言えるはずだ。

ただ、これらも実はヴォルテックスとなり得るものが作られて、そこから出づるもの・バイブスに染まってきたからこそできたカルチャー・空気感のはず。四国も空海の登場以前は霊場扱いではなかった（はず）だし、加賀藩も前田のお殿様がやってくる前は今のようではなかったのではないだろうか。

つまり、空気やバイブスといったものはボルテックスから出てくるものによって「作られていく」ものであると言える。

東京の場合はさらにわかりやすい。

渋谷区に代官山という「ブランド」的に捉えられやすい街があるが、この街はリーマンショックの頃に酷いダメージを喫し、一時期は——少なくとも商業的には——魅力をあまり感じられない街となっていた。それが、代官山蔦屋書店ができてから街の空気は一変。土日にはかの店の駐車場に入るために自動車の列ができるほど、いつ行っても人が集まっている場所になり、さらにはその影響か、周りにもお店が増え始め、賃貸相場が上昇するなど、まさにヴォルテックスができることによって、渦自体が巻き起こす街の変化をダイレクトに感じられる好例だといえるだろう。

さらに例を挙げるなら、神社が持つ波動が場所・コミュニティに影響を与えるというものもある。本書でもたびたび神社のことは取り上げているので、神社の持つ波動の影響についてもうおわかりの方も多いと思うのだが、さらに理解を深めるために神社の波動が影響を与えている例をいくつか挙げてみよう。

東京、新宿の歌舞伎町などは誰もが知る日本一の歓楽街であるが、ここに鎮座するのが美の女神・木花之佐久夜毘売《このはなのさくやびめ》をお祀りする花園《はなぞの》神社である。そして都内でも有数のグルメタウン恵比寿であるがここに祀られているのは豊穣・大漁・食の神・恵比寿神である。

他にも秋葉原にある神社は電気関係の神様であるし、溜池山王・赤坂に祀られているのは国土安泰の神様であるように、それぞれの神様の管轄エリアに「類友」が集まり、その同じ色の波動をさらに高めているというのがまたなんとも面白い現象である。

カルチュア（文化）という言葉はきっと読者もよく見聞きする言葉であると思うが、英語のそれはラテン語の「cultura：耕す」を語源としている。

このことからわかるのは、その土地がどのように耕されたか、醸成されてきたか、つまり、そのやり方や事業主によって文化・カルチャーというのは決まるということだ。

狼に育てられた少年は狼と話ができるとか四つん這いになって歩いていたなどという伝説があるが、そこからわかるのは人はＤＮＡなどの遺伝情報によって基本的な形質は決められていたとしても、習慣によって育まれる性質や後天的に育成されるものはまさに環境によって決まるということであろう。

植物・果実も然り。どれだけ優秀な種・苗であったとしても育成環境が合っていなければ実をつけないかもしれないし、花を咲かせることもないのではないだろうか。

ここでわかることは土地が持つ先天的な波動やバイブスを知ることはとても大事だが、それらをしっかりと感じ取り、どのように耕し、育てていくかはさらに重要だということである。

「朱に交われば赤くなる」というが、あれは土地や人など、おそらく全てのものに適用され得るセオリーであろうと思う。

ただ、一旦染まってしまった土地・場所・ことも、より強烈なものを投下すれば「染め直す」ことも可能ではないかとも思っている。

実際、パンデミックショック以来、リモートワークが可能になり、また人の価値観が変わっていくなかで、都内を離れ地方に移住する人も増加しているのはきっと読者もよく知るところであろう。結果、各地方の魅力や面白いところを彼らの価値観・視点から切り取り、それぞれの地方の良さを発信している人が増えているし、また、以前から移住者やUターン者、地元の有志たちがしっかりとその土地の特性を見つめ、盛り上げているところは十年以上も前からその土地の県庁所在地以上に名が知られていたりもする。

人や場所やこと、それらのエネルギーが高いと、「類は友を呼ぶ」ではないが、同じような波動を持つもの、そういったバイブスを好むものが集まってくる。

そしてそれらの共振がまたさらに大きな渦となり、その場所・土地を新しい色で染め直していくのだろう。

ただ、この「新たな色でそれぞれの土地を染め直していく」という動きは実はもうとっくに始まっている。

日本を染め直していくムーヴメント自体にははっきりとした名称をつけられることはないだろうが、おそらく数十年という年月をかけて時にははっきりと大胆に、またある時には水面下で静かに進行し、気づけばそれぞれの土地を新しいものへと蘇らせていくことだろう。

そうした中でこの本に書いてあるような、例えば、加賀国は「雅の国である」という波動を持つとされるが、石川県に新しいヴォルテックスができるなどすれば加賀のバイブスも新しいものへと上書きされ、この本に記してあることも過去の話となるかもしれない。ただ、バイブス自体もいわば生き物で、生まれたり時に枯れるものであるから、それもまた不可避の自然の摂理であると言えよう。


余談だが、ここで一つ制作の裏側にまつわる小噺《こばなし》、「この本を作る上で最も苦労したこと‥エリアとエリアを分ける基準をどのレベルに設定するか」を披露したい。

「エリアとエリアを分ける基準」と言われてもピンと来ないかと思うので、一つ例を挙げよう。

本州最北端の地は青森県であるが、青森は藩制時代には東の南部藩と西の津軽藩という2つの独立した藩であった。そのため、「気質」的には明らかに東と西で色々なものが分かれており、分け方によっては二つのエリアとして認証されてもなんらおかしくない土地である。

また、我が地元、香川県も日本最小の県でありながら、やはり東讃エリアと西讃エリアで風習等が異なるし、方言なども少々変わることもあるが、ただ、このレベルの差異で分けたなら一体日本をいくつに分けないといけなくなるのか……そしてその分け方の基準点といったものをどう設定したらスマートで読みやすいものになるのか。そういった「エリア分割の境界線」なるものがこの本を作る上で最も私の頭を悩ませたというわけだ。

色を想像すると、もっとわかりやすいかもしれない。
12色の色鉛筆のセットであれば、黄色の隣には橙《だいだい》色がありその横には緑があるだろう。
それが24色になると、黄色の隣は橙色があるのは同じでも、その横には山吹色が加わるなんていうこともあるはずである。

　このようにある色とある色の間にある無数のグラデーションに対して緩くまとめたものが12色の色鉛筆、そしてそのフィルタリング精度を高めるほどに24色、36色とセット色鉛筆の数が増えていくように、この本においても九州と南西諸島、四国、中国エリア、近畿圏、東海、北陸、上信越、関東、北関東、東北、北海道で十一のエリアに分けることもできただろうし、今の都道府県のように47で区切ることだってきっとできただろう。

　また、色鉛筆の世界にも５００色などというあり得ないほどに細かく区切られたセットがあるように、前述のようにバイブスの変化が少しでもあると区切っていき、日本全国をそれこそ市町村やそれ以上に細かく区切り、数千という区画に切り分けることももしかしたらできたのかもしれない。ただそのやり方はさすがに現実的ではないし、書籍にまとめることもできないので当然だが除外される。

　シンプルすぎてもつまらない。

　多すぎると今度は逆にカオスと化す。

「どのレベル・どのフィルタ制度」で分けるといい塩梅となるのか。

読み物・ガイドとしてベストのヴォリュームなのか。

その「塩梅具合の調整」には最後の再度まで悩んだし、苦労もしたというわけである。

また、私自身、常に「余白を持つ」ということを意識しているのだが、今回のケースもあまりに細かく分けすぎてしまうと、結果として少々無粋なことのようにも感じられる恐れがあると感じた。そのため、エリア分けのフィルタは前述の通り、南部と津軽を一つのエリア「青森県」といった風にまとめるレベルに留めた次第である。

そして、なんといってもこの本の目的の一つは全国を全く新しい視点で分け、その視点を読者とシェアすることであり、また、日本をさらに楽しみ、もっと愛でるための方法をこうしてお伝えすることでもあるので、前述の通り、エリアを細分化しすぎない方が「あるエリアとあるエリアの間にある細かなバイブスの違い」を楽しんだり、また、この本で未解説のエリアについても独自の解釈をしていただけるのではとも思っている。

そのため明確に分ける必要がある場合を除いて、47都道府県で区切るやり方のようには、実はエリアごとの「境界線」を設けていない。あえてエリアの枠を設けないことで、グラデーションのように変化する波動の変化を感じてほしいと思ったからだ。

例えば滋賀県であれば琵琶湖・竹生島といった波動が生まれるところから波紋のように広がるバイブスがあり、京都からやってくる都の波動もあり、それら二つの異なる波動が混ざり、おそらく山科あたりは綺麗なマーブル模様となるのでは、といった風に。

輪郭線を設定しなかったからこそ得られる美しさもあるはずだし、読者の皆様もそういった波動の変化とその美しさをきっと感じ取れると思っている。

この本を読むことで読者自身の土地に関しての感受性や土地読みのリテラシーが爆上がりしているはずである。

次回帰省した際やどこかに旅をした際など、またふらっとどこかの町に降り立ったりしたときなどに、以前に比べて土地の感じ方や見方のようなものが変わっていたりもするかもしれない。

その際に、一度立ち止まり、一考してみてほしい。

あなたの地元やお気に入りの場所は一体どんな場所で、どんな気が流れていてどんなバイブスを帯びている場所だろうか。

感じ方が人それぞれであるため、ある意味これは正解のない問いであるが、初めての土地に降り立った際や帰省時や長期休暇の際など時間に余裕があるときに、こういった目に見えないものに思いを馳せたり、また体は土地からなにをどんな風に感じるのかなど、いつもとは違う視点でじっくりと感じ・考えてみるのも面白いかもしれない。そしてそれはこの世界をもっと楽しむための特にこれからの時代には必携のリテラシーであると信じている。

あとがきのあとがき

構想から3年以上。

著者史上、最長最大の時間と労力をかけたのがこの本である。

2019年、全国をバーターの旅で回った（物々交換）企画から始まり、コロナ禍においても緊急事態宣言等の合間に全国を飛び回って取材を重ね、気づけば3年の時が経っていた。

コロナという感染症の拡大によって日本、いや、世界は大きく変わった。

といっても物理的に何かが変わったというよりも内面、つまり、ハードウェアではなくソフトウェアのようなものが大きく変わったというのが私見であるが、読者の皆さんはいかがだろうか？

外のなにか指標のようなものを時に過剰と言えるほどに信用・大切にする世界線から、各自に備わったセンサー・感覚・感受性を生かし、内側にあるものを大事にする世界線へ。言葉にするならば、きっとこのような変化が水面下で、この2年の間にこの世界に起きたように思っている。
　そして、この本はそういったこれからの時代を生きていく上で必要な「感じ方」を高める一助になる本であると思っているし、人々が自由に好きなところで好きなことをして生きていける時代において、最も大切な「バイブスを感じる感性」を取り戻すためのガイドとなってくれるのではと確信している。

最後に、私を信じて心折れず伴走してくださった光文社の担当編集・千美朝様、クリエイティブな感性で本書を煌めく衣で包み、超絶インパクトを持つ、唯一無二のものに仕立ててくださった装丁家の鈴木成一様と大口典子様、そして、この本の制作に関わってくださった全ての方々へ、心からの感謝を伝えたい。
　また、取材時の撮影・アテンドなどでお世話になった全国各地の同志たちへ、拙著『日本』は皆様と各地を旅して回った、その結晶とも言えるものであり、皆様の存在無くしては完成し得なかったものであることをここに記し、改めて謝辞を申し上げ、この本を締めくくりたい。

２０２２年11月、紅葉が始まり、風に冬の到来を感じるようになった東京にて

著者

参考文献

縄文神社 首都圏篇――武藤郁子（飛鳥新社）

アースダイバー 東京の聖地 ――中沢新一（講談社）

アースダイバー 神社編――中沢新一（講談社）

〝地形と気象〟で解く！ 日本の都市誕生の謎――竹村公太郎（ビジネス社）

地図帳の深読み――今尾恵介（帝国書院）

ニッポン巡礼――アレックス・カー（集英社新書）

神仏に愛されるスピリチュアル作法――桜井織子（ＰＨＰ研究所）

古事記と日本書紀 Discover Japan CULTURE（エイムック）

ご縁がつながり運がひらける日本の神さま大全――吉岡純子（フォレスト出版）

グランドトラベラー 驚異のミラクル地面力――橋本尚子（マザー出版）

ガイアの法則――千賀一生（ヒカルランド）

参考サイト

https://yaokami.jp/miyagi/ca/

https://www.pref.hokkaido.lg.jp/https://www.visit-hokkaido.jp/

https://hokkaido-hyakka.com/encyclopedia/enc026/

https://www.tabikobo.com/tabi-pocket/japan/hokkaido/article50049.html

https://ja.wikipedia.org/wiki/%E3%82%A2%E3%82%A4%E3%83%8C%E3%81%AE%E6%AD%B4%E5%8F%B2

https://aomori-tourism.com/

https://www.atca.info/

https://ja.wikipedia.org/wiki/%E9%9D%92%E6%A3%AE%E7%9C%8C

https://www.ikyu.com/kankou/area8012/

https://www.pref.akita.lg.jp/

https://akita-fun.jp/

https://iwatetabi.jp/

https://ja.wikipedia.org/wiki/%E5%B2%A9%E6%89%8B%E7%9C%8C

https://www.city.oshu.iwate.jp/

https://ja.wikipedia.org/wiki/%E5%A5%A5%E5%B7%9E%E5%B8%82

https://hiraizumi.or.jp/heritage/

https://www.town.hiraizumi.iwate.jp/heritage/

https://www.sekaiisan.pref.iwate.jp/

https://www.odette.or.jp/

https://ja.wikipedia.org/wiki/%E7%9B%9B%E5%B2%A1%E5%B8%82

https://www.pref.miyagi.jp/

https://www.miyagi-kankou.or.jp/

https://tabijikan.jp/miyagi-prefecture-specialty-foods-59401/

https://gogo-miyagi.com/259
https://yamagatakanko.com/
https://www.visityamagata.jp/
http://www.dewasanzan.jp/
https://mokkedano.net/feature/jimoto13/top
https://ja.wikipedia.org/wiki/%E5%87%BA%E7%BE%BD%E4%B8%89%E5%B1%B1
https://www.pref.toyama.jp/
https://kogeijapan.com/locale/ja_JP/list/?pref=16
https://wa-gokoro.jp/traditional-crafts/954/
https://www.pref.nagano.lg.jp/
https://www.nagano-cvb.or.jp/
https://www.ikyu.com/kankou/area8026/
https://www.toshogu.jp/
https://ja.wikipedia.org/wiki/%E6%97%A5%E5%85%89%E5%B8%82
https://www.city.nasushiobara.lg.jp/
https://www.artbiotop.jp/water_garden/
https://www.pref.tochigi.lg.jp/
https://www.tochigiji.or.jp/
https://www.onetravel-tochigi.jp/
https://www.town.kusatsu.gunma.jp/
https://www.kusatsu-onsen.ne.jp/

https://ja.wikipedia.org/wiki/%E4%B8%8A%E9%87%8E%E5%9B%BD
https://www.pref.chiba.lg.jp/
https://ja.wikipedia.org/wiki/%E6%88%BF%E7%B7%8F
https://www.bura-bo.com/
https://www.mboso-etoko.jp/
https://chocotabi-saitama.jp/
https://www.ikyu.com/kankou/area8021/
https://navi.city.chichibu.lg.jp/
https://ja.wikipedia.org/wiki/%E7%A7%A9%E7%88%B6%E5%B8%82
https://www.gotokyo.org/jp/index.html
https://rlx.jp/journal/shutoken/128605
https://www.trip-kamakura.com/
https://aumo.jp/articles/20584
https://www.town.hayama.lg.jp/soshiki/sangyou/1/1725.html
https://www.hayama-kankou.jp/
https://www.pref.kanagawa.jp/
https://www.welcome.city.yokohama.jp/
https://www.pref.ibaraki.jp/
https://ja.wikipedia.org/wiki/%E5%B8%B8%E9%99%B8%E5%9B%BD
https://www.bunkajoho.pref.ibaraki.jp/fudoki/visit/index.html
https://www.city.sendai.jp/

https://gunma-dc.net/
https://www.nasukogen.org/
https://www.asoview.com/note/467/
https://ja.wikipedia.org/wiki/%E9%82%A3%E9%A0%88%E9%AB%98%E5%8E%9F
https://www.pref.shizuoka.jp/
https://www.city.shizuoka.lg.jp/
https://www.visit-shizuoka.com/
https://www.pref.aichi.jp/
https://ja.wikipedia.org/wiki/%E5%B0%BE%E5%BC%B5%E5%9B%BD
https://www.mapple.net/articles/bk/5197/
https://inuyama.gr.jp/
https://www.nagoya-info.jp/
https://www.city.nagoya.jp/
https://ja.wikipedia.org/wiki/%E5%90%8D%E5%8F%A4%E5%B1%8B%E5%B8%82
https://okazaki-kanko.jp/
https://hamamatsu-daisuki.net/
https://ja.wikipedia.org/wiki/%E4%B8%8A%E4%BF%A1%E8%B6%8A
https://ja.wikipedia.org/wiki/%E4%B8%89%E9%81%A0%E5%8D%97%E4%BF%A1
https://www.ikyu.com/kankou/area8002/
https://www.pref.gifu.lg.jp/
https://ja.wikipedia.org/wiki/%E7%BE%8E%E6%BF%83%E5%9B%BD

http://panoramahida.iza-yoi.net/gifurekishi.html

https://www.hidatakayama.or.jp/

https://www.pref.fukui.lg.jp/

https://www.fuku-e.com/

https://ja.wikipedia.org/wiki/%E7%A6%8F%E4%BA%95%E7%9C%8C

https://www.hot-ishikawa.jp/

https://www4.city.kanazawa.lg.jp/

https://www.city.kaga.ishikawa.jp/

https://www.notohantou.com/

https://ja.wikipedia.org/wiki/%E8%83%BD%E7%99%BB%E5%8D%8A%E5%B3%B6

https://kinosaki-spa.gr.jp/

https://ja.wikipedia.org/wiki/%E5%9F%8E%E5%B4%8E%E6%B8%A9%E6%B3%89

https://ja.wikipedia.org/wiki/%E4%B8%B9%E5%BE%8C%E5%9B%BD

https://www.uminokyoto.jp/course/detail.php?cid=33

https://www.kyotango.gr.jp/

https://ja.kyoto.travel/

https://souda-kyoto.jp/

https://www.pref.shiga.lg.jp/

https://www.biwako-visitors.jp/

https://www.pref.wakayama.lg.jp/

https://www.wakayama-kanko.or.jp/

https://www.pref.osaka.lg.jp/

https://www.koyasan.or.jp/

https://www.wakayama-kanko.or.jp/features/world-heritage-koyasan/

https://ise-kanko.jp/

https://www.iseshima-kanko.jp/

https://www.isejingu.or.jp/

https://www.pref.kagawa.lg.jp/

https://www.my-kagawa.jp/

https://urahyoji.com/foods47-37-kagawa/

https://iyonet.com/specialty/

https://dogo.jp/

https://www.pref.kochi.lg.jp/

https://kochi-tabi.jp/

https://www.ikyu.com/kankou/area8049/

https://www.pref.tokushima.lg.jp/

https://www.shikoku88.net/ohenro-guide/map/

https://www.pref.yamaguchi.lg.jp/

https://yamaguchi-tourism.jp/

https://ja.wikipedia.org/wiki/%E5%B1%B1%E9%99%B0%E5%9C%B0%E6%96%B9

https://icotto.jp/presses/20825

https://www.izumo-kankou.gr.jp/

https://izumooyashiro.or.jp/

https://www.pref.tottori.lg.jp/

https://www.torican.jp/

https://www.hyogo-tourism.jp/

https://www.okayama-kanko.jp/

https://www.kurashiki-tabi.jp/

https://dive-hiroshima.com/

https://www.miyajima.or.jp/index.php

https://hakatanomiryoku.com/

https://ja.wikipedia.org/wiki/%E5%8D%9A%E5%A4%9A

https://www.pref.fukuoka.lg.jp/

https://ja.wikipedia.org/wiki/%E4%B9%9D%E5%B7%9E

https://www.pref.saga.lg.jp/

http://www.city.takeo.lg.jp/

https://www.nagasaki-tabinet.com/

https://ja.wikipedia.org/wiki/%E4%BA%94%E5%B3%B6%E5%88%97%E5%B3%B6

https://www.welcomekyushu.jp/article/?mode=detail&id=93

https://www.pref.kumamoto.jp/

https://kumamoto.guide/

https://www.t-island.jp/

https://www.asocity-kanko.jp/

https://takachiho-kanko.info/

https://www.tabirai.net/sightseeing/tatsujin/0000567.aspx

https://www.kanko-miyazaki.jp/

https://www.miyazaki-city.tourism.or.jp/

https://www.pref.oita.jp/

http://www.yufuin.gr.jp/

https://www.pref.okinawa.jp/

https://www.okinawastory.jp/

https://www.kagoshima-kankou.com/

http://www.city-kirishima.jp/

https://www.pref.tottori.lg.jp/

https://www.torican.jp/

https://www.kankou-shimane.com/

https://www.amami-tourism.org/

https://www.nvcb.or.jp/

https://www.visitsado.com/

初出
本書は2020年9月から2022年11月にnoteで連載された
「風と星の道が交わるところ2.0」から原稿を抜粋、
加筆・修正し大幅に改稿の上単行本化したものです。

ブックデザイン
鈴木成一デザイン室
大口典子（nimayuma Inc.）

マネジメント
山﨑真理子

写真
yuji & company

yuji
（ゆじ）

星読み係、ヒーラー、聖地巡礼家。
香川県高松市生まれ。18歳でイタリアに渡り、現地大学院卒業。
ミラノにてプロダクトデザイン事務所に勤務するも、
ヒーラーとしての宿命に抗えず拠点を東京に移し、
ヒーラーとして活動する決心をする。
現在は各媒体での連載、講演など、幅広い分野で活躍中。
毎日星読みを行い、星々からのメッセージをブログ、SNSにて発信している。
著書に『yujiの星読み語り』『神さまと顧問契約を結ぶ方法』
『神さま手帖』『「生き方のセンス」の磨き方／白・黒』（すべてワニブックス）、
『「風の時代」に自分を最適化する方法』
『風の時代の未来予測』（ともに講談社）、『星2.0』（光文社）、
『運命を変える「石」の処方箋』（KADOKAWA）など。

ブログ https://ameblo.jp/uenopasiri/
Twitter @yujiscope
YouTube https://www.youtube.com/c/yuji-universe

日本《にほん》

2022年12月30日　初版第1刷発行

著者
yuji《ゆじ》
発行者
三宅貴久
発行所
株式会社 光文社
〒112-8011 東京都文京区音羽1-16-6
編集部03-5395-8172 書籍販売部03-5395-8116 業務部03-5395-8125
メール non@kobunsha.com
落丁本・乱丁本は業務部へご連絡くだされば、お取り替えいたします。
組版・印刷所
萩原印刷
製本所
ナショナル製本
　ISBN978-4-334-95345-4